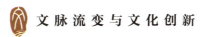

文脉流变与文化创新

近代书目
与中国传统学术的
学科化转型

A Study of Modern Bibliography and
the Discipline Transition of
Traditional Chinese Academy

傅荣贤 著

社会科学文献出版社
SOCIAL SCIENCES ACADEMIC PRESS (CHINA)

扬州大学"十三五"重点学科创新建设项目
"文脉流变与文化创新"阶段性成果

2018 年度江苏省双创人才项目
"古典目录的学术史书写与学术秩序建构研究"阶段性成果

2017 年江苏省高等教育教改研究课题（重中之重）
"人类命运共同体视野下汉语言文学品牌专业
建设路径研究"（2017JSJG008）阶段性成果

2015 年度国家社会科学基金一般项目
"近代书目与中国传统学术的学科化转型研究"
（15BTQ039）最终成果

扬州大学出版基金资助项目

总　序

文脉是息息相通的文化血脉，是以人的生命和灵性打造的文化命脉。在文脉流变中，只有认真总结文脉流变的规律，不断推进知识创新、理论创新、方法创新，才能引导我们全面深入研究关系国计民生的重大课题，积极探索关系人类前途命运的重大问题，准确判断中国特色社会主义发展趋势，创新继承中华优秀传统文化精华。

中国优秀传统文化的丰富哲学思想、人文精神、教化思想、道德理念等，可以为人们认识和改造世界提供有益启迪，可以为治国理政提供有益启示，也可以为道德建设提供有益启发。通过文脉流变和文化创新研究，对传统文化中适合于建构和谐社会关系、鼓励人们向上向善的内容，需要结合时代条件地加以继承和发扬，赋予其新的涵义。

当代中国正经历着我国历史上最为广泛而深刻的社会变革，也正在进行着人类历史上最为宏大而独特的实践创新。这种前无古人的伟大实践，必将给理论创造、学术繁荣提供强大动力和广阔空间。这是一个需要理论而且一定能够产生理论的时代，这是一个需要思想而且一定能够产生思想的时代。通过文脉流变与文化创新研究，立时代之潮头、通古今之变化、发思想之先声，为哲学社会科学繁荣、为学科发展述学立论和建言献策，以担负起历史赋予的光荣使命。

正是立足于这一历史和现实语境，扬州大学于2017年启动"十三五"重点学科建设工程，设立"文脉流变与文化创新"（交叉学科）建设项目，希望通过对传统文化的挖掘和再发现，将其有价值和现实针对性的精神资源予以传承和创新。

"十二五"以来，扬州大学文科学科建设栉风沐雨，砥砺前行，取得了显著成效。2011年中国语言文学学科获批江苏省"十二五"重点学科，

2012年中国史学获批江苏省"十二五"重点学科，学科建设展示出新的姿态。2014年，整合中国语言文学、中国史、法学三个一级学科的优势，其"文化传承与区域社会发展"学科被江苏省人民政府批准为"江苏高校优势学科建设工程"二期项目，标志着扬州大学学科建设进入新阶段、驶上快车道。其间，先后承担了参照"211"工程二期项目"扬泰文化与'两个率先'"及三期项目"人文传承与区域社会发展"的建设，分别以"扬泰文库""半塘文库""淮扬文化研究文库"等丛书形式出版了150多种图书。大型丛书的出版，有力推动了扬州大学学科建设的整体水平，优化了扬州大学的学科结构和学科生态，彰显了扬州大学的学科底蕴和学科特色。

新世纪以来，学科建设在国际格局深度调整、国际关系多元变化的新形态下更加迫切，学科建设与专业建设的关系更加融合，学科的发展与科学技术的发展更加密切，学科渗透、学科交叉的价值和意义在社会发展、科技进步、经济繁荣、国计民生的作用进一步凸显，新一轮全球竞争、人才竞争不可能不与学科发生关联。为此，党和国家提出了建设"一流大学""一流学科"的发展战略。扬州大学深感任务艰巨，使命光荣，决定设立"文脉流变与文化传承"交叉学科，进一步强化人文科学的渗透融合，促进人文学者的交流协作，打造人文研究的特色亮点。

作为"文脉流变与文化创新"交叉学科建设的标志性成果，我们精心推出这样一套丛书。丛书确立了这样几个维度：

一是优秀传统文化的维度。建立文化自信，需要对文化传统、文明历史深化理解。只有深入研究中国历史，认真梳理文脉渊源与流变，才能更好地参透经典，认识自己，以宽广的视野真实地与历代经典对话。通过文脉流变与文化创新研究，能够更好地认识过去、把握当下、面向未来，从容自信地在风潮变幻的时代中站稳脚跟，"不为一时之利而动摇，不为一时之誉而急躁"。

二是学科交叉融合的维度。在研究中，不仅运用传统的文史方法来考察这些经典，同时也结合政治学、社会学、艺术学、历史学、民俗学等多个学科背景，并引入前沿的学术视野展开跨学科研究，做到典史互证、艺文相析，开拓新的研究范式。

三是文化比较的维度。文化总是在比较中相互借鉴、在发展中兼容互补的。通过对相互影响的文化系统进行比较，从"文化共同体"视角深入思考文本接受与文化认同的路径、特点和规律。

　　丛书的出版，凝聚了扬州大学文科人的历史责任，蕴含了作者的学术追求，汇聚了社会科学文献出版社领导和编辑的社会使命及辛勤劳动，在此一并表示真挚的感谢。

陈亚平

2019 年 11 月

目 录
Contents

第一章
绪　论

分科观念的形成是现代学科得以建立的基本标志，"用西方的分科观念把中国传统学术分门别类地改造成各个门类的'学科'（disciplines），则是传统学术近代化的主要取向"。① 本书围绕"书目"与"学科转型"之间的互动关系，既分析学科化认知对近代书目的影响，从而从学科化的高度揭示近代书目发生、发展的演变规律及其谱系变革的动态特征；又从书目的角度考察传统学术在近代的历时性变迁，从而基于书目视角揭示传统学术近代转型的本质。

第一节　研究背景及其相关问题

一　研究现状

首先，有关近代书目的研究。

自 1928 年容肇祖《中国目录学引论》、1930 年杜定友《校雠新义》、1931 年刘纪泽《目录学概论》、1936 年姚名达《中国目录学史》以来的目录学史著述，以及 1937 年蒋元卿《中国图书分类之沿革》、1978 年台湾学者刘简《中文古籍整理分类研究》和 2002 年俞君立《中国文献分类法百年发展与展望》等书目分类史专书，一般都延及近代，涉及对近代书目分类的历时性梳理。这批著述主要以时间为线索，择取历史上的"经典"书目，作历时性的罗列和述评，形成了一种基于书目史史实梳理的年鉴式研

---

① 傅荣贤：《20 世纪初仿杜威书目对知识世界的近代化建构及其反思》，《大学图书馆学报》2017 年第 3 期，第 99~109 页。

究。但对于什么是"经典"目录，往往视政治和意识形态而定。例如，在意识形态氛围尚属浓厚的 20 世纪 80 年代，不少著作都论及太平天国的印行书目《旨准颁行诏书总目》。该书目并未单刻，而只是附于部分太平天国印行各书卷首。著录文献初始于 1853 年，著录印书最少者 13 部，最多 29 部。书目按重要程度排列有差，并以顶格、逊格显示。显见，《旨准颁行诏书总目》只是附于出版图书之上的书目清单，对它的重视，显然是一种政治意义大于学术意义的选择。又如，对鲁迅 1930 年为许寿裳之子许世瑛开列的文学书目的格外究心，也属于这种情况。事实上，鲁迅的书目只列出了《唐诗纪事》《唐才子传》《全上古三代秦汉三国六朝文》《全汉三国晋南北朝诗》《历代名人年谱》《少室山房笔丛》《四库全书简明目录》《世说新语》《唐摭言》《抱朴子外篇》《论衡》《今世说》共 12 种文献。显然，花名册式的书目史研究面临的首要问题是"什么才是经典书目"。由此导致的另一个问题是，往往以"非经典"的名义，忽略了一些能够反映学科化转型的书目。如《时中书局新书目次》《广智书局新书目录》等虽是书业书目，但体现的却是学科化分类。就此而言，上述著作旨在勾勒书目及分类的专业之"史"，缺乏对学科化转型的自觉研究，传统学术学科化转型只是作为"结果"在书目分类之"史"中得到了呈现（如《易经》被分入哲学类）。

大致始于 20 世纪 80 年代以来的关于近代目录学研究的著述亦承绪不返，重点分析诸如《书目答问》《西学书目表》《日本书目志》等经典书目的特点、分类和作者等问题，具有"就目录而研究目录"的目录学学科本位意识。[①] 而以左玉河 2004 年《典籍分类与近代中国知识系统之演化》为代表的论文以及同年专著《从四部之学到七科之学：学术分科与近代中国知识系统之创建》已经认识到，"近代图书分类发展演变所反映出的实质问题是近代社会学术思想的重组与变迁"。[②] 但左先生的核心是要揭示：作为图书分类的"四部之学"转变为学校教育中"七科之学"的演进，强

---

① 李立民：《近代目录学史的研究进展（1840~1919）》，《图书情报工作》2009 年第 21 期，第 63~67 页。

② 左玉河：《从四部之学到七科之学：学术分科与近代中国知识系统之创建》，《中国社会科学院近代史研究所青年学术论坛》，2000 年卷，第 626~678 页。

调 "七科之学" 是如何落实为近代教育教学科目的。① 以 2008 年吴稌年
《文献分类与学术转型》为代表的论文与本书直接相关，但重点考察 1917
年《仿杜威十进分类法》以来的书目，并没有抓住学科化转型的近代 "源
头"。

其次，有关传统学术学科化转型的研究。

学术变迁是中国近代 "翻天覆地" 变化的重要内容，有关近代的学术
史、思想史、文化史、社会史等著述几乎都涉及西学输入和中学转型问
题。总体上，相关成果具有如下特点：

一是重视以学科化为主要特征的西方各门类学术 "东渐" 的研究。近
代有关西书翻译、报刊发行、出版、图书馆、教育等 "专门史" 都会涉及
西学输入。熊月之的专著《西学东渐与晚清社会》② 几乎涉及上述各个领
域，堪称 "西学东渐" 的集成之作，但基本不涉及传统学术在近代的学科
化转型。

二是聚焦于某一/某些具体学术门类的学科化转型。如罗志田 1997 年
《清季民初经学的边缘化与史学的走向中心》一文专就经史立论，余来明
2012 年《近代学术分科观念的变迁与 "文学" 学科的建立》一文专志于
"文学" 作为独立学科在近代的形成，台湾许倬云 2006 年的论文《中国现
代学术科目的发展》则分析了考古学、数学、地质学、法学、历史学等
"科目" 的近代发展。这批论著具体入微，分析精当，但都缺乏对整个传
统学术学科化转型的通盘考察。

三是强调近代教育制度与传统学术学科化转型的关系。台湾政治大学
刘龙心 2006 年的博士学位论文《学术与制度：学科体制与现代中国史学
的建立》"从康有为的长兴学舍到清末王国维对大学分科设想的大量教学
科目内容"，分析中国传统学术的分科问题。黄晏妤 2000 年的论文《四部
分类与近代中国学术分科》文题虽语涉 "四部分类"，但主要以新式学堂
"定课程"、1902 年《钦定大学堂章程》等作为分析材料，关注学科化建
制的制度安排。

四是重视对学科化转型的反思。历史上，有关 "国学" 和 "汉学" 的

---

① 左玉河：《从四部之学到七科之学：学术分科与近代中国知识系统之创建》，上海书店出
版社，2004。
② 熊月之：《西学东渐与晚清社会》，中国人民大学出版社，2011。

学科定位及其学术认同乃至 20 世纪末以来对文学等学科"失语症"问题的持续性争论，本质上都是在反思西方式的学科化能否框限或规约中国的传统学术。而随着中国的和平崛起以及对传统价值的重估，用西方分而治之的学科化方式改造传统学术的思路基本得到了否定。

二 研究意义

（一）揭示传统学术学科化转型的完整图像

书目是学术的总结和反省体系，具有超越文献整理和检索之外的学术文化内涵。不同版本的近代书目，通过对中西学术关系的解构和重建呈现出不同的学术面貌，不断改变古典知识的存现方式并最终将其转换为学科化存在。书目的类型虽然多途不一，但综合性目录能够"范围方策而不过"，突破具体"图书馆"的实藏范围；推荐和导读性书目虽是选择性书目，但都是基于周览学术全局的视域而刻意选择的结果，并通过"购悬其目"的形式努力超越当下实有，实现从"有什么文献"到"应该有什么文献"的认识飞跃；而随着兼收并统一管理中西书籍的近代图书馆的兴起，尤其自杜威十进书目分类法传入中国之后，学者们一致致力于构建"使全世界的知识宝库得保持普遍类别"（王云五语）的书目，更能相对完整地反映中国传统学术学科化的图像。因此，传统学术的学科化转型，不仅是由近代书目参与推动的，其相对完整的图像也清晰地体现在近代书目之中。然而，学界似乎更习惯于从教育体制和课程教学的角度揭示传统学术的学科化转型。相比于书目而言，教育教学虽然也是学科转型的集中体现，但它具有下述几个特点。

第一，教育教学的实践性。

教育门类和教学课程设置往往具有针对当下的现实性，未必将全部学术包含在内。例如，张之洞等人 1901 年《筹议变通政治人才为先折》提出的大学"七科分学"方案，即未设医学、商学等科目。张百熙 1902 年《钦定京师大学堂章程》"七科分学"和张之洞 1903 年增益"经学科"而成的"八科分学"，则都因"缺哲学一科"而受到王国维的质疑。此外，某一门类的"学科"是否纳入教育体制，既取决于对学术本身的理解，也必须考虑相应的物质、人才、制度诸方面的物质基础。我们知道，中国近代教育发展并不是按照初等、中等再到专业、高等的逻辑层次递进发展的。即不是从基础开始，而是从兴办语言学校，军事学堂，工、矿、船政学堂开始，再回头办基础教育。据统计，1862~1904 年西学学堂成立了 40 多所，其中外语及西学堂约 15 所，军事等专业学堂 30 多所；清末 127 所高等专门学校中，理工农医类学校有 23 所；1915 年则有专科学校 94 所。①并且，近代教育多不是中央政府规划，而是地方先行，然后才逐步过渡到由国家颁布统一学制，并规定相关课程。总体上，教育教学的任何表达都要以操作性的现实落实为指向，而书目可以是个人行为，不具实践性，书目主体对学科化的认知可以通过书目"纸上谈兵"地直接表达。

第二，学制多为前瞻性的设计，要从培养人才的角度多方考虑。

国家层面上的教育教学制度只能在中西关系下展开，再西化的学制也要考虑中学课程的位置问题；再专科的学校也要考虑通识（普通）课程的设置问题。而书目是对文献世界的后续总结和反思，可以根据主体认知，编制各种类型和专业的目录，灵活地表达对学科化的认知。例如，西学书目只收西书，可以摆脱中学的羁绊，直接表达对西学学科化的认知；专科目录可以专就某一学科或主题编目，而不必广涉其余。因此，书目更能自由地表达学科化思想。例如，梁启超曾从两个不同的角度综论西学知识体系。他在《时务学堂学约》中将"新学"分为溥通学（经学、诸子学、公理学、中外史志及格算诸学之粗浅者）和专门学（公法学、掌故学、格算学）；在《西学书目表》中则将"西学"区分为学、政、教三类。比较这两个体系可知，源自书目分类的认识框架影响更大，也见证了书目分类在对西学知识总体认识上的能动作用，而这无疑是由书目分类必须面向"全知识"的本质所决定的。

总之，书目对文献的编码和整序，涉及"知识是什么""什么是有效的知识""中西文明之间的关系如何界定""传统学术在当下的存现方式"等问题的思考，因而既是文献的秩序，也是学术文化的坐标，堪以概括陈说一代学术转型之脉络。事实上，图书馆的分类也是学科化的重要标志之一，"学科化的新兴知识门类得以建立的一个重要标志就是必须获得书目分类的确认"。②

---

① 潘光旦：《过去的学校》，湖南教育出版社，1982，第 167~168 页。
② 〔美〕华勒斯坦等：《学科·知识·权力》，刘健芝等译，生活·读书·新知三联书店，1999，第 27 页。

（二）加深对近代社会历史进程的认识

迄今为止，人类文明的主体部分和主要内容仍然是记录在文献之中的。文明的类型不同，文献的形态亦迥然有别。总体上，现代西方是"较真"的科学主义文明，主要"以知识为中心而展开"，现代文献也被定义为"记录有知识的一切载体"。相应地，诸如话语规范，甚至章节体的编纂体式等，也迎合了学术分科的精神。中国古代文明以"崇美"和"求善"为取向，重视政治教化和人伦彝常，文献内容主要是"以生命为中心而展开的学问，是活动于'生命'的理智及观念的反省说明系统"。① 相应地，古代学术也没有客观主义的话语规范，"述心得"的注疏体、纲目体、札记体乃是古代文献生产的主要方式。进一步，组织整理文献的目录也形成了两套不同的话语系统，呈现出明显的中西之别。

"近代"，作为中华民族历史上的一个重要阶段，其社会历史的变化，无不与学术文化的转移有关。中国的近代化首先是观念的近代化，而差不多所有传统观念在近代社会的蜕变，都可以概述为从非学科化到学科化的转型。经过近代"学科化"洗礼之后，知识结构变成了社会学、进化论、物理学、化学、生物学等现代西方知识类型，这些西方式的知识不仅成为改造外部物理世界的工具和改造内部心性世界的利器，还是确证社会、人生合法性的思想资源，"关于道德和人性的探讨不断地被转换为知识分科的问题"。② 与西方分科化的学术取得独步中西之地位相得益彰的是，传统知识要么成为故纸堆中的珍玩，与当下的现实生活渐行渐远。古代学术不仅不能治事（物），也不能治人，更不能充任社会人生的思想资源；要么接受西方的学科化改造，从而脱离学术原有的面貌。中西两种各自自足的文明类型，被简化为西方独大的一种模式。这种改变，都可以追溯到以学术分科为核心特征的近代转向。因此，传统学术的学科化转型，遂成为观照中国近代社会历史发展的重要视角，甚至对现当代中国的民族凝聚和国家认同也具有重要意义。

而书目作为知识类型化的产物，具有知识建构上的能动性，能够"突破"自身学科局限，显示出知识的力量——改变人们的知识理解。例如，

① 牟宗三：《中国哲学的特质》，上海世纪出版集团，2008，第3页。
② 汪晖：《现代中国思想的兴起》（下卷），生活·读书·新知三联书店，2004，第1376页。

"在《西学书目表》中，'力学''重学''生物'等等既是新类名，也是新思想。《西学书目表》固然是当时西方自然科学'东渐'的产物，但它在作为书目检索'工具'使用的同时，也影响了读者对'力学'等新知的接受，并改变了人们对经史子集传统经典的态度，具有十分明显的反向文化建构作用"。① 因此，近代书目的发展，本质上是完成了中国传统知识体系的学科化重组。近代书目并非客观主义的据实而录，而是主观表达、意义阐释和价值伸张，涉及知识转型与知识建构的基本议题，也是知识再生产的重要路径。通过近代书目演进历程的分析，能够揭示学术在近代的发展脉络和不同书目对知识之网的编织方式。这样，书目史的梳理就和学术文化的变迁结合了起来，最终呈现出传统学术从传统儒学为核心转向以学科化为核心的轨迹。进一步，也是传统小农经济社会及其维持所需要的人伦秩序、交往方式、生活方式、社会心理等一系列社会结构与意识形态的相应性转型。在这一意义上，现代学科又称为"外生学科"，它的发展更多地遵守社会需要逻辑而不是学科知识的自然演化逻辑。分科源于"社会的'真实'问题所带来的持久动力和高校履行其全部社会责任的需要"，② 它"依据产生于当代社会生活的诸种问题组织着人们的经验"，并"得之于各门学科的框架使知识获得了一种形式"。③ 因此，对传统学术学科化转型轨迹的揭示，也就是对"社会生活的诸种问题"之转型的分析与说明。

（三）充实和完善近代书目的研究内容

相对于中国古代目录学而言，对中国近代目录学的研究还处于比较低级的水平和层次。迄今为止，只出现了一本专著《中国近现代目录学简史》。④

以学科化转型为视角研究近代书目，有助于突破聚焦于书目"经典"的视野局限。如上所述，有关近代书目研究的往往过多地关注诸如《书目答问》《西学书目表》等经典书目，满足于在文本生成史的框架内罗列一

---

① 李满花：《图书馆的文化本质和图书馆学研究的文化选择》，《中国图书馆学报》2009 年第 35（2）期，第 4~8、92 页。

② 张应强：《高等教育学的学科范式冲突与超越之路——兼谈高等教育学的再学科化问题》，《教育研究》2014 年第 12 期，第 13~23、53 页。

③ 〔德〕马克斯·霍克海默：《批判理论》，李小兵等译，重庆出版社，1989，第 230 页。

④ 申少春：《中国近现代目录学简史》，中国致公出版社，2001。

些有选择的书目史知识。而以学术的学科化转型为视角，必然导致对"经典"标准的反省，并增添新的认识对象，从而丰富近代书目的研究内容。例如，1880 年《江南制造总局翻译西书事略》将当时的译书分为 15 类，体系虽不如 1896 年梁启超《西学书目表》完备，但却是早于梁氏书目 16 年出现的第一部中文西书学科分类目录。又如，1888 年《西学大成》的丛书目录将"泰西经济之学"分为 12 门，1903 年明夷《新学大丛书》将所译西书分为 10 大类 77 小类，都是不可忽视的西学学科化书目。

文献分类的学科化取向是近代书目发展的重要动力，也是观察近代书目的一个崭新视角。围绕学科化的主线展开研究，有助于挖掘书目背后的学术文化价值，纠偏那种仅仅通过书目的外在规则和形式特征而揭示书目本质的认识。书目史并不等同于书目的历史，而是具有"变化""演进"的含义，学科化视角有助于揭示近代书目发展的历史演化过程和谱系变革的动态特征；也有助于颠覆书目发展史是由社会文化背景制约的单线进化史的认知预设。例如，1917 年《仿杜威十进分类法》以后，十进分类已成为书目发展的主流趋势，但在 20 世纪 20~30 年代畅行于各大公共图书馆的仍然是"新旧并行"的书目——即用四部体系分类传统典籍，而用学科化的分类整理新书，说明书目的历史与历法意义上的历史并不完全等同。

（四） 颠覆西方中心的一元论认知

回顾西学"东渐"中国的近代进程可知，西学从"西学中源""中体西用"理念下的从属于中学，到中西二学的"道歧为二"和"不相闻问"，再到中学从属于西方的"道通为一"从而最终完成学科化，其总体演进脉络是传统学术日趋衰微而西方学术逐渐强盛，传统学术也从本原意义上的价值体系转化为根据西方标准建构的学科化体系。正如马克斯·韦伯在 20 世纪初预言："学术已达到了一个空前专业化的阶段，而且这种局面会一直继续下去。"[①] 学科化的本质是以逻辑理性为唯一原则处理文献、看待文明从而也成为观察世界和人的原则。这种客观化的反映论，用物理和数学的方法机械地定性和析解学术，由此导致了真理与德行、价值与事实、伦理与实际需要的二元分离。在人才的评价标准上，也从传统道德文

---

① 〔德〕马克斯·韦伯：《学术与政治》，冯克利译，生活·读书·新知三联书店，1998，第 23 页。

章的伦理尺度转变为掌握专门知识的社会功能尺度，最终导致学术与道德的松脱。所谓"量其艺而不论其文，量其才不拘资格"，成为时代的共识。其结果是，学术不再是经史意义上的价值论，而是认识论意义上的是非对错问题。

而西方化的近代书目与理性的西方文化之间存在镜像和理据的关系，从中可折射出西方"智性"文明的价值观和民族性，文献成为脱离人文内涵的僵死之物，因而并没有按照文献的本来面目去认识；目录也只对文献的"客观"属性的刺激做出反应，主体人的生存体验，被消解为实利的算计、需要的满足以及自我的理性肯定之中。与之适成对照，古代目录反映了"仁式"的传统文化本性，不仅文献被预设为价值论存在，也肯定读者对文献潜在意义的追求。因此，古代目录既是对客体化的标引与组织的反思，也是对纯粹知性认识的批判，有助于纠偏知识论至上主义。由此，颠覆西方中心的文化一元论，不仅是学术文化的研究课题，也需要书目研究的参与。近代书目坚持"学科化必须成为文献组织的首要原则"，但现代科学至少是从学科、专业、课题多方面组织的，1933年《冒号分类法》的问世也宣告了学科化并不具有"必定"和"当然"的合法性。我们相信，书目回归民族本位立场、放弃对学科化的追逐是传统学术摆脱西方学科化范式之误读的重要前提。当代图书馆古籍部以及各种古籍图书的分类，仍然以《中国古籍善本书目》《中国古籍总目》等古典类型的书目为主，实为古典目录虽历经沧桑而价值犹在的最好见证。似乎也预示着，中华传统文明一缕尚存，并未澌泯尽净。进一步，面向世界完成中国故事的升华，其中的一个重要方面就在于目录学的积极作为。

三 研究对象

本书主要以能够反映学科化认知的近代书目为研究对象。

首先，时间限定。

学界对近代目录的时间界定总体上有两种意见。一是1840～1949年。如吕绍虞《中国目录学史稿》第五章《我国近代目录学的发展》（自鸦片战争至中华人民共和国成立前夕），① 来新夏、柯平《目录学读本》第八章

---

① 吕绍虞：《中国目录学史稿》，安徽教育出版社，1984，第194～231页。

"目录学的发展与未来"的第一节"近代以来目录学研究与发展"。① 全根先《中国近代目录学理论研究之学术遗产》"近代（1840—1949）目录学是连接古典目录学与现代目录学之间的纽带，在目录学史上处于承上启下的地位"，② 亦以1840～1949年为断。二是1840～1919年。如李立民《近代目录学对近代政治革命与变法的宣传作用》中的近代目录学，"特指1840—1919年间的近代目录学"。③

上述两种观点的上限都始自1840年，这无疑是基于政治、历史视角的审度，概"史家以1840年作为中国近代史的开始，原因是中国自此进入了世界体系"。④ 但需要说明的是，第一，政治、历史视角的近代史并不意味着学术的近代史。而书目作为文献及其背后文化的反省体系，又具有相对于社会文化而言的滞后性。所以，姚名达《中国目录史》是将1875年张之洞的《书目答问》视为"新分类法创造之尝试"的⑤。第二，学科化是接受近代西方学术规训的产物，而中国近代史上的西方学术是从1807年英国传教士马礼逊开始渐次传入中国的。因此，本书亦以1840年为"近代"的上限。但一方面在时间上上溯到1807年的书目以期比堪近代西学初入我国之际的书目状况；另一方面，又以1875年《书目答问》为重点论述的开端。

再就下限而言，政治、历史意义上的近代，是指1840～1949年半殖民地半封建社会时期，1949年是其下限。"但中国近代的民主革命以1919年的五四运动为界，以领导权的转移为标志，又分为新旧两个时期"。⑥ 本书所指近代，仅限于旧民主主义革命时期，即以1919年为下限。因为传统学术的学科化转型，在1916～1919年的新文化运动中已告完成，新文化运动口号之一的"科学"，本质就是分科治学的诉求；"民主"则引导出对圣贤知识权威和帝王政治权威的否定，本质上也与学科化有关。西学的民主与

① 来新夏、柯平:《目录学读本》，上海交通大学出版社，2014，第312～329页。
② 全根先:《中国近代目录学理论研究之学术遗产》，《北京师范大学学报》2013年第3期，第47～52页。
③ 李立民:《近代目录学对近代政治革命与变法的宣传作用》，《大庆师范学院学报》2011年第2期，第93～96页。
④ 张朋园:《知识分子与近代中国的现代化》，百花洲文艺出版社，2002，第177页。
⑤ 姚名达:《中国目录学史》，上海书店出版社，1984，第140～140页。
⑥ 张锡勤:《中国近代思想文化史稿》（上），黑龙江教育出版社，2004，绪论:2。

科学，也成为观照传统学术的基本框架，由此才迎来了 20 世纪 20 年代的"国学的科学化"。再从书目的角度来看，1917 年留学美国的图书馆学专家沈祖荣、胡庆生编制而成的《仿杜威书目十类法》，是我国首部近现代西方"目录学"意义上的专业化成果，其最大特点是以学科专家的身份，编制客观化和标准化的学科分类编目体系。书目不再是操觚发论、襄赞政治的良器，从而也彻底改变了传统书目动辄"申明大道"的超越性诉求。1917 年以降，"今日大陆具有国标地位的《中国图书馆图书分类法》（《中图法》）以及台湾的'国标'——《赖永祥图书分类法》"，① 虽不乏理念和技术上的修补，但都没有改变其"仿杜威十进分类法"的本质。

相比而言，1917 年之前的近代书目无论就编制原则还是在技术层面上，都是以"传统"为底色的。从编制原则来看，几乎所有的书目都怀抱儒家经世理念，努力通过书目实现肩荷天下的理想。而 1917 年的《仿杜威书目十类法》第一次真正认识到了书目的独立作用，书目的政治关怀也回归为报刊、选举、国会等政治框架之内的程序性关怀。可以肯定，书目学科化完成之时，也是书目的"出位之思"宣告破产之日。再就技术层面而言，1917 年之前的书目虽亦引进西方学科化的理念，但它们都是面向现实中实际存在的文献而编制的文献体系，这批书目都没有配套使用类似拉丁字母/阿拉伯数字那样具有逻辑边界的代码标识；类名虽有等级和层次之分，但只有最下位类才具有安置文献的职能，因而文献主题并不追随类名而作相应性的等级和层次化处理。换言之，类名虽然是树形等级结构，但文献却是线性平面铺排。例如，1902 年出版的徐维则、顾燮光《增版东西学书录》"学部"设有"理学"一级类目，下分理学、文学，兼附书目计三个二级小类。因为理学是可以划分出下位类的上位类目，作者为了安置《天演论》《辨学启蒙》《格致新知》等文献，"理学"大类之下再设"理学"小类。亦即，"理学"既为大类类名，亦为小类类名，正是为了解决上位类目不能安置文献的现实。相比而言，1917 年《仿杜威书目十类法》面向的是知识体系，也建构了独立于文献的分类表。此外，表征类目逻辑性的类名等级、由拉丁字母/阿拉伯数字组成的逻辑代码符号，也都

---

① 傅荣贤：《20 世纪初仿杜威书目对知识世界的近代化建构及其反思》，《大学图书馆学报》2017 年第 3 期，第 99~109 页。

确证《仿杜威书目十类法》不仅意味着中国近代书目彻底完成了西方化，也意味着传统学术学科化转型在书目意义上的最终告成。因此，本书所指近代书目始自 1807 年，亦延及 1919 年之后，但以 1875~1917 年为主要区间。

其次，书目限定。

本书以中国近代书目为对象，但以"学科化"为观察视角，重点考察按照西方学科标准编撰或与学科化分类有关的书目。因此，类似梁启超《西学书目表》那样，虽以西学书籍为对象而不涉及传统典籍，但却体现了书目的学科化思想，故亦列为本书讨论范围。又如，傅兰雅编撰的《译书事略》主要以学科化为原则分类图书，傅氏虽为英国传教士，但《译书事略》是专就上海"江南制造总局翻译馆"译印图书为编目对象的，故亦在本书的研究之列。而 1889 年王韬《泰西著述考》以作者为标目并罗列其著述，1899 年丁福保《算学书目提要》只分中算、西算、中西算三类，皆无关乎学科化而不构成研究的重点。总之，能否反映西方学科化思想以及传统典籍的学科化转型，是书目是否列为论述对象的主要依据。

再次，书目之外的其他文化建制。

近代书目的学科化理念，一方面源自对当时学术界有关学科认知成果的汲取，另一方面又对学术界的学科化认知形成了反向的能动性影响。因此，学界有关学科化研究的成果也是本书的关注对象。特别是，近代教育在推动学科化的发展上居功甚伟，近代图书馆兼收并统一管理中西书籍的现实也要求书目对学术问题做出"独立思考"。因此，近代教育学、近代图书馆学理念和各图书馆的藏书变化也是本书关注的对象。只是，对它们的研究最终必须指向书目而不是停留在教育或图书馆（学）本身。

四 研究思路

首先，学科化转型是传统学术近代化的主要取向。

中国传统学术重广博而尊通识，以"四部"为渊薮的传统学术不是指作为学术门类的"学科"，而是由经、史、子、集为范围和框架的众多知识门类。相比而言，"学科化是西方学术的典型特征，科学一词的语源本意即为'分科之学'或'分科治学'，其核心特点是以研究对象为划分标准，并注重各门类学术的分殊"。① 而中国传统学术发展到近代的一个显著标志就是完成了学科化转型，"学科"成为认识和把握传统学术的主要视角。如 1905 年刘师培《周末学术史》将先秦（所谓"周末"）学术史分为心理学史、计学史等 16 类，即是典型例证。事实上，学科化也是中国学术第一次真正面临外学导向的根本性调整。之前虽有东汉以来的佛学、元代以来的伊斯兰教和明末清初西学的引入，但都没有导致对以儒家学术为核心的传统文化的根本性冲击。可以认为，"近代"之前的学术调整，都是中学内部的自我调整，例如，"清中叶学者面对的则是五六百年以来'道学主导儒学传统'之后的学术重整"。②

其次，传统学术的学科化转型是在西学关照下运思的。

中国学术近代化过程的本质是坚信家国命运系于学术的重塑。这种重塑，既包括传统知识的内部调整，也包括西方知识的引进。但就严格意义上的学科化而言，它无疑是西方近现代科学发展的结果，传统学术的学科化是在中西关系的风云激荡中起步的。讨论传统学术在近代的学科化转型，离不开中西关系的分析。总体上，近代书目分类的发展大致经历了下述几个变化阶段：一是在传统四部框架内容纳西学书籍；二是增订或革新四部书目类别以统摄西书；三是西书独立编目；四是中西书目籍分列于一编；五是以中学为主建构统一分类体系；六是以西学为主建构统一分类体系，它们又大致程度不等地分别对应于"西学中源""中本西末""中体西用""中西异学""学无中西""西体中用"等学术理念。近代书目所选择的分类形态，导致"以什么为原则定性文献"的认知转换，反映了人们看待中西学术的基本态度，也是遵通识而轻分科的传统学术逐步走向西方学科化的过程。

学科化是西学的本质，也是西学获得经世实用性从而导致西方强大的根本原因，那么从学科化的角度重塑中国传统学术，也就成了汲汲以赴的重要目标。例如，"国学"的本质归根到底就是在中西学术交流的近代化进程中，如何对待传统学术和文化，以及如何建设民族特色的现代化国家

---

① 傅荣贤：《近代书目分类对中国人的知识观念和知识结构的能动性建构》，《图书情报知识》2014 年第 6 期，第 42~48 页。

② 张寿安：《龚自珍论"六经"与"六艺"——传统学术知识分化的第一部》，《清史研究》2009 年第 3 期，第 49~61 页。

的问题。而随着民族危机的日益加深，这种调整进入了自觉的层次。例如，姚永朴说："吾读《周官》，窃叹当时所以陶铸人才者何其备也。大司徒以六德六行教万民，而师氏又有三德三行，即伦理学也。太卜之三易、大师之六诗、保氏之五礼六乐、外史之三皇五帝书，即经学也。外史掌四方之志，小史又掌邦国之志，即史学也。保氏之六书，吾国文字之源也。其所谓九数，即算学也。其所谓五射六驭，亦犹体操也。大司徒天下土地之图，司险九州之图，职方氏天下之图，即舆地学也。太宰以九职任万民，其曰三农生九谷，即农学也；其曰园圃毓草木，虞衡作山泽之材，薮牧养蕃鸟兽，即动物植物学也；其曰百工饬化八材，即工学也；其曰商贾阜通货贿，即商学也；其曰嫔妇化治丝枲，即桑蚕学也。天、地、夏、秋四官，正月之吉，悬治教政刑诸象之法于象魏，而州长、党正、族师又以时属民读法，即政治学、法律学也。"① 这种从西方分科角度对中学的打量，既是对中学的学科化期待，也是一种名正言顺的"合理化"改造。中学最终走上了一条西方式的学科化道路，从而也改变了关于知识的本质、类型、价值等一系列问题的看法，涉及知识本体论（是什么）、方法论（何以获得）、目的论（有什么用）等各个层面的认知转型。

总之，中国近代语境下的学科化，既包括西方学科化知识的输入（中国化），也包括对传统非学科化知识的改造（近代化）。本文聚焦于后者，但传统知识的学科化改造又是与前者（西方学科化知识的输入）密切相关的。

再次，传统学术学科化转型与近代书目的作为密不可分。

每一个时代都在以适应自我时代的方式重新建构书目类型，以期反映不同的价值取向和学理结构对文献、学术的定位及其组合关系，认定它们在何种向度上具有存在合理性。肇始于西汉《七略》、以清代《四库全书总目提要》为突出代表的古典目录，其文献著录没有一定之规，提要重视和强调"知人论世"，图书分类并不以学科属性和形式逻辑为准式等等，都与古代典籍及其所记录的传统文化具有深层的内在统一关系，因而暗含着解读古典文化的密码。同样，西方近现代重视书目工作的客观化、标准

① 姚永朴：《安徽高等学堂同学录序》，潘懋元等编《中国近代教育史资料汇编·高等教育》，上海教育出版社，1993，第98页。

化和规范化，也是对现代文献及其背后文化本性的主动趋附。说明文化、文献、目录三者之间是相得益彰的，有什么文化类型就会有什么文献范式，从而也就有什么样的目录形态。

在"三千年未有之大变局"的中国近代，学术演进的本质就是由道德实践转向事功实践。而"亡天下"的现实表明传统学术经世功能的丧失，因而必须转求于西学。近代目录因应时代变迁，既被动地反映学界的学术认知；也通过书目元素主观建构理想的知识框架，从而给出关于知识的书目评价。由此，书目也突破了工具论，主动声张或"发现"自己的学术认知。总体上，近代书目都不满足于仅仅出具客观主义的书目清单以供检索文献，而是通过有选择的导向性设计，明确某种学术立场。因此，书目结构是一种意义和思想，不同的结构则意味着不同的意义和思想。而书目重建的主要取向就是学科化，学科化的本质是将书目标准从善和美的人文社会视角让渡给学术本身的真值性。书目在对西学知识体系的总体把握、对中西学术关系的界定以及对中国传统知识体系的解构和重塑等方面，都充当了极其重要的角色。诚然，"以十进制图书分类体系（decimal system）和印刷目录卡（printed cards）为特色的图书参考文献体系，有助于最新的学术成就及时得到承认和传播"。[①] 书目成为学科化形成的重要标志，它与教育制度相配合，成为一种组织形态，各知识分支只有得到书目体系的确认以及在大学科目中安家落户，才能获得合法地位。

最后，对学科化转型的反思。

自 19 世纪中叶至 20 世纪中叶，学科化是全世界范围内趋之若鹜的学术标准。根据王国维的理解，"学术之发达，存在于其独立而已"。[②] 当学科化成为知识生态的重要理念，人们相信，各种知识都应该从"内容和形式上投靠'科学'，从考察全面的社会和形成普适的理论转向通过经验的方法对具体而微的问题进行研究。于是实验的、实证的、测量统计的方法也开始成为教育研究的主流模式"，[③] 学科化事实上成为人类学术创造、传

---

① 张应强：《高等教育学的学科范式冲突与超越之路——兼谈高等教育学的再学科化问题》，《教育研究》2014 年第 12 期，第 13~23、53 页。

② 王国维：《论近年之学术界》，《王国维遗书（卷五）·静庵文集》，上海古籍出版社，1983，第 25 页。

③ 陈瑶：《美国教育研究学科化的开端》，《教育研究》2015 年第 5 期，第 141~151 页。

播和认知的唯一形式。但是，学科化是唯一正确的吗？"科学态度追求研究过程中的实事求是，排斥情感和心理等人文因素；科学方法主要是实验以及在此基础上的归纳和演绎。科学由此成为人们新的精神信仰，越来越多的知识分子倾向以西方科学思想改造中国原有的文化理念和学术言路，导致文学中的科学主义。它视科学研究为理解世界的万能钥匙，把科学研究的模式与方法运用到所有事物的研究中去"。① 时至今日，有关泛学科化、去学科化的吁求都是对学科化的反思。

五　研究方法

首先，以考据学为基础发掘和审辨原始材料。

通过广泛而深入的文献调研，"竭泽而渔"地挖掘近代书目，尤其是能够反映学科化转型内涵的书目。在材料来源上将从历代藏书机构及名家藏读叙传、历代图书著录文篇等常规材料拓展到奏章、类书和丛书、方志、书院及学校章程、诗文别集乃至笔记杂著。如张一麐1895年《苏学会看书七条》规定该会所购之书分为史学、掌故学、舆地学、算学、农商学、格致学六门；1903年上海新世界学报社《经世文潮》将译辑文献区分为教育、宗教、人种、地学等20部，都是值得珍视的学科化材料。显然，在汗牛充栋的近代书目之林中，对"什么才能纳入考察的对象范畴"的定夺，应该由学术原则决定而不再由政治原则决定。

其次，重视多元学科的学理融合。

在"中国近代书目与传统学术的学科化转型研究"的文题中，"书目"和"学术"是两个最重要的关键词。其中，"学术"与其他文化系统存在着错综复杂的关系。本书既从学术的学科化转型观照书目的近代发展，又从书目发展的角度观照学术的学科化转型，努力建构两者彼此通观与互动的研究话语和解释体系。这就需要掌握近代的学术史、思想史、文化史、教育史以及图书翻译与出版、报刊发行、图书馆事业等文化建制，寻绎它们与书目之间的互文关系。尤其需要超越就书目研究书目的本能局限，将书目史实的梳理与西方学科化理念的输入、传统学术的学科化转型等相映

---

① 张清民：《科学主义与中国现代文学理论的兴起》，《江西社会科学》2008年第3期，第100~107页。

照，从而揭示近代书目中的文献、学术乃至文化认知。一方面，追问书目、学术在社会发展中的具体表现形式，揭示它们是如何受到社会因素影响的；另一方面，又要揭示近代书目的发展是如何反过来影响学术认知和社会发展进程的。

六　研究目标

本书旨在揭示近代书目与传统学术学科化转型的互动关系，两者互为因果的演进历程、得失及其传统学术的重建等问题。

首先，从西方学科观念指向近代书目。以学科化为线索，勾勒中国近代书目发生、发展的历史流变，从而将书目的近代化演进纳入一个具有内在逻辑统一性的解释框架之中，为近代目录学研究提供一个具有内在学理结构的体系，确证近代目录是一个具有一致的精神诉求和共同学理祈向的统一体系。亦即，"突破"就书目本身研究书目的狭隘视野，以学科化为视角重新梳理近代书目的历史。

其次，从近代书目指向传统学术。即以近代书目的历时性演进为基本框架，梳理传统学术在近代语境下的学科化转型的完整脉络。书目不是文献的被动记录和客观"反映"，而是极主动地建构文献体系，并伸张自己的学术见解，具有相对于学术而言的反向能动作用。这就超越了仅仅局限于目录学自身的认知，揭示出书目背后的精神旨趣。这是从书目表面上的据实而录到实质上的主观表达、意义阐释、价值伸张的研究转向，也是对目录在文献整理背后如何将学科化的个人认知转化为社会思潮或社会认同的揭示。

最终，在书目与学术的彼此观照和双向建构中，梳理近代书目的学科演进史和传统学术的学科化转型史。

七　主体框架

学界对近代书目的研究主要是从类型学的角度着眼的。姚名达尝曰："入民国以后，各地图书馆纷纷设立，或强新书入旧类，或别置新书而另创部类，或以新书立科学部，与四部并列，或混合新旧书而仿杜威十进法，罕见专为旧书另创新分类表者。"[①] 这里，姚先生重点指出了近代书目

[①] 姚名达：《中国目录学史》，上海书店出版社，1984，第147页。

的五种类型：第一，"强新书入旧类"；第二，"别置新书而另创部类"，即将新书独立编目；第三，"以新书立科学部，与四部并列"，实即 A+B 式的新旧书籍分列于一编；第四，"混合新旧书而仿杜威十进法"，实际上是"强旧书入新类"而以十进法为其造极；第五，"为旧书另创新分类表"，即以旧籍为对象但改变传统四部体系。但实际上，"强新书入旧类"又分两种类型，一是将新书纳入四部体系；二是将新书纳入增订或革新的四部体系，以使新书的分类更加合理。其中，"为旧书另创新分类表"的书目类型颇为"罕见"。此外，台湾学者刘简在《中文古籍整理分类研究》第三章《近代图书馆分类法》中指出："自清末以来，鸦片战争后，海禁大开，西学输入，洋书原本源源而来，非复四七诸法，所能概括。于是有增补四库旧制者；有采仿或补充西法者；亦有融会中西另制新法以容纳旧籍新书者；甚至有专门性质之图书馆，亦随时代需要而产生，又不得不另为方法，以为用。在此过渡时期，标新立异，纷纷不一"。作者对"其间情形，以及各家主张与方法，概括言之"，① 有下述四种主要书目类型。一是增订四库法（"沿用四库法，另加增订"）。二是革新法（"改革声中首创之新法"）。三是新旧并用法（"主张新旧两法并用"）。四是采仿杜威法（"仿效外制，采用十进法"）。因刘先生专论"中文古籍"的整理分类，所以，没有涉及近代的另一宗重要目录类型——西书独立编目体系。但他也指出了针对"中文古籍"的整理分类，其体系变迁与"西学输入，洋书原本源源而来"有关。综合姚先生和刘先生的划分，本书将近代书目划分为五大类型，并以此为基本框架展开论述。

第一，传统四部体系的内部调整。

随着西方列强的入侵以及中国近代化帷幕的开启，中国传统原本业已有所安顿的生命和宇宙的基本意义面临着现实"经世"需求的强烈冲击。而通过知识结构的重组，突破"尊德性"的信念性知识框架，挖掘经史子集中"道问学"的实用性知识，是其重要方法。与此同时，"甲午丧师"之后，"东、西洋译籍逐年增多"，② 其内容"广且博，非四部之界所能强合也"，③ 现实的图书整理技术和深层的知识信念构成了书目的二重性本

---

① 刘简：《中文古籍整理分类研究》，文史哲出版社，1981，第 153 页。
② 姚名达：《中国目录学史》，上海书店出版社，1984，第 140 页。
③ 孙毓修：《图书馆（分类篇）》，《教育杂志》1910 年第 2 期，第 8~11 页。

质，适度突破四部体系以容纳新书就成了书目发展的主要选择。

第二，西书独立编目。

在"西学东渐，新书迭出，旧有部类，势难统摄，当时之时，书籍之分类，在中国乃成为一大问题"[①] 的语境下，西书独立编目成为一个重要选择。它是西学不能进入传统四部体系的学术宣示，也是西学自身有体有用的书目确认。

第三，新旧图书分列于一编。

即将中国学术区别为新旧，其中旧学进入四部体系（或张之洞《书目答问》的五部体系）；而新学和西学使用西方学科化的分类。它是中学裂变为新旧的关键，也是中学中的新学进入学科化的开端，并为中学中的旧学走向学科化提供了思路。

第四，中西图书统一编目。

该类型书目又分为以中学为主的分类体系和以西学为主的分类体系。中学为主的中西图书统一编目，主要通过增订或革新四部体系为形式，表明原封不动的四部体系已经不能应对西学新书；而以西学为主的中西图书统一编目，不仅包括中国新书，也包括中学旧籍，从而意味着中国传统学术学科化在书目上的最终告成。其中，仿杜威书目是以西学为主的中西图书统一编目体系的极致。"四部初衰，十进法未兴之际，幼稚者群对于新分类法之开始研究。当时能读西文书者既少，研究图书馆学及目录学者尤绝未见。故十进法兴起之后，此项不新不旧之过渡法遂归淘汰。居今日而参观各地图书之林，除少数私家藏书楼仍沿用《四库总目》或《书目答问》之旧法外，其采用此项过渡法者已绝迹矣。"[②] 仿杜威书目不仅在技术上具有革命性，而且也意味着传统学术已经进入西方学科化体系并接受了现代学科概念的普遍性制约，中西文明之核心和边缘关系已呈颠倒之势。

第五，传统旧籍回归古典四部体系。

以1917年《仿杜威书目十类法》为代表的西学为主的统一编目体系，将包括旧籍在内的传统学术也纳入了西方学科化体系，很快就受到了抱持传统学术情怀的学者们的反思和质疑。其结果是，在仿杜威书目大行其道

---

① 蒋元卿：《中国图书分类之沿革》，中华书局，1937，第139页。
② 姚名达：《中国目录学史》，上海书店出版社，1984，第148页。

之际，传统旧籍最终仍回到了《中国古籍善本书目》《中国古籍总目》等书目体制之中，从而宣示：旧籍及其背后的传统学术，并不能被学科化处理。

第二节　学术分科的基本特点：
兼与学术分派比较

陈黻宸在中西对比的意义上指出："夫彼族之所以强且智者，亦以人各有学，学各有科，一理之存，源流毕贯，一事之具，颠末必详。而我国固非无学也，然乃古古相承，迁流失实，一切但存形式，人鲜折衷，故有学而往往不能成科。即列而为科矣，亦但有科之名而究无科之义。其穷理也，不问其始于何点，终于何极。其论事也，不问其所致何端，所推何委。"① 只有形成学科，并形成严谨的学科理论体系，才能获得学术认可和学科地位。因此，学习西方学术，本质上就是学习西方的学科化知识。相应地，学科化也是传统学术"近代化"的主要内容和基本路径。学科化是根据西方 16 世纪以来的科学精神，分门别类地从事学术生产、传播和认知的一种模式，它是"广泛运用于特定学科研究的传统意义上的理论"。② 事实上，科学（science）一词的词头 sci- 有剪切之义，如 scissors 即剪刀。学科化认知，导致学术生态得以重构，也约束了知识的理解、生产、管理和接受按照学科化的本质进行。

与西方近现代学科化的学术取向不同，中国传统学术以分派为主。正如傅斯年指出："中国学术，以学为单位者至少，以人为单位者较多，前者谓之科学，后者谓之家学；家学者，所以学人，非所以学学也。历来号称学派者，无虑数百：其名其实，皆以人为基本，绝少以学科之分别，而分宗派者。纵有以学科不同，而立宗派，犹是以人为本，以学隶之，未尝以学为本，以人隶之。弟子之于师，私淑者之于前修，必尽其师或前修之所学，求其具体……诚以人为单位之学术，人存学举，人亡学息，万不能孳衍发展，求其进步。学术所以能致其深微者，端在分疆之清；分疆严

① 陈黻宸：《京师大学堂中国史讲义》，《陈黻宸集》（下册），中华书局，1995，第 675 页。
② 〔德〕马克斯·霍克海默：《批判理论》，李小兵等译，重庆出版社，1989，第 230 页。

明，然后造诣有独至。西洋近代学术，全以科学为单位，苟中国人本其
'学人'之成心以习之，必若枘凿之不相容也。"① 傅斯年重点强调：中国
学术围绕"人"而展开，形成的是分派之学。但学术苟欲求其精进，必须
"分疆严明"，走学科化的道路。相对于以"分科"为主要特征的西方近现
代学术而言，"分派"是中国传统学术的重要特征，顾颉刚所谓"旧时士
夫之学，动称经史词章。此其所谓统系乃经籍之统系，非科学之统系
也"。②

　　历史上，《韩非子·显学》"世之显学，儒、墨也"中"学"是指学
问、学说。宋人周邦彦《汴都赋》："又有律学以议刑制，算学以穷九九。"
其中的律学、算学，皆指学科。清初颜习斋为了培养学生经世能力，在漳
南书院开设"习讲堂""文事科""经史课""武备课"，教授"礼、乐、
书、数、天文、地理、五子兵法、水学、工业、象数"。该学校还设有一
间星象观察室，③ 已经初显学科化的雏形。但是，他们都缺乏对学科化的
学理体系的充分展开。

　　总体上，中国 18 世纪的学术结构依然是义理、考据和辞章的三分体
系，19 世纪以后加上了经世（经济）之学。例如，19 世纪前二十年的阮
元，"其学以考证经史为宗，兼及天算推步之学"，④ 并着手改革书院，注
重"实学"。阮元除经史、考据、训诂之外，还考核学生的天文、历算和
地学等专门之学。"士子各以性之所在，志其所学，学有专门，已含有分
科之意，训诲之方，已较昔人为善"。⑤ 但值得强调的是，"实学"主要是
从功能的角度定义的，即有益于社会管理和百姓日用之"实"的学问，而
不是西方式的"即物实测"的分科之学。比较分科和分派的异同，有助于
辨明中西学术本体论、目的论、方法论等一系列问题的实质，也是厘清中
西学术异同的有效视角。

---

①　傅斯年：《中国学术思想界之基本误谬》，《新青年》，第 4 卷第 4 号，1918-04-15。
②　顾颉刚：《古史辨自序》，《古史辨》（第一册），上海古籍出版社，1982，第 48 页。
③　蔡仁坚：《中国科学教育的先驱——颜习斋》，项维新、刘福增编《中国哲学思想论集
　　（册 5，清代篇）》，台北：牧童出版社，1978，第 173 页。
④　谢国桢：《近代书院学校制度变迁考》，台北：文海出版社，1936，第 4 页。
⑤　谢国桢：《近代书院学校制度变迁考》，台北：文海出版社，1936，第 1 页。

一 学术本体论（学术是什么）

学术是系统化的知识，而知识是主体对自然和社会（客体对象）的认识成果，涉及认识主体和认识对象之间的主客体关系。《庄子·齐物》曰："非彼无我，非我无所取。"《荀子·解蔽》曰："凡以知，人之性也；可以知，物之理也。"都强调认识主体与认识对象的共轭性存在。然而，认识主体与认识对象之间仍有侧重，分科或分派，既体现了中西方对知识主体与知识对象二重性的不同聚焦，也构成了中西学术的核心差异。

（一）主客体的不同聚焦

分科是以研究对象所属的学科和领域来界定的，是从学科、领域的角度对存在物（客体对象）及其规律的研究。不同的学科拥有各不相同甚至互相冲突的对象，客观对象的差异性，也是分科的重要，甚至唯一条件。围绕特定的对象就形成了分科化的系统知识，客体对象既是研究的起点也是研究的归宿。而对象既然是客观的，以此为原则的分科也具有相对的客观性，并有相对明确的研究边界。在此学术模式下，不同的研究主体因相同的研究对象而聚合在同一个学科或门类之中，形成专门研究；或者根据研究对象的差异而被划分为不同领域。总之，研究主体并不构成分科的条件，研究的客体对象才是分科的核心因素。钱穆说："西方学术则惟见其相异，不见其大同。天文学、地质学、生物学，界域各异。自然学如此，人文学亦然。政治学、社会学、经济学、法律学，分门别类，莫不皆然。学亦致用，而所用之途则各异。学亦求真，而无一大同之真理。故西方之为学，可以互不相通，乃无一共尊之对象。"① 钱穆重点强调，西方分科化的学术，各门学科界域森然，"无一共尊之对象"。界域森然的学术门类学以致用，针对各不相同的具体的现实用途而殊途并鹜。就此而言，学科化的一个重要特征就是确定研究领域的边界，并通过定义排除与之无关的内容，尤其是"切割"形而上的内容。

相比而言，中国古代学术有下述几个重要特点。

首先，具体知识和技术之上有"一共尊之对象"——形而上之"道"，

---

① 钱穆：《再论中国文化传统中之士》，《国史新论》，生活·读书·新知三联书店，2001，第 202 页。

因而知识和技术本身并没有独立地位。我们常说中国古代文史哲不分家，是因为文史哲在表象差异的背后都归趋于共同的政教目标。正如《史记·滑稽列传》所云："子曰：六艺于治一也。礼以节人，乐以发和，书以道事，诗以达意，易以神化，春秋以道义。"六艺取径不同，但"于治一也"。1901 年在《万国公报》上介绍培根《新工具》的英国学者马林则指出："中国格致之不明，即由于不察物理，妄谓物皆有神。"① 这个"神"主要是指背后无法"切割"的形上之道。分派视域下的古代学术，追求在学习中明白做人做事的道理，重视道德秩序和社会政治秩序的建构。一方面，从"内圣"的角度促成个体的行为奋起，提升个体的道德境界。《荀子·劝学》所谓："君子博学而日参省乎己，则知明而行无过矣。"另一方面，从"外王"的角度参与社会和谐的建构。由此形成的是一种生命学问和政治关怀，是关于人及其由人所组成的社会如何走向完善的问题。《荀子·解蔽》曰："农精于田，而不可以为田师；贾精于市而不可以为贾师；工精于器而不可以为器师。有人也，不能此三技而可使治三官，曰精于道者也，非精于物者也。"简言之，"道"高于"艺"。"艺"是以自然为对象，而"道"则指向了人生、社会和政治的层面。《易》以天道推人道；《春秋》以人事推天道，都是根据这个思路进行的。这样，旨在认识和改造自然的知识也就不具独立价值，它必须转化为对人事的论证。正如戴震指出，"不知恒星七政所以运行，则掩卷不能卒业"，"不知鸟兽虫鱼草木之状类名号，则比兴之意乖"，然而，这些天文学和动植物学等自然科学知识，是为解经、证经从而把握圣人之道服务的，即所谓"渐于经有所会通，然后知圣人之道"。②

其次，学者们往往兼顾各个不同的对象领域，甚至刻意追求"博通"，所谓"一物不知，儒者之耻"。梁漱溟曾说："在中国是无论大事小事，没有专讲他的科学，凡是读过四书五经的人，便什么理财司法都可作得，但凭你个人的心思手腕去对付就是了。虽然史书上边有许多关于某项事情——例如经济——的思想道理，但都是不成片段，没有组织的。而且这些思想道理多是为着应用而发，不谈应用的纯粹知识简直没有。这句句都

① 〔英〕马林、李玉秋：《培根新学格致论》，《万国公报》，复刊第 151 期，1901 年 8 月。台湾华文局，1968：20356-20357。
② 戴震：《与是仲明论学书》，《戴震集》（文集卷九），上海古籍出版社，1980，第 201 页。

带应用意味的道理只是术，算不得是学。凡是中国的学问大半是术非学，或说学术不分，离开园艺没有植物学，离开治病的方法没有病理学，更没有什么生理学、解剖学。"①

最后，在无法根据研究对象划分领域的情况下，中国古代主要根据不同研究主体（人）的学术观点和学术内容而形成不同的学派之别。这跟中国古代"所以学人，非所以学学"的取向有关，它是一种分派意识而不是分科信念，主体人成为分派的核心依据，研究对象不是分派的原则。从传统学术史著述的三大类型来看，无一不重视因学说师承不同而形成的派别揭示。例如，《庄子·天下篇》及《荀子·非十二子》对当时学者分门别派之类分，即"皆以诸子姓名为标号"。② 梁启超曰："庄荀以下论列诸子，皆对一人或其学风相同之二三人以立言，其隐括一时代学术之全部而综合分析之，用科学的分类法，厘为若干派，而比较评骘，自司马谈始也。"③学案体和学记体也都是"以人统学"，围绕学术主体来厘定学术边界，而不是根据研究对象确立学科门类。古代目录作为"辨章学术，考镜源流"的重要学术史著述类型，既依人立类，也存在根据学派分类的问题。比如，《汉书·艺文志》诸子略就是根据学派而划分二级类目的，六艺略虽然首先根据经书的不同而划分，但进一步的细分则又回归为学派原则了，比如"诗"类就是根据齐、鲁、韩三家今文学派和毛诗古文学派而安排类目的。

这样，不同的对象客体因相同的主体派别而聚合成类，不同学派也可以有共同的研究对象。例如，诸子之学产生于由春秋向战国过渡的社会动乱（也是奴隶社会向封建社会过渡）之际，主要针对当时社会现实提出疗救处方，即《淮南子》所谓"救时起弊"，因而具有关乎伦理、政治、社会、历史、文化的共同主题。甚至农家也不是对农业生产的总结，而是以君臣并耕、反对社会分工从而反对不劳而获的社会见解为主要内容。他们被分为"九流十家"，并不是因为研究对象的不同，而是针对相同对象的不同见解。用傅斯年的话说，中国学人"不解计学上分工原理""各思以其道易天

① 梁漱溟：《东西文化及其哲学》，《中国现代学术经典·梁漱溟卷》，河北教育出版社，1996，第37页。
② 姚名达：《中国目录学史》，上海书店出版社，1984，第63页。
③ 梁启超：《司马谈〈论六家要旨〉书后》，《梁启超全集》，北京出版社，1999，第4696页。

下"使然。他说:"自中国多数学人眼光中观之,惟有己之所肆,卓尔高标,自余艺学,举无足采。宋儒谈伦理,清儒谈名物,以范围言,则不相侵凌,以关系言,则交互为用:宜乎各作各事,不相议讥;而世之号称汉学者,必斥宋学于学术之外,然后快意;为宋学者,反其道以待汉学;壹若世上学术,仅此一家,惟此一家可易天下者。分工之理不明,流毒无有际涯。"其结果是:"学人心境,造成褊浅之量,不容殊己,贱视异学。"①

(二)学术标准何在

英哲培根尝言:"真理是时间的女儿,而不是权威的女儿。"这是针对分科化的西方学术而言的。分科以客体对象为依据,对象本身的性质和规律成为判定是非的唯一标准。由此获得的知识,也符合柏拉图关于知识的经典表述:被验证过的,正确的,而且是被人们相信的。学术标准遵守学术自身的逻辑,"吾爱吾师,吾更爱真理",客观性真理的价值高于主体情感和个人喜好之"爱"。所以,西人学术批判性较强。梁启超所谓:"泰西学者,重试验,尊辩难,界说严谨,条理绵密;虽对于前哲伟论,恒以批评的态度出之,常思正其误而补其阙。"② 前辈是后辈超越的对象,而不是努力趋附、不敢违越的对象。所以,牛顿曾说:"如果我比别人看得更远,那是因为我站在了巨人的肩上。"基于这种"抗论别择之风"而形成的是开新气象和"真理面前人人平等"的理念。学术批评不及人身攻击而以分科化的客体为对象,直接面向对象本身的性质和规律。

分派是对认知主体的判分,要求对宗师的皈依,由此获得的知识并不必然具有被验证过的、正确的性质,相应地,它也只为本宗派成员所信奉。所以,中国人恪遵"一日为师,终身为父",是非得失以宗师的一己之是非为是非,而这又与"亲亲、尊尊、长长"的宗法伦理原则一脉相承。其最大特点即在于不是对客体对象保持"无动于衷"的判断,并不恪遵"价值中立"的客观性原则。由此形成的往往只是门户之见,而不是真理之辨。一方面,"崇古保守之念太重"和"师法家数之界太严",③ 只能在名教信条下墨守本宗学术,否则轻者"背师",重者"非圣",每为世俗所不容。另一方面,基于主体立场(而不是客观逻辑)的真伪判断,还导

---

① 傅斯年:《中国学术思想界之基本误谬》,《新青年》,第 4 卷第 4 号,1918-04-15。

② 梁启超:《国民浅训》,《梁启超全集》(第 10 卷),北京出版社,1999,第 2845 页。

③ 梁启超:《论中国学术思想变迁之大势》,上海世纪出版集团,2006,第 39 页。

致了学派间的门户之争。对异宗学术的批判，往往就是对人身的批判，所谓"真理"就是"门户主教之见"。因此，"墨子之非儒""孟子之距杨墨""荀子之非十二子"，"皆绝似村姑谩骂口吻，毫无士君子从容论道之风"。① 无论是对本宗学术的墨守还是对异宗学术的批判，都是对主体的墨守或批判，而不是对客体对象真伪性的执定或批判。

总之，分派的传统学术严守前人"家法"和"宗师"之成说，真理只能是权威的女儿。学者们"不敢妄谤前辈"，而只能以现有的知识为框限，继承有余而创新不足，鲜能开拓学术新领域。即使圣如孔子，也自称"宪章文武，述而不作"。

二 学术目的论（学术为什么）

（一）是否为学术而学术

分科化的西方学术自古希腊以来就形成了"为学术而学术"的认知。亚里士多德说："古今来人们开始哲理探索，都应起于对自然万物的惊异。他们先是惊异于种种迷惑的现象，逐渐积累一点一滴的解释，对一些较大的问题，例如日月与星的运行以及宇宙之创生，作成说明。一个有所迷惑与惊异的人，每自愧愚蠢，他们探索哲理只为想脱出愚蠢。显然，他们为求知而从事学术，并无任何实用目的。"并认为，哲学是"自由学术"，是"为学术自身而成立的惟一学术"。② 分科是围绕客体对象进行的，学术本身具有独立性，其本身就是目的，具有自我价值，因而也具有完全独立的学术立场，并形成了规范、中立的知识陈述标准。梁启超亦云："西洋哲学由宇宙论或本体论趋重到论理学，更趋重到认识论。彻头彻尾都是为'求知'起见。所以他们这派学问称为'爱智学'，诚属恰当。中国学问不然。与其说是知识的学问，毋宁说是行为的学问。"③

相比而言，分派的中国古代学术只重视具体事实、现象的特殊性，而不重视对事实、现象一般法则和普遍规律的探索。例如，天文学并不是以行星运动的"规律"作为主要内容，而是出于占星、定历、服务于农业生产的现实目的。古代数学注重实数系统的一切运算法则与方法而不是关于

---

① 梁启超：《论中国学术思想变迁之大势》，上海世纪出版集团，2006，第38页。
② 〔古希腊〕亚里士多德：《形而上学》，商务印书馆，1981，第5页。
③ 梁启超：《梁启超论儒家哲学》，商务印书馆，2012，第4页。

"数的性质及这些性质间的逻辑关系的研究"。勾股定理、圆周率都是在"求用"的动机下进行探索的结果。而继承古希腊文化传统的欧洲，"则着重思维，追求对宇宙的了解。由此发展成以抽象了的数学概念与性质及其相互间的逻辑依存关系为研究对象的公理化演绎体系"。①

总之，中国学术重视直接的现实效用，纯粹理论或没有当下效用的学术是没有市场的。章太炎《驳建立孔教议》所谓"我国民常性，所察在常事日用，所务在工商耕稼。志尽于有生，语绝于无验"，学术研究不是探索真理的"求知"而是追问现实价值的"求用"，形成了"不以学问为目的而以为手段"②的取向。王国维也认为，儒家的治学传统属"帝王派"或国家派、贵族派、入世派，③ 这是儒家从先秦诸子中最终胜出的根本原因；先秦诸子中颇具思辨色彩的名家最先衰弱，也是因为不能体现为直接的现实效用。

（二）是否重视技术应用（术）的学理（学）基础

西方分科之学重视学（学理）与术（应用技术）的区别，学（学理）是术（应用）的前提和基础，重视通过在认识、发现规律或规则的基础上发展应用技术。梁启超 1911 年在《学与术》一文中指出："学者，术之体；术者，学之用。"又说："学也者，观察事物而发明其真理者也；术也者，取所发明之真理而致用者也。例如以石投水则沉，投以木则浮。观察此事实而证明水之有浮力，此物理也。应用此真理以驾驶船舶，则航海术也。研究人体之组织，辨别各器官之机能，此生理学也。应用此真理以疗治疾病，则医术也。学与术之区分及其相互关系，凡百皆准此。"④ 严复亦认为："盖学与术异，学者考自然之理，立必然之例。术者据既知之理，求可成之功。学主知，术主行。"⑤ 梁启超与严复都认为，学与术，既是科学与技术之别，也是知与行之分。相应的，"学"的学理探讨是学者的任

---

① 何星亮：《中西学术研究之异同》（上），《内蒙古大学艺术学院学报》2005 年第 1 期，第 3~13 页。

② 章太炎：《驳建立孔教议》，汤志钧编《章太炎政论选集》（下册），中华书局，1977，第 689 页。

③ 王国维：《屈子文学之精神》，《王国维遗书》（卷五），上海古籍书店，1983，第 32 页。

④ 梁启超：《学与术》，《饮冰室合集》（第 3 册，文集之二十五下），中华书局，1989，第 12 页。

⑤ 严复：《原富·按语》，王栻主编《严复集》（第 4 册），中华书局，1986，第 885 页。

务;"术"的技术应用是工匠或技术人员的任务。

然而,分派的中国古代,只重视应用研究,不重视基础理论研究,"学"与"术"没有明确的分工。以目录学来说,西方目录的类表编制是由目录学家完成的,而根据类表具体分编现实文献则是馆员的工作。而中国古代的分类与编目则是同一道工序,由同一主体完成。由此导致中国古代的学问大多停留在实践性的层面,而没有上升为纯粹理论性的知识,这就像古代目录所体现的那样。相应地,中国古代一般也不称"某某学",而是称"某某之学",如"目录之学""水地之学""文章之学""训诂之学"等等,这些"某某之学"并不等同于"某某学",即不是致力于理论建构,而是强调"欲从事这门学问,当如何如何进行"。① 中国的四大发明都是在"某某之学"的经验性基础上发明出来的,而不是在科学理论指导下的发明创造。正如梁漱溟指出:"我们虽然也会打铁、炼钢、做火药、做木活、做石活、建筑房屋、桥梁,以及种种的制作工程,但是我们的制作工程都靠那工匠心心传授的'手艺'。西方一切要根据科学——用一种方法把许多零碎的经验,不全的知识,经营成学问——与'手艺'全然分开,而应付一切、解决一切的都凭科学,不在'手艺'。工业如此,农业也如此。甚至养鸡牧羊,我们看着极容易作的小事,也要入科学的范围,绝不仅凭个人的智慧去做。"医学也一样,"中国说是有医学,其实还是手艺。西医处方,一定的病有一定的药,无大出入。"而中医则不同,"十个医生有十样不同的药方,并且可以十分悬殊。因为所治的病同能治的药,都是没有客观凭准的。"② "手艺"在本质上属于"技术"而不是"科学",相应地,包括四大发明在内的中国历史上的科技成就,主要是由"庶人"而不是"志于道"的"士"完成的。

总之,中国古代的知识系统被纳入以儒家道德为终极关怀的基本结构中,努力追求知识的道德价值和社会功能,而关于知识本身的性质则处于相对次要的地位。因此,穷理和经世具有高度一致性,穷理以经世为显现,经世以穷理为指向,成为道德修身的一部分。经世虽然也涉及政治军

① 张寿安:《清儒的"知识分化"与"专门之学"萌芽——从几场论辩谈起》,《学海》2015 年第 2 期,第 186~204 页。
② 梁漱溟:《东西文化及其哲学》,《中国现代学术经典·梁漱溟卷》,河北教育出版社,1996,第 36 页。

事经济民生等现实性和物质性的内涵，但主要是建立"天下归仁"的道德世界。朱熹所谓："格物而后知至，知至而后意诚，意诚而后心正，心正而后身修，身修而后家齐，家齐而后国治，国治而后天下平"。①

（三）对"治物"之学和"治人"之学的不同侧重

西方学术从学（学理）到术（技术），具有明确的改造自然的实践目标，② 而这也是培根所谓"知识就是力量"的本义。马克思曾指出："只有资本主义生产方式才第一次使自然科学为直接的生产过程服务，同时，生产的发展反过来又为从理论上征服自然提供了手段。"③ 相对而言，西方源自于"学"的"术"，主要用于"治物"，旨在改造外部世界。

而分派的中国学术，更加重视知识的政事日用，直接为襄助"道统"和"政统"服务。梁启超指出，中国"胚胎时代之文明，以重实际为第一义。重实际故重人事，其敬天也，皆取以为人伦之模范也，重实际故重经验，其尊祖也，皆取以为先例之典型也"。④ 中国先秦学术起源于上古"王官之学"，"学"从属于"政"，知识传承系统（学统）为政治权力和意识形态之统绪（政统）服务。而"皇天无亲，惟德是辅"（《尚书·蔡仲之命》）；"天视自我民视，天听自我民听"（《尚书·泰誓》），政统必须建立在道统的基础上，"学统""道统"和"政统"三者彼此鼓桴。所以，一方面，"从孔子到孟子一脉相传开创出了中国文化所特有的'道之统绪'即'道统'"，⑤《论语·里仁》"士志于道"，士成为"道统"的秉持者与维护者。另一方面，中国的士大夫读书以求明道，最终达到立身出政、经世济民的责任，即使不从政，也是民间道德的承担者。《论语·为政》曰："孝乎惟孝，友于兄弟，施于有政。是亦为政，奚其为为政？"学术主体主要是传统的士大夫，他们或者直接入仕，或者作为士绅襄助社会风气，具有明确的道德、政治维度。"为学的本质就在于维持德行修养的'自律'和政治秩序的'他律'，从而分别造就'内在超越'和'外在规

---

① 朱熹：《大学章句》，《四书章句集注》，中华书局，1986，第4页。
② 〔英〕索利：《英国哲学史》，段德智译，山东人民出版社，1996，第25页。
③ 《马克思恩格斯全集》第47卷，人民出版社，2008，第570页。
④ 梁启超：《论中国学术思想变迁之大势》，上海世纪出版集团，2006，第9页。
⑤ 刘悦笛：《"政统"、"道统"与"学统"——中国社会转型中"士人"向"知识分子"的身份转变》，《中国政法大学学报》2008年第4期，第63~70页。

范'的双轨途辙,实现内圣外王的儒家理想。"①

而道德维度和政治维度又导致中国古人十分轻贱"物理实学",治物之学是为治人之学服务的,与仕途、政治相关的人文社会科学格外受到重视。《孟子·滕文公下》:"士之仕也,犹农夫之耕也。"读书人期待的是"朝为田舍郎,暮登天子堂",是宋真宗《劝学诗》所谓:"男儿欲遂生平志,六经勤向窗前读。"相应地,自然科学因与"治术"关系不大而地位卑微。《礼记》明确指出:"奇技奇器以疑众,杀。"对自然物理的探究是为道德、政治服务的,例如,天文学主要是以占星为内容,与王朝的气运密切相关;历法主要是日忌学,既是王权"改正朔"的依据,也是日常行事的行动指南。"人伦亦称天伦,人道亦称天道","物理"只有与"人伦"或"人道"取得联系才能确认其价值。因此,宋儒"格物"所致之"知",已经是伦理之"知",并成为"治国平天下"的一部分。

物理实学的人文化,集中体现为"因器求道"的学术诉求。器以道为旨归,从属于并服务于"大道",乃是儒者治学之正途。程朱理学"先是器的工夫,包括训诂名物度数之学;其次求道,包括明圣人制作之意、则天法地",而陆王心学正是看到了器相对于道而言的手段性、工具性地位,才试图超越工具,以期直达"道"体的。②阮元《畴人传序》亦云:"《畴人传》,综算氏之大名,纪步天之正轨,质之艺林,以稔来学,俾知术数之妙,穷幽极微,足以纲纪群伦经纬天地。乃儒流实事求是之学,非方技苟且甘禄之具。有志乎通天地人者,幸详而览焉。"③阮元虽强调"算学""步天""术数"等技艺之学的重要,但又强调它们必须"足以纲纪群伦经纬天地",因此,技艺之学并不是单纯的技术。

总之,在中国古代,政治伦理重于知识真实。作为个体"内在超越"的道统和作为群体"外在规范"的政统,两者都是关乎"人"的学问。正是出于对"道统"和"政统"的主动趋附,具体一门一科的学术被视为"器",并在"道器观"的视域下将学术的自主性让渡给了道统/政统等非

---

① 刘悦笛:《"政统"、"道统"与"学统"——中国社会转型中"士人"向"知识分子"的身份转变》,《中国政法大学学报》2008年第4期,第63~70页。
② 张寿安:《清儒的"知识分化"与"专门之学"萌芽——从几场论辩谈起》,《学海》2015年第2期,第186~204页。
③ 阮元:《畴人传序》,《畴人传》,台北:商务印书馆,1955,第1~2页。

学术因素。"治人"之道也高于"治物"术。如果说，西方之分科所形成的是一种纯粹的知识事业，中国古代则重视学术与社会的互动关系，强调伦理正义和政治正义。由于古代学术没有实现理论科学知识与社会生产的直接结合，因而，相对而言并没有获得改造自然的直接力量。

三　学术方法论（学术何以可能）

（一）动脑与用心

学科化强调研究对象的独立性，主张价值中立。由此形成的对形上之道的切割，也意味着对形下之器的回归。"学科式理论是一种典型的非历史化的知识样式，它假设了一种普遍性的理性效力：知识性质的普遍性、知识态度的中立、知识情景的非历史化以及研究者与研究对象之间的间距和疏离等，是科学效力的客观性和普遍有效性的保证"。① 基于对象性质的分科化学术，直接围绕对象本身而展开，主要解决认识主体的主观认知与客观对象的性质与规律之间的相符性问题，本质上是要解决人与对象的关系。因此，对象本身具有客观性，"问题的社会根源、科学运用中的现实情景以及科学予以效力的诸种目的，都被科学看作是外在于它自身的东西"，"它无需了解它实际上置身其中的那些历史趋向和目标"。② 这样，西方学术就变成了单纯的理性和逻辑行为，因而只需"动脑"，即通过理智的路径获得认识的确定性，理智之外的主体好恶和价值前见等等，皆在刻意排除之列。

分派不是对对象性质和规律的客观认知，而是以宗师的主观见解为对象，学术过程体现为对前辈观点的比堪、仿效，本质上是解决人与人、人与社会的关系，《荀子·劝学》所谓"学莫便乎近其人""学之经莫速乎好其人"。《尚书大传》亦曰："学，效也。"而人的心灵不可逻辑化，故超越名言之域，重视直感的经验，由审美、信仰、认知共同参与到认知活动之中。《史记·孔子世家》曰："中国言六艺者折中于夫子，可谓至圣矣。"扬雄《法言·吾子》曰："好书而不要诸仲尼，书肆也；好说而不要诸仲尼，说铃也。"研究"六艺"或"书""说"，就是对孔子的研究。所

---

① 吴兴明：《"审美意识形态"与批判理论的学科化》，《四川大学学报》2007年第2期，第5~11页。

② 〔德〕马克斯·霍克海默：《批判理论》，李小兵等译，重庆出版社，1989，第231页。

以，古人强调读书须"用心"，重在读者之"心"与作者之"心"的交流。朱熹所谓"考之于经，验之于史，而会之于心，以应当世无穷之变"。① 这样，作为客体对象的文献，就成了读者主体的体验对象，因而不仅运用"理智"还须动用情、意等主体内涵来审视，追求真善美的统一，而不是分门别类的精确。牟宗三指出："中国哲学以'生命'为中心。儒道两家是中国所固有的。后来加上佛教，亦还是如此。儒释道三教是讲中国哲学所必须首先注意与了解的。二千多年来的发展，中国文化生命的最高层心灵，都是集中在这里表现。对于这方面没有兴趣，便不必讲中国哲学。对于'生命'为中心的学问没有相应的心灵，当然亦不会了解中国哲学，以西方哲学为标准，来在中国哲学里选择合乎西方哲学的题材与问题，那将是很失望的，亦是莫大的愚蠢与最大的不敬。"② "生命"不是呈现出清晰的逻辑秩序，而是在无序中体现有序，在超越逻辑明晰性的基础上以审美的意味和求善的气质力求达到贯通天人的境界。因此，中国学术在方法论上更强调"用心"而不是"动脑"。

（二）是否重视知人论世

分科的西方知识直接来自对自然客体的探讨，"理念"的知识、本质的知识是所谓超时空的知识，具有非时空性和非个人化（民族化）的特点，重在"说出人类集体的发现"。因此，强调"去时间"或"非时间性"的所谓"共时性"，而"对时间要素漠不关心"。③

以人为聚集的分派具有明确的祖师意识，"门户主奴之见太深"，④ 学派之成立就在于对鼻祖学术的继承。因此，学术是时间维度的而非空间维度的，任何"当下"学术都有一个历史意义上的源头。只有通过线性次序的层层上溯从而直探源头，才能确证学术之"流"的合法性。例如，《明史·儒林传》所谓："阳明学派，以龙溪、心斋为得其宗。"重视从开宗祖师到当下自我个体的历时性链条的衔接。前辈在后辈的追溯中获得历史流衍，后辈在对前辈的趋附中获得历史定位。这跟古人"法先王"、以"先王"之是非为是非的思路一脉相承。所以，《淮南子·修务训》指出："世

---

① 朱熹：《朱熹集》，四川教育出版社，1996，第506页。
② 牟宗三：《中国哲学的特质》，上海古籍出版社，2008，第3页。
③ 〔德〕马克斯·霍克海默：《批判理论》，李小兵等译，重庆出版社，1989，第221页。
④ 梁启超：《论中国学术思想变迁之大势》，上海世纪出版集团，2006，第38页。

俗之人多尊古而贱今，故为道者必托于神农、黄帝而后能入说。"

和源流追溯一致的是强调"知人论世"，即强调学术跟主体之"人"的关联，而"人"又是具体的作为背景之"世"意义上的存在。因此，学术因个体性而衍生出时空性、地域性和民族性，它不具有一般化和非时空化的普遍真理性，因而不是对客体对象的"提纯"研究，这是"知人论世"的本质所在。而以"地域"分门，如宋学的伊洛之学、关学、闽学、蜀学等等，则是以"人"别派的自然延伸。

（三）重视书本知识

分科的西方学术面向自然或社会对象，固然重视积淀在书本上的前人成果，但自然或社会本身才是知识生成的主要源泉。

分派的中国学术以"人"为对象，而人具有生命有限性，先王的思想见解只能落实为白纸黑字的文本才能垂之后世。因此，中国的学术在很大程度上就是书本的学问，基本不直接面向自然、社会等客体对象。朱熹《性理精义》所谓："为学之道，莫先于穷理，穷理之要，必在于读书，读书之法，莫贵于循序而致精，而致精之本，又在于居敬而持志。"

因此，中国古代的"研究对象主要集中于古代典籍涵盖的范围内，并非直接以自然界为对象；中国学术分科主要集中在经学、小学等人文学科，并非如近代西方集中于社会科学及自然科学领域"。[①] 也正因为如此，中国古代有历代赓续不绝的文献收集、编撰、整理和保存的传统。传统的"儒生需要通过读经和注经来了解圣人教导，并结合修身实践来认识道德内涵，这种出于修身目的对书本的注重，不同于以求知为目的的追求科技知识"。[②]

---

① 左玉河：《先秦分类观念与中国学术分科之特征》，《学术研究》2005 年第 4 期，第 48~53 页。

② 金观涛、刘青峰：《从"格物致知"到"科学"、"生产力"——知识体系和文化关系的思想史研究》，台北：《中研院近代史研究所集刊》第 46 期（2004 年 12 月），第 105~157 页。

第二章
古典目录在近代

诚然，近代书目发展的一个总体趋势是传统四部体系日益式微，西方学科化书目体系逐渐大行其道。研究中国近代书目的一个无可回避的问题就是传统书目的近代境遇问题。总体上，风云变幻的近代虽堪称"三千年未有之大变局"，但传统书目的编撰并未凋零。甚至1917年《仿杜威书目十类法》以后，虽然仿杜威书目成为主流书目的"大势所趋"，但传统书目仍然占据了极其重要的地位，今日各大图书馆古籍分类仍然使用传统的四部体系。与之相应，古籍部也相对独立于大书库。可以认为，传统目录的绵延不绝，也是古籍及其背后的传统文化最后的自立，它直接对应于"自三代至于近世，道出于一而已"① 的学统的坚守。

第一节　古典书目的近代发展

所谓古典书目，是指文献对象主要以古籍为主；书目的著录格式、分类标准、序言提要乃至凡例案语等完全或基本遵守自《七略》以降、以《四库总目》为代表的古代书目原则而编制的目录。近代所编古典目录，其显性特征即在于对以《四库总目》为代表的目录学一般理论、方法和原则的继承。例如，1899年丁丙所编丁氏家藏书目《八千卷楼书目》以顶格、低一格、低二格分别文澜阁《四库全书》著录、存目和未收之书，见证了他于《四库总目》的服膺。另外，也对传统书目有所突破，并发展出近代化的书目特征。叶德辉《观古堂藏书目》可视为兼具继承和发展二重

---

① 王国维：《论政学疏稿》，《王国维全集》（14卷），浙江教育出版社，2009，第212页。

性特征的代表。该目初编于 1901～1902 年，陆续修订后于 1915 年付印，收书 5131 种，分四部，每一大类前都有序例，详细介绍各小类的含义、历史，与《四库总目》相比，不仅类目有所改动，且敢于批判。① 然而，又不脱《四库总目》的总体思路和技术方法。

著名海外学者余英时在《论戴震与章学诚》等著述中提出了"内在理路"（Inner logic）的观念，大意是说，"传统"并非如马克斯·韦伯所云是"现代"的对立面。相反，传统与现代一脉相承，不能一刀两断地割裂为截然对立的两端。"传统"之中蕴藏着若干"现代性"因素，有力地推动了"现代"之成为"现代"。"内在理路"说，在社会、政治、经济、文化的各个方面都可以找到例证。例如，中国近代的资本主义固然受到了西方资本主义的外力推动，但也是 16 世纪以来中国自身资本主义萌芽的发展和延续。同样，梁启超认为："清儒治学，纯用归纳法，纯用科学精神"，如《清代学术概论》第 11 节专论"戴震和他的科学精神"，② 实为近代学术转型的前驱。又如，"对甲骨文在古代中国研究上的潜在重要性的认识并不是由 19 世纪晚期西方传入中国学界的科学知识提供的"，"清代出现的考证学派与 20 世纪中国学术话语存在直接的连续性"。③ 循此思路可以发现，中国目录学的近代化亦非完全"西力"之外因所推动。"时代之精神殆无特别之差异"④ 的古典目录，在未受外缘性影响的情况下，不断调整着目录学的理论、原则和方法，探索着自我近代化的各种可能。

一　目录学理念以及目录学定位

首先，目录学作为一门学问得到了重视。

近代学者十分重视古籍目录学著作的刊刻和撰写。1811 年黄丕烈刊刻孙从添《藏书纪要》，1832 年章学诚《校雠通义》刊行于开封。可以认为，刊刻前人的古籍目录学著作，正是为了汲取前贤的智慧，更好地推动目录学的发展。而积极撰写目录学著作，则是要为书目工作提供理论指

---

① 来新夏：《清代目录提要》，齐鲁书社，1997，第 402～403 页。
② 梁启超：《清代学术概论》，朱维铮校订，中华书局，2011，第 43、51～61 页。
③ 〔美〕艾尔曼：《从理学到朴学——中华帝国晚期思想与社会变化面面观》，江苏人民出版社，1995，第 178～179 页。
④ 姚名达：《中国目录学史》，上海书店出版社，1984，第 19 页。

导，使其从自发的水平精进为自觉的层次。钱泰吉（1791~1863）关于图书版本、目录、校勘学的著作《曝书杂记》三卷于 1839 年刊行，该书是以读书随笔的形式记录钱氏在收集和阅读古籍过程中的见闻、经验和体会。耿文光较早用"目录学"一词题书名，从而取代了"目录之学"的称谓。"目录之学"的称谓本质上是强调，从事编目和著录实践，当如何如何，因而只是方法之学。耿氏于同治九年（1870）起编著《目录学》一书，历时三载，成书二十卷，刊印九卷。其云："目录学者，学读书也，古人读书最重目录，欲治群书，先编目录，目录成而学未有不进者"，"目录之学，乃学中第一要事，不知此，则书之面目不能识，安问其它？"耿文光还在"序言"和"凡例"中广泛讨论了编目方法。对传统书目的研究性著作另有 1901 年杨守敬的《藏书绝句》，1917 年孙德谦的《汉书艺文志举例》等。

其次，书目的定位从传统的"门径书"向工具书发展。

大致而言，1875 年张之洞《书目答问》之前的目录，"是作为'门径书'而非工具书的，前者要认真读，后者仅是'备查'而已。许多民国新派学者其实也还不时提到《书目答问》，但此书对他们而言已是备查之工具书，只是有的放矢地核查特定内容而非通读"。① 作为"门径书"，更多地重视提要、类序等文字性的表达，以指导阅读。相应地，中国古代书目除了记录文献以保持文化清单（这与"工具书"一致），还有两层目标，从而也超越了"工具书"的层次：一是条理文献的同时条理文化，即所谓"辨章学术，考镜源流"；二是在文献和文化条理中确立儒家信念，规范士子的思想，统一和落实统治阶级的思想意识，从而襄赞政治，参与社会人伦秩序的维护，即所谓"申明大道"。后者决定了古人是从综合性的政教人伦的角度，而不是从分析性的学科认知的角度组织书目的。

作为工具书，更加重视书目的分类、索引，以便利于读者检索文献，也就是梁启超所谓"著录足以备学者顾问……取便检查，亦正是此学中一重要条件"。② 亦如陈垣所指出："目录学就好像一个账本，打开账本，前人留给我们的历史著作概况可以了然。古人都有什么研究成果，要先摸摸

---

① 罗志田：《〈山海经〉与近代中国史学》，《中国社会科学》2001 年第 1 期，第 181~192 页。
② 梁启超：《佛家经录在中国目录学之位置》，《图书馆学季刊》1926 年第 1 期，第 3~30 页。

底，至深入研究时才能有门径，找自己所需要的资料。"① 因此，如果说，什么是"道"以及何以见"道"，才是中国古代目录学的本质，这体现在古代书目的著录、分类、提要等几乎所有元素之中。那么，如何发挥目录作为"工具书"的检索功能，则是中国近代目录学的一个重要取向，这也同样反映在近代书目的著录、分类、提要等几乎所有元素之中。

二　书目元素的近代特征

（一）著录范围

近人编撰的传统目录仍然秉承前贤，以藏书目录为主要类型。说明目录的一个重要功能是从财产的角度对所藏典籍予以总结，这从古籍善本书目的大量编制中亦可读见。而正是在善本书目的意义上，近人又特别重视读书志和题跋的撰写。例如，李希圣（1864~1905）《雁影斋题跋》四卷，所收多为清人方功惠（1829~1897）之藏书，著录88种宋元明刻本和抄校本。耿文光（1830~1908）光绪五年（1879）所编《万卷精华楼藏书丛记》，为继《四库全书总目提要》之后第一部大型综合性提要式书目，传统特色浓郁。另外，这批传统目录也表现出一定的"近代"气象，集中表现在以下几方面。

首先，重视对史志目录和《四库总目》等著名书目的增订与修补。

藏书目录的编制一般都是以从文献到目录为路径的，即从实藏文献入手编制目录。但是，实有（包括曾经）文献与某一目录实际所收文献之间仍然存在着间距。因此，增订、修补前人目录，成为近人所编传统目录的一个重要取向。这主要体现在补史志目录蔚为风气以及对清乾隆年间官修《四库全书总目》的增订、修补之上。从学术文化的角度来看，这是要努力从书目角度呈现出中华古籍的总体面貌，发挥目录作为文献清单的职能。

在著录范围上，《四库全书》根据与政教人伦的功能关联程度而确立著录边界。《乾隆三十八年五月十七日奉上谕》曰："所有进到各遗书，并交总裁等，同《永乐大典》内现存有各种，详加校勘，分别刊抄，择其中

---

① 陈垣：《谈谈我的一些读书经验》，《纪念陈垣校长诞生110周年学术论文集》，北京师范大学出版社，1990，第138页。

罕见之书，有益于世道人心，寿之梨枣，以广流传；余则选派誊录，汇缮成编，陈之册府；其中有俚浅讹谬者，止存书名。"《凡例》则曰："诸书刊写之本不一，谨择其善本录之；增删之本亦不一，谨择其足本录之"；"二氏之书，必择其可资考证者"；"以阐圣学明道者为主，不以百氏杂学为重"。但随着近代化帷幕的开启，对《四库全书》的著录范围出现了新的认知和反思。例如，朱彝尊《竹垞行笈书目》（又名《潜采堂书目》）著录王世德《崇祯遗录》、佚名《崇祯纪略》等禁书，清末丁丙《八千卷楼书目》卷四也著录《崇祯遗录》一卷，堪称对意识形态的突破，也是著录对象客观化的显现。而当 1883 年晚清文网宽疏之际，姚觐元大量接触乾隆时期禁毁书目数种，汇集为《违碍书目》《销毁抽毁书目》《禁书总目》（三者皆乾隆时期禁毁书目），可借以了解清代文字狱情况。作者表面上的宣传"国家功令""维持风教"，当另眼看待。1886 年何遵先刊《四库全书目录》另附《未收书目》，文廷式（1856~1904）《清人著述目录》亦可补《四库全书总目》之缺。而类似邓实所辑《销毁抽毁书目》《禁书总目》《违碍书目》《奏毁咨禁书目》，具有明确的增补《四库全书》著录范围的动机，也体现了对知识价值的认识转向。又如，以"顽绅"见称的叶德辉，其 1902 年始编、后陆续修订，并于 1915 年付刊的《观古堂藏书目》，所收 5131 种图书中以清人著述为主，但亦包括外国人著作 84 部。

其次，非藏书目录，尤其是导读目录的编制蔚然成风。

如果说，藏书目录是根据实有文献而编制，非藏书目录则是根据编目动机，从"天下"现有（或曾有）文献中择取一部分"重要"或特定的典籍而编制的。例如，1884 年朱记荣刊行的《行素堂目睹书录》是作者"经目睹并借抄成帙之书"，并不是藏书目录。推荐和导读性质的目录是非藏书目录的典型代表。早在明崇祯八年至南明永历八年（1635~1654），释智旭编撰《阅藏知津》，在每部佛典之上，标注△○◎⊙等十五种符号，使阅者知先后所宜，并按照不同要求选择不同读本，即具备了推荐与导读的性质。清初鲁之裕（1665~1742）撰、钱邦寅（1614~1684）告成于乾隆五年（1740）的《经史提纲》也是典型的导读书目。作者认为，"经史之书不可一日或缺，对从政者尤其重要，经书可以彰其教，史书可以善其政，而古今书籍众多，从政者不能指其名者数不胜数，钱鲁二人愿做书海识途之马,为从政者充当向导。本书目有关子、集文献一概不收,所选都是最基本、最重要的文史读物,既是推荐目录,也是我国较早的一部文史工具书"。①

近代以降,龙启瑞（1814~1858）于1847年编撰了《经籍举要》。徐友富认为:"现存最早的,以独立形式出现的成熟的推荐书目应为龙启瑞的《经籍举要》。"②《经籍举要》按四部分类,经史子集分别收书72种、39种、33种和32种。全目有一篇总序交代书目编撰缘起、内容性质。每书有言简意赅的提要和案语,提要重在介绍内容、揭示意义;案语指明校勘、出处,偶及著者。作者"仿读经之例,各就其性之所近者习之,有志圣贤者,宜先读宋儒义理之书,留心经世者,宜博观诸史",③是一部典型的旨在指导士子读书的推荐和导读性质的目录。袁昶有《增订经籍举要》一卷附录一卷。1869年杨希闵编撰《读书举要》二卷,"上卷又分'先哲教人读书法上:课程之法'、'先哲教人读书法中:体认之法'、'先哲教人读书法下:记诵及作文之法'。下卷为'家塾课读书籍论略',其重点是向读者介绍读书之法",④亦具导读性质。1875年张之洞编撰导读书目《书目答问》,详见本章第三节。1888年裕德（? ~1905）任山东学政之际患穷乡僻壤之士问学未得门径,遂撰《经籍要略》一卷附《劝学八则》,以为士子导读书目,并申教训士子如何处世立学之旨。《劝学八则》分经史子集四部,部下小类仿《四库总目》而"间有出入"。1894年康有为编撰《桂学答问》（附梁启超的《学要十五则》）,"该书书前有康有为自序一篇,称其于光绪二十年秋（1894）,游于桂林,居风洞月余,时有来问学者,应接不暇,故作此目"。另外,"20世纪初的1902年王大章编撰《学教录商要》和1903年张承燮编撰《蒙养函书三编总目》",⑤也都是导读性质的书目。

再次,结合现实学术发展而编制的书目类型不断增加。

---

① 来新夏:《清代目录提要》,齐鲁书社,1997,第51~52页。

② 徐友富:《谈谈〈经籍举要〉》,《古籍整理研究学刊》2002年第6期,第46~49页。

③ 乔好勤:《中国目录学史》,武汉大学出版社,1992,第276页。

④ 李立民:《晚清国学导读目录的初兴及其社会文化功用》,《唐山师范学院学报》2010年第1期,第51~54页。

⑤ 李立民:《晚清国学导读目录的初兴及其社会文化功用》,《唐山师范学院学报》2010年第1期,第51~54页。

道咸以来，金石学大兴，降及民国，金石的整理研究赓续不绝，由此导致金石目录大量涌现。清代出现的大量科技类专科目录，也是因应时代变化的结果。阮元始作于乾隆六十年（1795），完成于嘉庆四年（1799）的《畴人传》，是历代天算家传记集，传记之下附以著作，形成以书系于人的书目。梅文鼎（1633～1721）《勿庵历算书目》（又名《勿庵历算书记》），刊刻于清康熙年间，是梅氏为使其历算著作能流传于后世、就正于时人而编，内容包括历书 62 种、算书 26 种，历书约分阐明古历法者、研究西域历法者、批评崇祯历者、手订历志及关于历学之意见、所创制之测算器及其图说。① 1897 年刘铎印行丁福保所编《若水斋古今算学书录》七卷、《附录》一卷，所附《古今算学丛书编目》一书是以算学及应用算学为纲，辑录古籍中相关专著、章节而成；刘氏次年（1898）印行《古今算学丛书编目》一卷，是为大型数学丛书《古今算学丛书》所作的征订广告。

最后，空列其目。

无论是藏书目录抑或非藏书目录，中国古代目录都是根据现实存在的图书而编目的，《七录》《通志·艺文略》等书目则延及历史上曾经存在而当下业已亡佚之书（即所谓"古有今亡"），但它们都是现实存在或曾经存在的图书，有其书则立其类，是其基本特色。

但近人编制的不少书目都通过"空列其目"的形式，突破实收文献对类目的前提性制约，从而也从"现实中有什么文献"转向了"理想中还应该有什么文献"的认知。早在清初，朱彝尊（1629～1709）所撰《经义考》三十类中，即包含了"宣讲""立学""家学""自叙"四个有目无书的类目。一些私家目录也通过空列其目，以示未来补充相关图书的用意。例如，陆漻（约 1657～1727）的《佳趣堂书目》，据叶启勋《序》，其在著录图书时，"有空白一、二行者，有空白十余行者"，"意盖求其书而不得，故留余行以待真实填补"。② 沈复粲（1779～1850）《鸣野山房书目》是沈氏家藏书目，其中，"经之目"下的四书、"子之目"下的"稗家四·演义"等皆有目无书。空列其目，还大量反映在补史志目录之中。例如，倪灿（1627～1688）《宋史艺文志补》分四部四十类，其中史部"中

① 来新夏：《清代目录提要》齐鲁书社，1997，第 34 页。
② 来新夏：《清代目录提要》齐鲁书社，1997，第 42 页。

国史"“政刑类"、集部“制诰类"皆有目无书。侯康（1798～1837）《补后汉书艺文志》四卷，分经史子集四部，卷一、二为经部，卷三为史部，卷四为子部，缺乏集部，似为未成之稿。其中，子部的兵家、历算、五行、医方、杂艺五类有录无书。侯康另有《补三国艺文志》，类同前者，亦只有经史子而无集，子部的农家、历算、五行、医方、杂艺五类亦空张类目，有其目而无其书。

空列其目的本质是强调在相关的总体学术门类或知识结构中“应该"有某个/些类目，但因各种原因，目录并没有找到实际对应的图书。从而强调，类目的设置不应受到现实图书的约束，而应从学术的应然理想的角度做出通盘思考。空列其目，对近代西学书目的编制影响很大，梁启超明确提出“购悬其目"之说，他不仅在《西学书目表》中予以践行，更影响到了《东西学书录》等几乎整个近代西学书目的编制，详见本书第三章。相比而言，以《杜威十进分类法》为代表的西方近现代分类从人类知识（而不是人类文献）的角度建构独立的分类表，而不受实际存在或曾经存在的图书的影响。就此而言，空列其目，虽然反映了书目作为文献体系向知识体系转变从而形成独立分类表的过渡形态，但仍属于文献分类而不是知识分类。

（二）具有明确的流通意识

古代藏书楼发展到近代的一个革命性的标志就是从重藏轻用转变为public library 意义上的公共图书馆，而“公共"的本质是对社会普通读者开放。但公开或开放的理念及其践行并不为西方所独占。例如，阮元1809年立书藏于杭州灵隐寺，1813年立书藏于焦山，都是对士子开放的藏书机构。以黄虞稷、周在浚《征刻唐宋秘本书目》为代表的书目，一方面重视藏书流通，故该目附有曹溶所撰“流通古书约"；另一方面又重视“征刻"以广图书之传。作者针对清初藏书家多“知秘惜为藏，不知传布为藏"的陋习，感慨“天地菁英有聚必有散，况诸本半系宋椠元钞，即在斯世无多藏本，倘不及时流传，恐古慧命由此而绝"，故发愿“校雠既定之书先行百种"，以征刻于世。所以，该书目前列纪映钟、钱陆灿、朱彝尊、魏禧、汪楫同所撰“征刻唐宋秘本书启"，张芳所撰“征刻唐宋秘本书论"以及“征刻唐宋秘本书例"。① 1895年黄澄量建五桂楼于余姚梁弄，允许子孙甚

---

① 来新夏：《清代目录提要》，齐鲁书社，1997，第30页。

至海内好学者登楼观书。1880 年国英《共读楼书目》印行，斯为"共读楼"对外借阅的读者目录。

书目中附丽藏书规则以规范借阅和流通行为，也反映了公藏意识。光绪间的吴可舟将藏书楼命名为瓻醳楼，并编有《瓻醳楼藏书目录》。瓻，是盛酒器；醳，是美酒，吴可舟以"瓻醳"名楼，取典"借书一瓻，还书一瓻"之说，表示携瓻往借他人之书以及将自己的书借给别人的意思，较形象地体现了其藏书开放的思想。目后附可舟后人吴峤 1900 年所订藏书章程，包括宜修增、慎检晒、戒分藏、专职司、立计簿、谨翻阅、杜偷漏等七条。张穆（1805~1849）《张石洲所藏书籍总目》"书后详细说明暂存（内书外借以待来取）书数目、借出的图书、字画的册数、查检不着的书"，[①]说明张氏所藏是对外借阅的。

古代目录主要是为了著录藏书、指示门径而编制的。但随着公藏意识的加强，清代出现了不少交代庋藏之所的排架目录。例如，朱彝尊《曝书亭书目》即于眉端标示庋藏处所，如"厅西南第一橱""厅西第二橱""娱老轩"等。[②]汪辉祖（1730~1807）《环碧山房书目》后附《环碧山房藏书录》，注明各橱所藏之书，类似排架目录。倪模（1750~1825）《江上云林阁书目》的类目仿《四库总目》，但又按千字文编号，各架分别庋藏，架、号皆置标签以备稽检。麟庆（1791~1846）《嫏嬛妙境藏书目录》每书著录书名及卷数、撰者及时代、册（套）数和庋藏架次，实为排架目录。王昶《大藏圣教解题》对所收佛教文献皆注明收藏地点，以千字文排架，其体例为注明大藏某字至某字号，凡某函。潘遵祁（1808~1892）《西圃藏书目》按四部排列，分橱著录，甲字橱为经部，乙、丙、丁、子、丑五字橱藏史部，戊、寅、辰、巳、午、未、申字橱藏子部，庚、辛、壬、癸字橱藏集部，另有闰字橱专收清武英殿聚珍版图书。唐翰《唯自勉斋书目》不分卷，共收 48 箱，690 种图书，是唐氏藏书清单，按藏书存放地点分三部分，并分别按"桃红复舍宿雨、柳绿更带朝烟、花落家僮未扫、鸟啼山客犹眠""布衣暖、菜根香、兴会作、师法古""恭敬撙节退让以明礼、和亲康乐安平为一书"编号。陈揆（1780~1825）《稽瑞楼书目》

---

① 来新夏：《清代目录提要》，齐鲁书社，1997，第 155 页。
② 来新夏：《清代目录提要》，齐鲁书社，1997，第 17 页。

一卷，分"邑中著述""附记各橱""近代地志""小橱丛书"四类，类下分目，如"小橱丛书"下分音训、史籍、传记、宋元地志、诸子杂说、杂家、古集、杂集、谱录等九类，类目下注明放置地点。

（三）分类特点

我们知道，以《汉志》《四库总目》为代表的传统分类体系，大致是对古典文化和精神世界的模型化认知。而近人编制的传统目录，则直接对应于对传统文明的持守，意味着在社会风云变幻和学术思潮转移的近代，对文献及其背后文化反思的停滞。反映在分类上，就是对经史子集框架的继承。诚然，"儒家学说基本上是一种治国之术，是以道德礼仪来治理国家的学说……同治中兴被认为是学习西方的开始，但是儒学也仍然是最主要的政治思想资源"。① 儒家学说的最大特点是：重视个人的淑身立品，在此基础上服务于政治社会的经世功能，也是就《中庸》所说的"为政在人，取人以身，修身以道，修道以仁"的内圣、外王之道。而传统四部分类与古代社会的其他文教事业与建制一样，都是为巩固儒家学说和封建统治服务的，目录本身并不具有学术上的独立性。

这决定了古代书目分类的下述四个特点：第一，重视从功能和价值的角度分类文献。经史子集四部体系就是典型的功能和价值分类，即根据文献在政治教化和人伦彝常上的功能大小而排列类目。又如，《四库总目》中的《乐类序》《艺术类序》《艺术类杂技之属案语》皆以雅郑区别音乐，亦是显例。古代学术重视功能性而不是本质性（公理性），学术只是"弘道设教"的工具，其本身并没有自主性。因此，学术不是在理性逻辑的层次上运思的，即不是以公理为前提展开逻辑推导、建立学理体系。古代学术的这一特征，决定了传统书目分类的非学科化。第二，古代书目不是从内涵的角度而是从外延的角度迂回曲折地设置类别。例如，《四库总目》中史部的"杂史"、子部杂家类的"杂说之属"、小说家类的"杂事之属"，三者有交叉，且皆从外延立说，而外延又是细分的依据。这在近人编制的传统书目中得到了继承，如张之洞《书目答问》："别史、杂史颇难分析，今以官撰及原本正史重为整齐，关系一朝大政入别史，私家记录中

① 邵志择：《近代中国报刊思想的起源与转折》，浙江大学出版社，2011，第108页。

多琐事者入杂史。"① 就是典型的从外延而非内涵角度设置类目的。第三，传统目录是结合文献现实的分类，因此，实际所收文献的内容及数量的多寡成为立类一个重要标准。例如，《总目》中杂史与纪事本末、杂品与谱录，都是根据文献数量而设置的类目。第四，中国学术重分派，在开宗立派的先师思想基础上追求继往开来，先师以及历代重要传承者本身成为研究对象，重视的是一人、一派或一家之"家学"。反映在目录上，古人特别重视通过"辨章学术，考镜源流"的功夫探"源"，从而确证当下学术之"流"的历史传承性。章学诚认为，"《汉志》最重学术源流，似有得于太史《叙传》及庄周《天下篇》、荀卿《非十二子》之意。此叙述著录所以有关于明道之要，而非后世仅计部目者之所及也"。② 目录学类同于司马谈《论六家要旨》等学术史文篇。因此，"于诸子各家必言某家者流出于某官，而分类之次第，门目之分配，未尝言之也"。③ 总体上，源流的追溯是时间意义上的，而类别的分合是空间意义上的。重视源流，事实上没有形成对分类本身的研究。这也导致中国古代书目分类并不是在逻辑化的水平上运思，其分类标准往往多元而不一。杜定友即指出："辨章学术，有体有义。而体义以外，有以时次者，有以地次者，有以人次者，有以名次者，但一类之中只能守其一而不能兼其二，而吾国类例有始言体而后言义者，有应以时次而亦人次者，有应以地次而亦体别者，是不知类例之法，岂可与言分类？"④ 例如，《四库总目》的《总集类序》以《楚辞》为总集之始，但实际分类中又别出"楚辞类"，与"总集""别集""诗文评"共同构成集部的二级类目。

尽管如此，近人所编古典目录，仍然出现了若干有别于上述传统特征的近代化分类元素。

首先，学科分类意识的萌芽。

曹寅（1658~1712）《楝亭书目》四卷，分别著录经史子集四部图书。其中，第一卷为书目、经（即总经义、有附）、易（有附）、诗（有补遗、

---

① 张之洞撰，范希曾补正《书目答问补正》，上海世纪出版集团，2010，第75页。
② 章学诚：《校雠通义》，王重民通解，傅杰导读，田映曦补注，上海世纪出版集团，2009，第47页。
③ 杜定友：《校雠新义》上册，中华书局，1930，第13页。
④ 杜定友：《校雠新义》上册，中华书局，1930，第12页。

有附）、书（有附）、春秋（有补遗）、礼（有补遗、有附）、乐（有补遗）、小学、理学、韵书、字学。第二卷为史（正史、别史、史抄、史评、有附、有补遗）、鉴（有补遗）、明史、外国、经济（有补遗）、地舆（有补遗、有附）。《楝亭书目》虽大体以传统经史子集分类，但颇具特色。如书目列在第一就对后来的不少仿 DDC 书目影响很大。另外，韵书、字学从小学中独立为类；史部将明史独立，另有"外国""经济""地舆"等经世类目，都是知识和学术趋于学科化的表征。缪荃孙（1844~1919）光绪二十六年（1900）《艺风堂藏书记》据《孙氏祠堂书目》分为经学、小学、诸子、地理、史学、金石、类书、诗文、艺术、小说等十类。这里，小学不再是从属于经学的下位类目，地理也不再是从属于史学的下位类目，都是学科化思想的萌芽。姚际恒（1647~?）《好古堂书目》是姚氏家藏书目，分经史子集四部。其中，史部有集古、时政、虫鱼、方物、名胜等类，均不见于此前书目，也表明它们已经作为关注焦点而不再依附于经史子集中的某个上位类目。此外，姚际恒将"器用""虫鱼"和"食货"并列，"名胜""川渎"与"地理"并列，而不再分别依附于"食货"和"地理"之下，也是学科化思想的反映。

我们知道，《四库总目》出现之后，即获得了典范和标杆的地位，成为官私书目竞相效仿的对象。但《四库总目》并不是严格科学的分类，没有明确的"学科"意识。例如，馆臣认为算学与天文相表里，算学是为天文服务的，所以算学被分在子部"天文算法"类，尚未获得学科独立，与今天科学意义上的"数学"并不等同。就此而言，所谓分类的"近代元素"，可视为对《四库总目》分类的突破。仍以"数学"为例，清人钱曾《也是园书目》和黄虞稷《千顷堂书目》的经部皆有"数"或"算学"，虽然它们能否列入经部有待商榷，但初步形成了数学独立的意识。

其次，构建以经世为指向的类别体系。

如果说《四库总目》重在建构道学体系，近人编制的不少书目则以经世为原则而尝试重建类别体系。例如，钱大昕《补元史艺文志》子部儒家和道家之后为经济类，收录《兴亡金鉴录》《经济录》《治世龟鉴》《中兴济治策》《经邦轨辙》等文献。张金吾（1787~1829）《爱日精庐藏书志·例言》曰："是编所载止取宋元旧椠及抄帙之有关实学而世鲜传者。"沈初《浙江采辑遗书总录》史部有掌故、地理，而掌故又分职官、食货、仪制、兵刑、河渠、水利、营造 7 个三级类目。这些分类成果通过对传统四部类目的内部调整，突出了具有经世内容的文献地位，对张之洞《书目答问》等后世书目影响很大。事实上，道咸之际再度兴起的经世致用之学，即表达着新的认知形式和价值观念。"经世思潮的兴起，及其对实用事物、社会福利的重视刺激了建立新的具有实证主义特点的知识领域的需求。他们的目标是要重构古典儒学，重估经典中治理现世的主张"。① 这种经世思想固然直接影响到了书目分类的重新厘定，但书目分类的更改又能动地加持着经世之风的形成。

（四） 编制索引

与流通、借阅相得益彰的是对索引的重视。完成于乾隆四十七年（1782）的《四库全书简明目录》，即系因《总目》卷帙浩繁，不便翻阅而作。《简明目录》删除"存目"书籍，而"著录"图书亦删减"提要"，略写著述大意。近人也编制了大量的书目索引，如 1847 年管庭芬的《海昌艺文志》"卷首列海昌艺文志姓氏韵编，以备检索"。近人还为前人目录补编了大量的索引，例如贺龙骧《（重刊）道藏辑要子目初编》针对过往道录有总目而无子目，贺氏将每部道书皆详细条举各篇子目，极大地方便了检索。1870 年满族人费莫文良所刊《四部书目略》，是取《四库全书总目》著录、存目合为一编，共二十卷，附录一卷。该目只载卷数、人名，依类排列，极便检索。

此外，为古籍编制索引也是学界的一个新动向。例如，为《说文解字》编制的索引即有同治十二年广州刻本《说文通检》十四卷，毛谟《说文检字》二卷（只可检汲古本《说文》），史恩绵《说文易检》十四卷，丁养和《说文便检》十二集。佚名《一贯三》十二集，可检《说文段注》《经籍纂诂》《说文通训定声》三书。

尤其值得一提的是，在 20 世纪 20～30 年代，索引的编制蔚然成风，史有"索引运动"之称。哈佛燕京学社引得编纂处所编《艺文志二十种综合引得》即是对古代二十种重要史志目录所编的综合性索引。1926 年上海大东书局影印本《四库总目》附有陈乃乾（1896～1971）所编著者索引，1929 年浙江省立图书馆铅印的杨立诚（1888～?）所编《四库目略》，将

---

① Benjamin A. Elma, *Form Philosophy to Philology*, Harvard University Press, 1984, p. 45.

《四库总目》著录的图书用表格的形式，从书名、著者、卷数、版本、书旨五个角度重新排列，便于检索和阅读。1930 年商务印书馆排印本《四库总目》附四角号码书名和著者姓名索引。杨家骆（1911～1991）《四库大辞典》将《四库总目》著录和存目之书 1 万余条以及著者 7000 余条编成混排索引。这批著述的动机，都是要方便读者检索文献。

综上，清代乾嘉以来的学术"厌倦主观的冥想而倾向于客观的考察"，① 并依"内在理路"的路径开展了学科化的尝试，但学科化作为一种知识认知和运作模式，主要是由近代西方奠基并通过西学东渐而现实地影响中国的。近代中国独立发展起来的目录，本质上同时兼有古典气质与近代元素的二重性特征，并集中反映在张之洞《书目答问》中。台湾学者刘简将《书目答问》列在"古分类法"部分②；姚名达则指出，"以其平昔'中学为体，西学为用'之态度卜之，殆亦未能进一步废弃四部也"。③ 但同时，《书目答问》又出于因应现实的需要而注入了时代因素，成为古典目录在近代语境下既持守传统又有一定程度"近代"突破的典型代表。

第二节 张之洞《书目答问》④

1875 年时任四川学政的张之洞为了回应诸生"应读何书，书以何本为善"⑤ 的问题而编制了在书目史上享有盛名的《书目答问》。

张之洞首先从书目性质上区别了两种目录类型，一是藏书家目录，二是读书家目录。他认为，以《七略》和《四库总目》为代表的传统目录"乃藏书家所贵，非读书家所亟"，⑥ 属于藏书家目录。藏书家目录虽不乏检索功能，但主要是出于考订的动机，学者们也主要是从"学术史"的角度来理解的，因而具有"著述"的性质。《书目答问》"为告语生童而设，非是著述"，属于读书家目录，"供检索"才是其职志所在。《略例》曰：

---

① 梁启超：《中国近三百年学术史》，商务印书馆，2011，第 1 页。
② 刘简：《中文古籍整理分类研究》，台北：文史哲出版社，1981，第 43～45 页。
③ 姚名达：《中国目录学史》，上海书店出版社，1984，第 142 页。
④ 本节参考李满花《论张之洞〈书目答问〉的知识观和人才观》，《国家图书馆学刊》2018 年第 2 期，第 91～99 页。
⑤ 张之洞撰，范希曾补正《书目答问补正略例》，上海世纪出版集团，2010，第 1 页。
⑥ 张之洞撰，范希曾补正《书目答问补正》，上海世纪出版集团，2010，第 104 页。

"兹乃随手记录，欲使初学便于翻检，非若藏书家编次目录，故不尽用前人书目体例"。① 从作为"著述"以资考证、研究和阅读，到作为"工具"以供检索、利用，是近代目录学的重要转向。所谓"检索"，重点解决"读书不知要领，劳而无功；知某书宜读而不得精校精注本，事倍功半"的问题，"总期令初学者易买易读，不致迷罔眩惑而已"。② 从藏书家目录转向读书家目录从而"便检索"，是《书目答问》的最大特点，该特点充分体现在著录、小注、分类、类序等各个书目元素之中。

一 著录

（一）著录范围

近代学者普遍认为，人才不济是国家贫病不振的关键。正如张之洞指出，"盖闻经国以自强为本""自强之道，以教育人才为先"，③ 因此，《书目答问》的著录范围，反映了作为洋务派殿军的张之洞对作为读者对象的"诸生"的人才期待，这决定了《书目答问》框定的知识结构是以"实学"为取向的。《书目答问》实际著录文献 2200 多种，"体现了晚清学术风气的转移，该书本是'缩编'《四库全书提要》以利学子，但实际上所收书籍和版本大半已出四库范围"。④ 张之洞"淹贯群书，尤究经世之务，以天下为己任……一时名噪都下，乃益自淬励，精研历代诸儒之学，而以实用为归"⑤；一切学问"要其终也，归于有用"。⑥ 张氏重视"实用"或"有用"，这在书目上是有反映的。《书目答问》"凡所著录，并是要典雅记，各适其用。皆前辈通人考求论定者"。⑦ 但在什么是"实用"或"有用"的具体定夺上，张之洞既主张"读书宜多读古书"，又强调"今胜于古"，两者实相反而亦相成，共同指向"实用"或"有用"的诉求。

---

① 张之洞撰，范希曾补正《书目答问补正略例》，上海世纪出版集团，2010，第 1，2 页。
② 张之洞撰，范希曾补正《书目答问补正》，上海世纪出版集团，2010，第 1 页。
③ 张之洞：《设立自强学堂片》，宛书义、孙华峰、李秉新编《张之洞全集》，河北人民出版社，1998，第 2400 页。
④ 罗志田：《〈山海经〉与近代中国史学》，《中国社会科学》2001 年第 1 期，第 181～192 页。
⑤ 张之洞：《大清畿辅先哲传》，《张文襄公全集》（卷首下），中国书店，1990，第 3 页。
⑥ 张之洞：《创建尊经书院记》，《张文襄公全集》（第四册古文二），中国书店，1990，第 758 页。
⑦ 张之洞撰，范希曾补正《书目答问补正略例》，上海世纪出版集团，2010，第 1 页。

首先，"读书宜多读古书"。他认为："除史传外，唐以前书宜多读，为其少空言耳。大约秦以上书一字千金；由汉至隋，往往见宝，与其过也，无亦存之；唐至北宋，去半留半；南宋迄明，择善而从。"① 例如，在"周秦诸子"类目中，"鬻子、子华子皆伪书，尉缭子尤谬，不录。六韬、关尹、邓析、燕丹，伪而近古"。② 这里，《鬻子》等三种书"皆伪"而"尤谬"，故不录；然而，《六韬》《关尹》等四种虽"伪"但"近古"，故著录在案，反映了作者"以古为贵"的知识取向。

其次，"今胜于古"。张之洞说："推步须凭实测，地理须凭目验，此两家之书，皆今胜于古。"③ 因此，在"天文算法"类中，著录了英国华里司《代数术》二十五卷、英国胡威立《曲线说》一卷、意大利利玛窦《经天该》一卷等文献。在史部地理类中，又划分出"古地志之属"和"今地志之属"，后者著录了英国傅兰雅《新译海塘辑要》十卷。同样，史部政书类也划分出了"历代通制之属"和"今制之属"。

显然，张之洞认为"诸生"的知识资源应该包括"古""今""西"三大板块，可以简单地概括为"古今中外"。套用另一位洋务派人物冯桂芬的话说，就是既要"法先王"，也要"法后王"和"鉴诸国"，从而也改变了以《四库总目》为代表的传统知识观念与知识结构。冯氏曰："夫学问者，经济所从出也。太史公论治曰：'法后王。'……愚以为在今日又宜曰：'鉴诸国'。"④ 如果说"法后王"大致相当于"今胜于古"，"鉴诸国"则大致相当于"西胜于中"，而两者又具有一致的取向：空间意义上的中西，大致可以化约为时间意义上的新旧。

从著录范围上看，《书目答问》也十分关注未见和未刊文献。该书目是张之洞身在四川时所编，"京师藏书，未在行箧，蜀中无从借书"。⑤ 就此而言，2200 余种入编文献应是作者所亲见的刊行文献。相应地，囿于作者闻见以及现实存在的未及刊行文献，当有不少亦应予以关注。所以，《书目答问》往往将未刊的相关文献列出。他还在附一"别录目"中专门

① 宛书义、孙华峰、李秉新：《张之洞全集》，河北人民出版社，1998，第 9791 页。
② 张之洞撰，范希曾补正《书目答问补正》，上海世纪出版集团，2010，第 123 页。
③ 张之洞撰，范希曾补正《书目答问补正》，上海世纪出版集团，2010，第 140 页。
④ 冯桂芬：《采西学议》，《校邠庐抗议》，戴扬本评注，中州古籍出版社，1998，第 221 页。
⑤ 张之洞撰，范希曾补正《书目答问补正略例》，上海世纪出版集团，2010，第 2 页。

写了《劝刻书说》的短文，其曰："凡有力好事之人，若自揣德业学问不足过人，而欲求不朽者，莫如刊布古书一法。"① 《略例》则指出："若今人著述有关经史要义，确知已成书者，间附录其书名，以备物色，且冀好事为刊行之。"② 张之洞甚至还具体指出哪些书籍亟待刊刻，如集部诗文评所附《四书文话》，其案语曰："据学海堂集阮元《四书文话序》，已成书，未刊版，稿本见存广州学海堂中。此为一代取士程式，故附著其名于此，异日当有刊行之者。"国朝词家集，"今人之词，不能叶律，乃长短句，非曲也，故附集部诗后，词乃小道，略举最精者数家，以备文体之一"。③

《书目答问》除了著录明末清初以及近代部分西人著述之外，对日本、朝鲜等曾经的藩属国人士所著文献也有收录。例如，《七经孟子考文补遗》一百九十九卷，"山井鼎考文、物观补遗。日本刻本，阮刻巾箱本。易、书、诗、左、礼记、论语、孝经、孟子"。山井鼎、物观，皆清康熙间日本国人。集部别集类，《桂苑笔耕》二十卷，"唐高丽人崔致远。朝鲜刻本，海山仙馆本"④；朝鲜郑麟趾《高丽国史》一百四十卷，亦予著录。

（二）著录格式

《书目答问》以书名卷数为标目，形成的是书名目录。其基本著录格式是用大字号列出书名卷数，然后以小字号的小注形式出具作者和版本。例如：

《太誓答问》一卷。龚自珍。吴县潘氏滂喜斋刻本。

《汉书地理志补注》一百［三］卷。吴卓信。安徽包氏刻本。

其中，龚自珍、吴卓信都是清人，故不列朝代之名，所谓"凡不书时代者，皆国朝人。此为求书计，故生存人著述亦有录者，用《经世文编》例，录其书，阙其名"。⑤ 此外正如《周秦诸子序》曰："依四库次第，

---

① 张之洞撰，范希曾补正《书目答问补正》，上海世纪出版集团，2010，第217页。
② 张之洞撰，范希曾补正《书目答问补正略例》，上海世纪出版集团，2010，第1页。
③ 张之洞撰，范希曾补正《书目答问补正》，上海世纪出版集团，2010，第204、191页。
④ 张之洞撰，范希曾补正《书目答问补正》，上海世纪出版集团，2010，第40、170页。
⑤ 张之洞撰，范希曾补正《书目答问补正略例》，上海世纪出版集团，2010，第2页。

名、墨、纵横、杂合为一类，秦以前诸子姓名不录。"① 而非先秦和清代学者，则在姓名之前出具朝代。例如：

《琴操》二卷。汉蔡邕。平津馆本，读画斋本。他部无可隶，附此。

在款目设置方面，一书列为一条款目是《书目答问》的主要形式，但也有同一款目合著两种或以上文献的情况。例如：

《易话》二卷《易广记》三卷。焦循。焦氏丛书本。

这是将焦循两种内容相关的著作合条著录。

释宫小记一卷、释草小记一卷，释虫小记一卷。程瑶田。通艺录内，学海堂本。互见。

这是将程瑶田的三种相关文献合条著录。

《毛诗异同评》三卷。晋孙毓。《难孙氏毛诗评》一卷。陈统。玉函山房辑本。

这是将不同著者的相关文献合条著录。

《书目答问》还广泛使用"目列后"的形式，即将诸种文献列出总名，再分列其具体文献之名，"每一类之后，低一格者为次录"。② 例如，《十三经注疏》总名之下，"低一格"列出《周易正义》十卷，魏王弼、晋韩康伯注，唐孔颖达等正义；《毛诗正义》七十卷，汉毛亨传、郑玄笺、唐孔颖达正义……又如，《易纬》十二卷。八种。武英殿聚珍版本，杭州、福州重刻本，古经解汇函本。目列后。凡言聚珍版者，福州皆有重刻本，杭州亦重刻第一单三十九种小字本。然后"低一格"列出《乾坤凿度》二卷等8种子目。

二　小注

《书目答问》以书名卷数为标目，作者、版本等信息都以小注的形式、用小字号出具，如"《孝经义疏补》九卷。阮福。文选楼本，学海堂本一卷"。这是继承了《汉志》小注的体式，既省提要篇幅过长之烦，亦可将收录文献的主要信息提供给读者。这些信息首先和主要的内容是有关责任者和版本的。例如，"《相台岳氏本古注五经》。宋岳珂校刻。明翻刻宋本。武英殿翻刻

① 张之洞撰，范希曾补正《书目答问补正》，上海世纪出版集团，2010，第117页。
② 张之洞撰，范希曾补正《书目答问补正略例》，上海世纪出版集团，2010，第1页。

本附考证，江南翻刻本，贵阳翻刻本，广州翻刻本，成都翻刻本"。这里，除了"宋岳珂校刻"的责任者和责任方式信息，还提供了 5 种版本信息，而所谓"武英殿翻刻本附考证"也指出了该版本与其他版本的异同，秉承了其《略例》所云"多传本者举善本，未见精本者举通行本，未见近刻者举今日见存明本"① 的原则，亦阐述了读书研究、版本研究和目录学的关系。此外，小注还提供下述一些基本信息。

第一，附益与著录标目文献相关的其他文献。例如：

> 《诗古微》。魏源。自刻本。魏所著有书古微、公羊古微，未见传本。
> 《礼笺》三卷。金榜。单行本，学海堂本。原书十卷，未全刻。
> 《说文解字考异》二十九卷。姚文田。姚田咫进斋家刻本，未毕工。
> 《史记志疑》三十六卷。梁玉绳 原刻本。
> 《易纬略义》三卷。张惠言。茗柯全集本。钱塘易纬稽览考正一卷，未刊。
> 《尚书后案》三十卷。王鸣盛。原刻单行本，学海堂本。周用锡《尚书证义》，未见传本。臧琳《尚书集解》一百二十卷，臧镛堂补，未刊。

上例前 4 种都是同一作者的相关文献附见于标目文献，后 2 种则是不同作者的相关文献附见于标目文献，而它们的共同特点则是"未见传本""未全刻""未刊""未毕工"，因而作者未得寓目。

第二，交代图书内容。例如：

> 《钦定西域同文志》二十四卷，包括国书、汉字、蒙古字、西番字、托忒字、回字。
> 《稽古楼单注巾箱本十三经》。星子干氏刻本。皆古注，论语并朱注，毛诗间采孔疏。
> 《五礼通考》二百六十二卷。秦蕙田。原刻本。最有用。宋陈祥道《礼书》，朱子《仪礼经传通释》，江永《礼书纲目》，皆括其中。
> 《四书考异》七十二卷。翟灏。原刻本，总考条考各半。学海堂本，止条考三十六卷。

---

① 张之洞撰，范希曾补正《书目答问补正略例》，上海世纪出版集团，2010，第 2 页。

　　《韩内翰别集》一卷。唐韩偓。汲古阁本。别有《香奁集》三集，四库著录本删去。

第三，揭示和比较不同版本的价值。例如：

　　《说文解字》十五卷，（在交代七种版本之后指出），"孙本最善，陈本最便"。
　　《仪礼图》六卷。张惠言。阮刻单行本，武昌局刻缩本。远胜宋杨复图。
　　《经义丛钞》三十卷。学海堂本。体例未协，中有精粹。
　　《十经文字通正书》十四卷。钱坫。原刻本，间有误处。
　　《宏简录》二百五十四卷。明邵经邦。通行本。是书意在续《通志》，成古今通史，特不能续其二十略，无力购宋、辽、金三史者，可以此书代之。
　　《说文通检》十四卷。今人。同治十二年广州新刻本，附说文后。此书为翻检说文而设，极便。毛谟《说文检字》二卷，止可检汲古本。
　　《四朝闻见录》五卷。宋叶绍翁，知不足斋本。叶乃宗朱子者，前人或谓此书诋朱，误也。

第四，交代分类依据。例如：

　　《京氏易传》三卷。汉京房。津逮秘书本，学津讨源本。此书多言占候，故四库列术数类，惟汉学家多与相涉，姑附于此。
　　《白虎通义》四卷。此书皆言礼制，故入此类。
　　《琴操》二卷。汉蔡邕。平津馆本，读画斋本。他部无可隶，附此。
　　《长江图》十二卷。今人。长沙黄氏刻本。以江为纬，以郡县为经，故入地志。
　　《人物志》三卷。"旧入名家"，改入子部儒家。
　　《通志》二百卷，"提要入别史类，今附于此，以便寻检"，入政书类。
　　《历代职官表》六十三卷，提要入职官，今附此。因会要旧入政书，此亦其类。

第五，指出互见。

作者曾指出："《汉书·艺文志》有互见例，今于两类相关者，间亦互见，注其下。"[①] 例如：《御批通鉴辑览》一百二十卷，"互见编年类"，编年类"别本纪年之属"第一种正是《御批通鉴辑览》一百二十卷。又如，子部周秦诸子第一，《周髀算经》二卷，"互见下天文算法类"；而在天文算法第七著录《周髀算经》二卷，注曰："互见前古子。"

但作者所谓"互见"，有不少实际上属于"别裁"。例如，农家第五，只附《泰西水法》六卷1种，"互见算法内"。而在天文算法类，《泰西水法》六卷作为《天学初函器编》三十卷10种中的第1种列入。《圣证论》一卷。"马国翰辑。玉函山房本。互见"。实际上互见于：《玉函山房辑佚书经编》三百五十二种。"马国翰辑。济南新刻本。经史子集四编皆刊行，此编皆周秦至唐经说经注"。前者无疑是后者的别裁本。同样，《六书音韵表五卷》，"段玉裁。附段注说文后。互见"。实际是《说文解字段注》三十卷，《六书音韵表》五卷。《旧唐书逸文》十二卷。"岑建功辑。扬州岑氏附旧唐书刻本。互见"。实际是"《重刻闻人［诠］本旧唐书》明闻人诠原刻。扬州岑建功重校刻本，附逸文十二卷、校勘记六十六卷"二百卷中的单行本。另外，国朝诗家集类中，朱彝尊《曝书亭诗注》二十二卷，毛奇龄《西河诗集》五十六卷，皆言"互见"，但实际上是从"国朝诗家集"中所著录的朱彝尊《曝书亭集》八十卷和毛奇龄《西河文集》一百三十三卷中"别裁"而来。

《书目答问》中另有个别别裁文献，作者未言"互见"。例如，章学诚《妇学》一卷，为《文史通义》之一篇，但不言互见。丛书目类中有《汉魏丛书》，但"诸经总义之属"收王谟《汉魏遗书钞一百八十种》，"此百八十种，止经翼一门，皆汉魏至隋经注经说"；"载记"类收《十六国春秋》十六卷，汉魏丛书本，都是析出文献，但未标明。

三 分类

张之洞认为："丛书最便学者，为其一部之中可该群籍，搜残存佚，为功尤巨，欲多读古书，非买丛书不可。其中经、史、子、集皆有，势难

① 张之洞撰，范希曾补正《书目答问补正略例》，上海世纪出版集团，2010，第2页。

隶于四部，故别为类。"① 因此，他在传统四部分类法的基础上增加"丛书目"为五部，而这也被学界视为其分类的最大特色。但实际上，《书目答问》经史子集四部所划分的二、三级子目很有特色，与传统四部体系已经有较大的不同。

（一）基本类目

经部：

正经正注第一：

正经正注合刻本、正经正注分刻本（古注、宋儒注）、诸经诸本附（合刻本、分刻本）；

列朝经注经说经本考证第二：

易之属：正录、易纬之属、馀录、驳图书说、占筮、小学、占候象数之属、排击之书；

书之属：正录、释天释地理、馀录、小学、纬书、纠伪孔传者；

诗之属：正录、馀录、考证名物地理、音韵、毛诗之属、鲁齐韩诗之属、兼考四家、汉宋兼采、毛诗。

礼之属：周礼之属（正录、礼制考工之属）、仪礼之属（正录、校勘之属、宫室服制之属、馀录、补仪礼之逸）、礼记之属（正录、礼制之属、"以上皆礼记之类，故附此"）、三礼总义之属（汉至六朝旧说、国朝人说、礼制之属、虽综括三礼为言而兼考历代之制、不专主汉儒者）；

乐之属：正录、馀录；

春秋之属：

春秋左传之属：（杜注、[专采古义]、[比事之书]、朔闰地名人名之属）

春秋谷梁之属：

春秋总义之属：古说、比事之属、考三传异文、考正月考日食、辨例、攻胡传之失；

论语之属：正录、馀录，另有三书不具类名；

孟子之属：

四书之属：解四书、解大学；

---

① 张之洞撰，范希曾补正《书目答问补正》，上海世纪出版集团，2010，第205页。

孝经之属：

尔雅之属：正录、馀录；

诸经总义之属：辑古说、释虚字、馀录、考工之属、天文算法、总录、馀录；

诸经目录文字音义之属：目录、文字、音义；

石经之属：

小学第三：

小学类说文之属：正录、论形、论声、引经引古语、论义、据说文以正隶俗、论韵；

小学类古文、篆、隶、真书、各体书之属、古文、钟鼎篆文、隶、真书、各体书；

小学类音韵之属：今韵、古韵；

小学类训诂之属：总录、方言、释名、小尔雅、广雅、骈雅。

史部：

正史第一：正史合刻本、正史分刻本、正史注补表谱考证之属（考证史记、考证汉书、史汉互证、考证后汉书、刊证两汉书、考证三国志、补晋书、考证六朝、考证新旧唐书、考证五代、考证宋辽金元四史、总括考证各史、表谱、考纪元、考地理、总考证）；

编年第二：编年类司马通鉴之属（司马通鉴、考证司马通鉴）、编年类别本纪年之属、编年类纲目之属；

纪事本末第三：

古史第四：

别史第五：

杂史第六：杂史类事实之属（上古至周、汉至六朝、唐、五代、金、元、明）、杂史类掌故之属、杂史类琐记之属（隋唐、宋、元、明、国朝）；

载记第七：

传记第八（孔孟传记、汉至唐、宋元明、国朝）；

诏令奏议第九（诏令、奏议、汇集奏议）；

地理第十：地理类古地志之属（总地志、志一隅）、地理类今地志之属（总志、分志）、地理类水道之属（水经之属、水道总论、水道分论）、地理类边防之属（新疆、西藏、川滇各边防、总括各边防）、地理类杂地志之属（分志各国、总志各国、都会、古迹、物产、总录）；

政书第十一：政书类历代通制之属、政书类古制之属（制度、职官）、政书类今制之属；

谱录第十二：谱录类目录之属、谱录类姓名年谱之属（姓名、年谱）、谱录类名物之属；

金石第十三：金石目录之属、金石图像之属、附录国朝各省金石书精审者、金石文字之属、金石义例之属；

史评第十四：论史法、论史事（断代、统论）；

子部：

周秦诸子第一：各家子书、采录各古子佚文；

儒家第二：儒家类议论经济之属（汉、魏至六朝、唐至明国朝）、儒家类理学之属专书、儒家类理学之属汇集书、儒家类考订之属（汉至六朝、唐至五代、宋元、明、校勘）；

兵家第三（论兵制兵事、论练兵临阵）；

法家第四：

农家第五：论农、论茧绵、通论农桑、荒政；

医家第六：

天文算法第七：中法、西法、兼用中西法；

术数第八：

艺术第九：论书、论画、统论书画、论法帖、论印章、论乐；

杂家第十：

小说家第十一：六朝、唐、宋、元、明、国朝；

释道家第十二：释家、道家；

类书第十三：

集部：

楚辞第一：

别集第二：汉魏六朝、唐至五代、北宋、南宋、金元、明、国朝（国朝理学家集、国朝考订家集、国朝不立宗派古文家集、国朝桐城派古文家集、国朝阳湖派古文家集、国朝骈体文家集、国朝诗家集、国朝词家集）；

总集第三：总集文选之属、总集类文之属（汇选文、唐至明文、国朝文、赋、文、骈文）、总集诗之属（汇选、断代、虽汇选而实断代、唐、宋金、元、明、国朝、附）、总集词之属（汇选、编朝代、判各家）；

诗文评第四：总括、诗文内见事迹、论文、论四六、论赋、论诗、诗话、论填词；

丛书目：

古今人著述合刻丛书、国朝一人著述合刻丛书

附一别录目：

群书读本、考订初学各书、辞章初学各书、童蒙幼学各书、劝刻书说；

附二国朝著述家姓名略总目。

（二）分类特色

由上述类目可知，《书目答问》虽仍以传统经史子集四部为主体框架，但具体细目的划分基本突破了传统的范围。

第一，方便检索，回应"诸生""应读何书，书以何本为善"的现实问题。

作者将传统"经部"概括为三大类，正经正注第一，"此为诵读定本，程式功令。注疏本与明监本五经，功令并重"；列朝经注经说经本考证第二，"右列朝经注、经说、经本考证。此类各书，为读正经、正注之资粮"；小学类第三，"此类各书，为读一切经、史、子、集之钤键"。① 这样，张之洞通过对类别的重新厘定，在传统经部体系的知识总量不变的情况下，凸显了从"诵读定本"到"资粮"再到"钤键"的知识链条原始要终、环环相扣的因果关联，重新建构了传统经学的为学次第。

作者还围绕某个学科或主题辑辏相关文献，以便于读书检索，从而也改变了传统书目的分类特点。例如，子部法家第四《唐律疏议》三十卷附《洗衣冤集录》五卷，"唐律旧入政书，附此，取便寻检"。作者仿传统书目，将书目类文献分在史部谱录类，但专科性质的目录则随部入类。所以，《经义考》《通志堂经解》等书目文献，在经部独立为目录类，"以上

---

① 张之洞撰，范希曾补正《书目答问补正》，上海世纪出版集团，2010，第 1、42、55 页。

目录。按此不入史部谱录之目录，较便寻检"。① 同样，《道藏目录详注》四卷《附阙经目录》二卷，亦随部入子部释道家。表明这些书目文献的价值首先体现在专业领域的检索功能上，而不是从"目录学"自身的角度考量的。又如，史部虽列"金石文字之属"，但"考石经者，已入经部，石经类《隶释》《隶续》《汉隶字原》，已入经部小学类"，② 它们的"石经"性质，远高于"金石文字"的性质，所谓"此乃经文本原，故别为类，杭（世骏）考原流，冯（登府）考文字"。③ 正史类"考证汉书"收汪迈孙《汉书地理志稽疑》六卷、王应麟《汉艺文志考证》十卷、宋钱文子《补汉兵志》一卷等专科内容的图书，这三种文献的价值首先体现在"考证"《汉书》上，它们《地理志》《艺文志》《兵书志》的专门性质不是考量的主要视角。

第二，细分子目。

作者指出："所举二千余部，疑于浩繁，然分类以求，亦尚易尽，较之泛滥无归者为少矣。诸生当知其约，勿骇其多。"④ "浩繁"的"二千余部"文献，通过"分类以求"，能够"易尽"，这首先体现在类目的细化上。例如，经部（一级类目）之下，"列朝经注经说经本考证"第二（二级类目）的"春秋之属"（三级类目）中的"春秋左传之属"（四级类目），又分杜注、专采古义、比事之书、朔闰地名人名之属（五级类目），从而将类目深入五级。再如，经部易之属，又分为正录、易纬之属、馀录、驳图书说、占筮、小学、占候象数之属、排击之书等小目；小学类说文之属，"《说文》兼形、声、义三事，故别为一类"；甚至《篆韵谱》五卷，"此论韵，故自为类"，⑤ 一种文献被独立为一类。又如，子部的"儒家第二"分为儒家类议论经济之属、儒家类理学之属专书、儒家类理学之属汇集书、儒家类考订之属等三级类目，其中的"儒家类议论经济之属"又以朝代分为汉、魏至六朝、唐至明国朝；"儒家类考订之属"再分汉至六朝、唐至五代、宋元、明、校勘，达到了作者"详分子目，以便类求。

①　张之洞撰，范希曾补正《书目答问补正》，上海世纪出版集团，2010，第39页。
②　张之洞撰，范希曾补正《书目答问补正》，上海世纪出版集团，2010，第113页。
③　张之洞撰，范希曾补正《书目答问补正》，上海世纪出版集团，2010，第42页。
④　张之洞撰，范希曾补正《书目答问补正略例》，上海世纪出版集团，2010，第2页。
⑤　张之洞撰，范希曾补正《书目答问补正》，上海世纪出版集团，2010，第48、47页。

一类之中，复以义例相近者使相比附。再叙时代，令其门径秩然，缓急易见"① 的目标。此外，在经部的"正经正注第一"下面，又分正经正注合刻本、正经正注分刻本（古注、宋儒注）、诸经诸本附（合刻本、分刻本），这是从版本角度分类，以便读者购求。附一"别录目"，"此类各书，简洁豁目，初学讽诵，可以开发性灵"，② 是专为"初学"而设置的检索目录。丛书目下列出"国朝一人著述合刻丛书"类目，是考虑到"求书于市，但举子目，非书贾所知，故举其大题如左"。③ 显见，《书目答问》类目的细分，既有出于学术本身的考虑，也有出于便利读者检索、获得文献的动机。

第三，重视古今之变。

如上文指出，张之洞既主张"读书宜多读古书"，又强调"今胜于古"，时间也成为作者文献分类的主要依据，其最终目的是为了从"古""今"的角度判分文献价值。

《书目答问》中的所谓"古"，有时以唐代为断，如子部医家第六："录初唐以前者。唐后方书，须专门经验定其是非，不录"④；但更多地是以先秦为断。例如，史部有"古史"类；子部在传统的儒家、兵家等类目之前专列"周秦诸子第一"，都是以"近古存之"的名义而新增的类目。他说："古无史例，故周、秦传记体例与经、子、史相出入，散归史部，派别过繁，今汇聚一所为古史。"⑤ "古史"类目中的《山海经》《竹书纪年》《穆天子传》等"有伪托而多荒唐"的文献，也因"皆秦以前人所为"⑥ 而得到了著录。此外，"《山海经》与《逸周书》等有争议的书籍一起列入了这一子目，重新回到史部的范围"，从而也回应了"究竟什么样的资料才应当或可以使用"这个"20世纪史家长期争论的问题"。⑦ 显见，张之洞已经认识到古今渐成对立，古典只有"考古"的知识论意义，而其

---

① 张之洞撰，范希曾补正《书目答问补正略例》，上海世纪出版集团，2010，第1页。
② 张之洞撰，范希曾补正《书目答问补正》，上海世纪出版集团，2010，第214页。
③ 张之洞撰，范希曾补正《书目答问补正》，上海世纪出版集团，2010，第210页。
④ 张之洞撰，范希曾补正《书目答问补正》，上海世纪出版集团，2010，第138页。
⑤ 张之洞撰，范希曾补正《书目答问补正》，上海世纪出版集团，2010，第71页。
⑥ 张之洞撰，范希曾补正《书目答问补正》，上海世纪出版集团，2010，第73页。
⑦ 罗志田：《〈山海经〉与近代中国史学》，《中国社会科学》2001年第1期，第181~192页。

指导当下的价值论则逐步失坠，堪称是"保存国粹"思想的前驱，也是经典失范从而由价值论转向学科化的先兆。

相对于"古"而言，所谓"今"固然应该是唐后或先秦以降，但实际上主要以"国朝"为依据。"经学、小学书以国朝人为极，于前代著作撷长弃短，皆已包括其中，故于宋元明人从略"。① 别集第二中，"国朝"别集除了收"最著数家"诗文，还收"说明纪事"和"考证经史"的文献，这是与前人别集收录范围的一个重大区别。相应地，他认为"国朝人集，流别太多，今为分类列之"。② 与历代别集不同，清代别集再分理学家集、考订家集等八类。

事实上，也正是出于古今之辨的考虑，导致《书目答问》成为一部主要收录清代，特别是乾嘉以来学术著作的书目。

第四，重视门户、派别。

张之洞秉承了中国传统的分派意识，这与西方学术的分科概念迥然有别。而分派，也成为《书目答问》类目设置的重要原则。例如，"三礼总义之属"下分汉至六朝旧说、国朝人说、礼制之属、虽综括三礼为言而兼考历代之制、不专主汉儒者诸目，即将"不专主汉儒者"独立为类，从而突出了上面几个小类"专主汉儒"的特色。"诗之属"分为正录、馀录、考证名物地理、音韵、毛诗之属、鲁齐韩诗之属、兼考四家、汉宋兼采、毛诗各类，既突出"毛诗之属"和"鲁齐韩诗之属"的今古文之别，也突出"汉宋兼采"类目，显示汉宋之间的分派之别。子部儒家第二，分为儒家类议论经济之属、儒家类理学之属专书、儒家类理学之属汇集书、儒家类考订之属，从而将"儒家"的治学门户分为取向不同的类目。

第五，《书目答问》分类的不足。

《书目答问》的分类不乏创新精神，在实际类目设计中也十分注重分类合理性的探讨。例如，释道家第十二《大唐西域记》十二卷下，作者指出："此书与《佛国记》意在纪述释教，不为地理而作，故入此类。"但《书目答问》分类仍存在明显的不足。

首先是分类不当。例如，《明季稗史十六种》二十七卷，包括《烈皇

---

① 张之洞撰，范希曾补正《书目答问补正》，上海世纪出版集团，2010，第 1 页。
② 张之洞撰，范希曾补正《书目答问补正》，上海世纪出版集团，2010，第 180 页。

小识》《嘉定纪略》《赐姓始末》《扬州十日记》等 16 种，实为丛书，但作者将它们列入杂事类事实之属。《素问王冰注》二十四卷、《难经集注》五卷、《神农本草经》三卷等 3 种先秦文献分入医家第六"以上古医书"，而不入"周秦诸子"。《三家诗拾遗》十卷，列在"汉宋兼采"的《诗古微》之后，而没有根据内容属性分入"鲁齐韩诗之属"。这些都是分类不当的典型例证。

其次，类名概括不准确。作者以"详分子目，以便类求"自励，但又以"附"的形式列出相关文献，而没有给出一个合适的类名。例如，小说家第十一下分六朝、唐、宋、元、明、国朝，后附《太平广记》五百卷。兵家第三，分"论兵制兵事"和"论练兵临阵"二小类，"论练兵临阵"后面又有《火攻挈要》三卷、《新译西洋兵书》五种，但没有列出相应的类名。经部春秋左传之属下分杜注、专采古义等下位类目，但其中又包括"以上皆补杜注之遗，或与之相出入者，末一书乃取左传事迹类分，即比事之书也"，① 仅有概括性的文字说明而没有给出严格的类目之名。

当然，《书目答问》分类的最大不足体现在类别的学科化问题上。《书目答问》以"实学"为取向，而"实学"的"不虚妄"、求"有用"，正是知识学科化的重要标志。就此而言，《书目答问》是能够反映当时学者对知识的学科化认知的。例如，子部"艺术第九""举其典要可资考证者，空谈赏鉴不录"，② 下分论书、论画、论书画、论法帖、论印章、论乐六小类，都是专业化的学术。附录二《国朝著述诸家姓名略总目》根据学科门类而不是根据人物或学派将清代学者区别为 13 个类别：经学家，史学家，理学家，经学、史学兼理学家，小学家、文选学家，算学家，校勘之学家，金石学家，古文家，骈体文家，诗家，词家，经济家。这无疑突破了四部体系知识划分上的界限模糊和混沌不明。它是现实社会语境与古典知识观念和知识框架互动的结果，社会语境呼唤新的知识体系，新的知识体系迎合新的语境。而类别上的这些变化，也提示了四部体系与"当下"的现实隔膜。

当然，如果用现代学术的眼光观察，《书目答问》初步显现出来的学

① 张之洞撰，范希曾补正《书目答问补正》，上海世纪出版集团，2010，第 26 页。
② 张之洞撰，范希曾补正《书目答问补正》，上海世纪出版集团，2010，第 150 页。

科化意识，尚不是严格意义上的西方式的学科化，其最大不足是没有根据文献的学科属性和主题概念的逻辑类项来划分类目。例如，"算书与推步，事多相涉，今合录"，"算学以步天为极功，以制器为实用，性与此近者，能加研求，极有益于经济之学"，① 即说明张之洞眼里的数学（算学）只是为天文学（推步）服务的工具，这一认识与《四库总目·天文算法》类序的认识没有任何区别。就此而言，他更改四部类目，不是要使传统四部分类符合学科化，而是要激活被经史子集体系所框定的"实用"知识，使其从传统知识结构的边缘地带走向中心，从而应对时艰。同样，《书目答问》所收有限的西书也并没有根据自身学理分类，而是被安插在了传统类目之中，从而也以儒家之"道"规范西方之"艺"，所谓"如其心圣人之心，行圣人之行，以孝悌忠信为德，以尊主庇民为政，虽朝运汽机，夕驰铁路，无害为圣人之徒也"。② 而学科化的一个重要特征就是艺与道的切割，这也说明《书目答问》的学科化思想只是初见端倪，而未能充类至尽。

四 类序和案语

《书目答问》中有许多类目（包括大类、小类）都是有序言的。另外，在不少著录文献之后亦多有案语，如《周易本义辨证》五卷，"以上皆排击之书，毛氏二书攻图书之谬，惠书议朱子"。③ 总体上，这些类序和案语的功能主要包括以下几方面。

1. 交代收录范围

例如，史部的传记类，"止系一隅又非古籍者不录"。子部中的术数第八，"举其雅驯合理者"；艺术第九，"举其典要可资考证者，空谈赏鉴不录"；释道家第十二："举其有关考证事实者。"④

2. 交代分类标准

例如，"此小学谓六书之学，依《汉书艺文志》及《四库目录》"；政书类历代通制之属，"三通为体，通贯古今，故别为类"；谱录类，"依

---

① 张之洞撰，范希曾补正《书目答问补正》，上海世纪出版集团，2010，第140、149页。
② 宛书义、孙华峰、李秉新：《张之洞全集》，河北人民出版社，1998，第9767页。
③ 张之洞撰，范希曾补正《书目答问补正》，上海世纪出版集团，2010，第10页。
④ 张之洞撰，范希曾补正《书目答问补正》，上海世纪出版集团，2010，第149、150、87、157页。

《隋书经籍志》入史部"；兵家类序曰："凡兵家多与史学家相出入，地理尤要。"①

3. 兼及交代收录范围和分类标准

例如，杂史类，"录其有关政制、风俗、轶事者"；类书类，"类书实非子，从旧例附列于此，举其有本原者"；经部"易之属"，"以上易之属，杂道家言者不录。魏关朗易传，唐郭京周易举正，皆伪书，不录"。②

4. 交代学术见解

例如，《尚书集注音疏》十二卷《尚书经师系表》一卷，"惠、江二书皆纠伪孔传者"；《三礼图集注》二十卷，"以上不专主汉儒者，后一书自注已明"；国朝不立宗派古文家集，"古文家多兼经济家"。③

显然，《书目答问》的类序和案语虽用语简洁，但言简意赅，较好地发挥了"读书家目录"的导读功能。

五 "实学"视野下的中西知识结构

以经世为指向，以实学为依据，《书目答问》建构了一个以中学为体、以中西二学为用的"一体二用"的结构模式。

首先，在《书目答问》中，经史子集的传统知识结构得到了忠实的保留，"通经致用"是其学术思想的核心，也是框范学术结构的基本原则。事实上，维护既有的政治结构和意识形态，也是《书目答问》的职志所在。所谓"四书五经，道大义精，炳如日月，讲明五伦，范围万世，圣教之所以为圣，中华之所以为中华，实在于此"。④ 由此也伸张了保持传统典章制度、伦理道德、思想文化的基本理念。

其次，《书目答问》以实学的名义，重新梳理了传统学术中的"实用"成分，他称之为"中学经济"，也反映了关于实学和真才的时代认定。张

---

① 张之洞撰，范希曾补正《书目答问补正》，上海世纪出版集团，2010，第 43、100、102、136 页。
② 张之洞撰，范希曾补正《书目答问补正》，上海世纪出版集团，2010，第 77、159、10 页。
③ 张之洞撰，范希曾补正《书目答问补正》，上海世纪出版集团，2010，第 12、24、186 页。
④ 张之洞：《妥议科举新章折》，《张文襄公全集》（第一册：奏议四十八），中国书店，1990，第 849 页。

之洞"通经为体",以小学为门径,次及史学、理学、天算、舆地、经济、辞章及诸子者为用,① 突出了古典学术的经世价值。例如,在附录二《国朝著述诸家姓名略总目》中,作者将清代学者的治学门类分为经学家、史学家……经济家等十四类。"经济家"殿后的象征意义在于,前十三家知识门类都是以"经济"为归趣的。

最后,在固守中学之"本"的同时,"夷技"也受到了张之洞的认可和重视,从而开启了试图将中学的经世之学与西方的技艺相结合的努力。总体上,史部地理类是《书目答问》收西洋书籍较多的类目,著录对象包括傅兰雅《新译海塘辑要》十卷等文献;地理类外纪之属收《职外方纪》等明清之际传教士之作4种以及傅兰雅《新译海道图说》十五卷《附长江图说》一卷,等等。从分类的角度来看,史部地理类下"水道""边防""外纪"等小类的设立,也反映了洋务派的自强动机。而重视"水陆兵勇武备"也是《书目答问》区别于《四库总目》的重要特色。

此外,张之洞是旧学出身,几无西学滋养。他于光绪十年(1884)以后才初次接触西学,并称算学、格致、公法诸学为"绝学"。中法战争(1883~1885)前他关注的仍是"查中外交涉事宜,以商务为体,以兵战为用,以条约为章程……"② 中法战争后,张之洞"由传统学术中求致用,转变为由中西学术中求致用",③ 主张"讲求时务融贯中西,精研器数……不尚空谈,务求实用",④ 他的西学认识也扩充到了近代新学科的各个门类,并对此"专门之学"作了全面概括和归类,形成了4门16目体系的认知:①交涉:律例、赋税、舆图、译书;②农政:种植、水利、畜牧、农器;③工艺:化学、汽机、矿务、工程;④商务:各国好尚、中国土货、钱币轻重、各国货物衰旺。⑤ 而在编制于1875年的《书目答问》中,著录的西学书籍主要是"通商"之前的文献,基本停留在100年前《四库

---

① 张之洞:《輶轩今语(一)》,《张文襄公全集》(第四册),中国书店,1990,第609页。
② 张之洞:《公牍四》,《张文襄公全集》(第二册),中国书店,1990,第528页。
③ 苏云峰:《张之洞的经世思想》,《近世中国经世思想研讨会论文集》,台北:中研院近代史研究所,1984,第369页。
④ 张之洞:《设立自强学堂片》,《张文襄公全集》(第一册:奏议三十四),中国书店,1990,第627页。
⑤ 张之洞:《创设储才学堂折》,《张文襄公全集》(第一册:奏议四十),中国书店,1990,第739页。

全书》的水平。例如，农家只附《泰西水法》六卷 1 种西学文献，"法家第四""医家第六"等类目都没有西方文献见著。甚至子部兵家也只著录了《新译西洋兵书五种》一种西书。并且，张之洞"援西入中"，必须以固守儒家经典及其意识形态为前提。因此，《书目答问》以传统人文社会领域的"治人"知识为"本"；以"治物"之学为"用"，本质上仍只是"研究中学的一本相当有用的书，为治中国旧学所普遍重视"。① 而"治物"之学一方面以挖掘传统四部知识为主；另一方面，辅以有限的西方学术。由此展开的知识结构，反映出对传统知识的高度自信，希望从民族文化本位中激发出原创力以因应沉沦的现实，具有传承民族文化命脉的良苦用心。

从历史的角度来看，张之洞《书目答问》的成就是主要的。事实上，《书目答问》不仅是《四库总目》成书约 100 年后对传统学术的再次总结，从而成为传统学术在 19 世纪中后叶"研究中学的一本相当有用的书"，也成为新旧并行制书目中旧籍分类的蓝本（详见本书第四章），意味对中国"旧学"而言，《书目答问》比《四库总目》更适应时代的需要。更为关键的是，《书目答问》从过往"藏书家目录"发展为"读书家目录"，极大地推动了近代书目向检索方向的转型。例如，《增版东西学书录》"部勒书目于别出、互见之法，古人断断……今因其所重，依类强入，于古人目录之成法相去远甚，等于簿录而已"②；《西学书目答问》"此篇为指示诸生而作，与著书体例有间"，③ 究其本质，都要是强调以"读书家目录"为指向的书目编制方向。

---

① 蔡振生：《张之洞教育思想研究》，辽宁教育出版社，1994，第 27 页。
② 熊月之：《晚清新学书目提要》，上海书店出版社，2014，第 5 页。
③ 熊月之：《晚清新学书目提要》，上海书店出版社，2014，第 480 页。

第三章
西书独立编目

中国历史上有三次大规模的异族文明传入。一是汉末至隋唐时期的佛教传入，二是元朝时期伴随西征大军而带回来的阿拉伯（伊斯兰）文明，三是始自明末延绵至民国初年的欧洲文明的东渐。其中，明末至民初的西学东渐，概分前后两个阶段，"前一时期从1582年利马窦入华传教到1724年雍正禁教，历时140多年，跨越16世纪至18世纪、明清两朝，其工作主要归于传教士；后一时期从1811年至20世纪初叶，近100年，集中于晚清，其工作不只归于传教士，还应归于西方商人与平民教授"。①

佛教、伊斯兰教以及明末清初第一阶段的西学东渐都没有导致以儒家学术为中心的传统文明丧失本位，传统儒家知识仍然是经世和穷理的依据。拿倡导经世实学的清初三大思想家（王夫之、顾炎武、黄宗羲）来说，他们的关注焦点由宋明理学的"穷理"转向现实的"经世"，但主要诉诸对传统经史中实学资源的重新挖掘以及学术取向的改变，明末以来输入的西学并未得到足够必要的重视。例如，黄宗羲即认为，"学必原本于经术，而后不为蹈虚，必证明于史籍，而后足以应务"；学者"必先穷经，经术所以经世，方不为迂儒之学"。② 戴震《凤仪书院碑》亦云："夫士不通经，则材不纯、识不粹，不足以适于化理。故用经义选士者，欲纯粹其材识，然后可俾之化理斯民，克敬其事、供其职。"（《戴东原文集》卷十一）大致在乾嘉之际臻于顶峰的朴学，正是以经史为资源、以化理斯民为"经世"目标的。

---

① 尚智丛：《传教士与西学东渐·引言》，山西出版传媒集团，山西教育出版社，2012。
② 毛礼锐、沈灌群：《中国教育通史》（第三卷），上海人民出版社，1992，第57页。

第一节 明末清初西学的传入及其学科化思想

虽然明末清初的西学并没有改变传统学术的主体地位，但学科化认知作为欧洲学术文明的产物，自明末清初即已"东渐"而来。

一 明末清初西学的传播

（一）总体状况

远在 1552 年，西班牙传教士沙勿略（Francois Xavier，1506～1552）受耶稣会派遣到中国传教，但他的足迹仅及广州西南 150 多公里的上川岛（又名三洲岛）便病死。万历七年（1579）七月，意大利传教士罗明坚（Michele Ruggleri，1543～1607）第一个深入中国腹地。1582 年利玛窦（MatteoRicci，1552～1610）泛海东来，成为天主教在中国传教的最早开拓者之一。雍正二年（1724），"因礼仪问题，广东、福建等地出现多起教案，雍正皇帝下诏，力禁天主教。除少数传教士留京听候朝廷调用外，其余遣送至澳门，命其回国"；"1773 年，因宗教内部纷争，罗马教廷下令解散耶稣会，两年后命令传到中国，耶稣会正式解散"，[①] 传教士在华活动遂告终结。学界一般将利玛窦 1582 年至罗马教廷禁教的 1773 年，称为西学东渐的第一个时期。这一阶段来华耶稣会士多达 478 人，他们以"西方僧侣"的身份，通过"汉语著述"的方式传播天主教教义和西方天文、数学、地理等科学技术知识，成为在中国传播西学的先驱。

传教士来华的第一目标是传教。徐宗泽《明清间耶稣会士译著提要》统计 1584～1758 年西方传教士在华译著文献之中，宗教类文献占到总数的 42.9%。[②] 但出于方便传教的动机，以利玛窦为代表的这批传教士秉承学术传教的路径，客观上向中国传输了西方近代科学知识。总体上，1644 年之前的明末，尤其 1629 年"崇祯皇帝下诏，开设西局（西学历局），启用传教士修订历法"[③] 以前的西学传播内容广涉数学、天文等领域。其中，以《几何原本》《测量法义》为代表的 24 部数学著作，"采用了西方数学

---

① 尚智丛：《传教士与西学东渐》，山西出版传媒集团，山西教育出版社，2012，第 218 页。
② 徐宗泽：《明清间耶稣会士译著提要》，上海世纪出版集团，2010，第 2 页。
③ 尚智丛：《传教士与西学东渐》，山西出版传媒集团，山西教育出版社，2012，第 216 页。

所有的公理化理论体系，以理论统率解题。这与中国传统数学的依题而设，在解题中依赖加注的办法来说明理论的形式恰成对比"。① 嗣后，通过公理化形式展现数学内容，成为中国数学著述的主流形式。天文学是仅次于数学的成就突出的西学输入领域，内容包括傅汎际《寰有诠》（重点介绍亚里士多德—托勒密"地心说"）、蒋友仁《坤舆全图》（重点介绍哥白尼"日心说"）以及《崇祯历书》（内容主要是第谷的宇宙体系）。此外，汤若望《坤舆格致》是一部讲矿藏分布的地质学著作；利类思等人《御览西方要纪》、艾儒略《西方问答》《职方外纪》等介绍了西欧各国的地理状况和风土人情。熊三拔《泰西水法》是讲水利工程学的著作，邓玉函的《泰西人身概要》讲人体结构解剖学，邓玉函与王征合译的《奇器图说》介绍了西方力学知识、杠杆以及滑轮机械知识。汤若望口授、焦勖笔述的西方火器著述《火攻挈要》（又名《则克录》）和明末将领孙元化《西法神机》也值得一提。此一时期输入的宗教与人文社会科学方面的文献则主要包括：阳玛诺《圣经直解》、罗雅谷《天主经解》等66种宗教学著作，王丰肃（又名高一志）《西学治平》《民治西学》等政治学著作，王丰肃《童幼教育》等教育学著作，徐日升《律吕正义》等西洋音乐著作。金尼阁《西儒耳目资》则是"首次用西方语言学方法解释汉语的形、音、义"②的语言学著作。

1644年入清以后，"圣祖以宋儒性理之学为宗，用以培养士大夫风气，其于致用，则提倡科学，实为中国帝王前所未有，后亦莫之能及"。③ 在康熙的倡导下，诸如"地圆说""五大洲概念""几何学"以及"从地心说到日心说再到第谷宇宙体系"等欧洲文艺复兴时期发展起来的比较先进的科学知识进一步传入中国。但总体上仍局限于宗教、数学、天文历法等狭窄范围，且多数仍属于亚里士多德宗教神学体系下的西方中世纪的知识内容和门类。

（二）学科分类思想

西方传教士不仅根据学术分科的原则输入相关知识门类，而且也有大量关于分科思想的直接论述。

---

① 尚智丛：《传教士与西学东渐》，山西出版传媒集团，山西教育出版社，2012，第46页。
② 尚智丛：《传教士与西学东渐》，山西出版传媒集团，山西教育出版社，2012，第92页。
③ 孟森：《明清史讲义》（下册），中华书局，第543页。

艾儒略于明天启三年（1623）根据庞迪我和熊三拔所著底本编译而成《职方外纪》，其中论述"欧逻巴建学设官之大略"，介绍了大学四科的建制，并阐明了西学之分科是基于特定的研究领域。其曰："一曰医科，主疗病疾；一曰治科，主习政事；一曰教科，主守教法；一曰道科，主兴教化。皆学数年而后成。"① 同年，"艾儒略刊刻《西学凡》。这是一部概括介绍西方学术的书籍，是根据葡萄牙科因布拉大学的讲义编译的。书中将学术分为六科"。② 该书明确以"西学"命名，认可其是一个不同于中学、自成体系的学术系统。此后，高一志（Alfonso Vagnone，1568~1640）《西学治平》《民治西学》《西学修身》（又名《修身西学》）《西学齐家》等书，皆以"西学"名书，也强调其与中国经史子集体系迥不相侔的知识框架。而所谓"凡"，正如《四库全书总目提要》所曰："'凡'也者，举其概也。"表明该书致力于对"西学"的整体性总结。"凡"所显示的整体性并不意味着内部结构体系的混沌不明，相反，它通过相对绵密的分科，显示了清晰的结构层次。《提要》指出："（是书）所述皆其国建学育才之法。凡六科。所谓勒铎理加（rethorica）者，文科也；斐录所费哑（philosophia）者，理科也；黙第济纳（medcina）者，医科也；勒斯义（leges）者，法科也；加诺搦斯（canones）者，教科也；陡禄日亚（theologia）者，道科也。其教授各有次第，大抵从文入理，而理为之纲。文科如中国之小学，理科则如中国之大学，医科、法科、教科者，皆其事业。道科则在彼法中所谓尽性至命之极也。其致力亦以格物穷理为本，以明体达用为功，与儒学次序略似。"显见，《西学凡》包括西方社会科学和自然科学的六大主要学科门类：文科、理科、医科、法科、教科、道科。也说明，最初传入中国的西方分科思想是跟学校教育和课程教学结合在一起的。因而，"其分有门，其修有渐"，分科与为学次第密切相关。

（三）西学知识及其学科化思想对中国人的影响

首先，从整体性的高度看待西学。

明末学者是把西学当作一个整体来加以认知和研习的。李之藻1628年刊刻《天学（即天主学）初函》共52卷，32册，分理、器二编，包括传

---

① 谢方：《职方外纪校释》，中华书局，1986，第69~70页。
② 尚智丛：《传教士与西学东渐》，山西出版传媒集团，山西教育出版社，2012，第92页。

教士著述 18 种以及李氏自己和徐光启著作各 1 种，合 20 种。第一种即为艾儒略的《西学凡》。李之藻、杨廷筠等人还会同艾儒略、金尼阁等传教士，拟将金尼阁携来的 7000 部西书"开局演译"，全面介绍西学。正是基于对西学相对完整和全面的认识，徐光启 1607 年《刻〈几何原本〉序》将西学分为三类：一是"修身事天"，即天主教教义；二是"格物穷理"，即自然哲学；三是"象数"之学，即天文历算等具体自然科学。徐光启还利用主持历局的机会，提出了除天文历法之外更为庞大的译书计划——"度数旁通十事"，内容涉及气象、水利、音乐、军事、财务会计、建筑设计、机械制造、大地测量、医药、钟表制造，等等。尽管该计划未能完全实施，但相较于入清以来局限于天文算法的译著相比，明末译著的西书范围还是相对完整而全面的。

其次，重视为学次第。

上述《西学凡》中，艾儒略不仅从学理的高度初步梳理了西学的内在层次和为学次第，也强调了该书作为"欧西大学所授各科之课程纲要"[1]的性质。西学六科中，先文科，后理科，然后才是专科性质的医科、法科、教科、道科。再拿所谓"理学"五家来说，第一年学落日加（逻辑学），此乃"'明辩之道'，为各学'必所取径'，以立'诸学之根基'"，强调逻辑学在西学次第中的重要性。总之，西学不仅分科，而且"其学有次第，其入有深浅，最初有文学，次有穷理之学"，[2] 十分重视对为学次第的选择。

最后，西学分科思想对中国人的具体影响。

西方的学科化思想对中国人的具体影响集中体现在天文算法等领域。编写于康熙五十二年（1713）、刻竣于雍正元年（1723）的《数理精蕴》五十三卷，分上下二编，另附数学用表四种共八卷。其中，上编"立纲明体"，主要包括"几何原本"和"算法原本"，属于由公理体系构成的数学理论；下编"分条致用"，即根据上编"纲""体"之原理解决实际问题，具体是先"首部"（预备知识），然后"大体按照算术、平面几何与平面三角、立体几何、代数区分开来。这种体例开了中国数学按学科分类

---

① 徐宗泽：《明清间耶稣会士译著提要》，上海书店出版社，2010，第 289 页。
② 杨廷筠：《代疑篇》，《天主教东传文献》，台北：学生书局，1965，第 541 页。

的先河"。① 此外,《御制历象考成》《御定仪象考成》以及梅文鼎《勿庵历算全书》等文献的编撰也都受到了西方天文算法思想的影响。又如,18世纪意大利画家郎世宁将透视画法传入中国宫廷。受其影响,年希尧(?~1739)撰就《视学》一书,成为第一部介绍西方透视学知识的著作。而且,"《视学》不仅是中国最早的画法几何学著作,也是世界上最早的画法几何学专著"。②

中国人对西学的认知主要源自本土的知识架构。事实上,传教士也力求融合中西文化,采用中国式的语言,以期缩小中西隔阂。许胥臣在《西学凡引》中,说《西学凡》与儒学的"格物"实学有共通之处,并试图援据《大学》"格致诚正修齐治平"的架构理解西学。但总体上,以《西学凡》为代表的西方知识分类体系未能得到明末清初士人的回应。所以,始自乾隆三十八年(1773)讫于乾隆五十二年(1787)编撰的《四库全书》,是将西学文献纳入中学经史子集四部体系的。即使是受益最多的天文算法,也以"天文与算法互为表里"的名义分在子部,亦表明算学的价值首先和主要是被定位在为天文学服务的层次上的。西方传教士虽然为了迎合中国本土士大夫的认知而将西学与儒家"格致诚正修齐治平"的为学之阶相比附,但知识之智与修养之德仍属于彼此分离的两个领域。而在程朱为代表的理学那里,格物穷理则是由智达德的一个起点,智本身并不具有独立性。正是这一关键性的思想认知,导致知识之"智"并没有在客观化的分科意义上展开。

二 1807~1860 年的西学输入

1840 年以来的历次战败,导致西方学术裹挟着军事上的胜利而进入中国,出于因应西方挑战的需要,中国面临着发展近代资本主义以期富强的诉求。这种诉求是逐步深入的,由此形成了近代各时期学术虽前后相继但个性独特的不同面相。总体上,"1860 年是中国内陆全面开放的起点",③中国的现代性始自 1860 年。该年,第二次鸦片战争失败,签订《天津条约》《北京条约》,增开天津、牛庄(营口)、登州(烟台)、台南、淡水、

---

① 尚智丛:《传教士与西学东渐》,山西出版传媒集团,山西教育出版社,2012,第 96 页。
② 尚智丛:《传教士与西学东渐》,山西出版传媒集团,山西教育出版社,2012,第 60 页。
③ 张朋园:《知识分子与近代中国的现代化》,百花洲文艺出版社,2002,第 279 页。

潮州（汕头）、琼州、汉口、九江、南京、镇江等 11 个通商口岸，基督教势力进入中国内地。但早在 1807 年即有西方传教士进入中国。

（一）1807~1842 年的西学输入

19 世纪初，随着西方垄断资本主义的日益扩张，新教势力迅速壮大，并取代天主教成为天主福音的主要传播者。1807 年，第一位进入中国的新教传教士马礼逊（Robert Morrison，1782~1834）的足迹虽曾踏进澳门、广州，但在 1842 年《南京条约》之前，新教教徒主要在马六甲、巴达维亚、新加坡等南洋一带活动。据统计，1807~1842 年间，"新教传教士出版的 134 种书籍中，绝大多数是关于宗教的，其中 32 种是属于历史、地理、政治、经济方面的知识性读物"。① 报刊方面，1815 年创刊、1821 年停刊的《察世俗每月统记传》（Chinese Monthly Magazine）是第一份以华人为对象的报刊，所刊内容 80%关乎宗教，另外 20%刊载有关世界地理、历史、天文、民情风俗等方面的内容。1833 年创刊于广州的《东西洋考每月统记传》（Eastern Western Monthly Magazine）除传播历史、天文、地理之外，"几乎涉及当时西方社会最优秀的文化"，如介绍英国议会的系列文章《英吉利国政公会》。② 此外，兴办学校也是传教和流布西学的重要方式，如传教士兴办的第一所中文学校英华书院，即开设了英文、中文、数学、天文、地理、伦理、哲学等课程。

（二）1843~1860 年的西学输入

从 1840 年第一次鸦片战争截至 1860 年第二次鸦片战争结束签订《天津条约》之前，西人所办著名的报刊有 1853 年创刊于香港的《遐迩贯珍》（Chinese Serial）月刊等，著名的出版机构则有 1842 年成立于上海的墨海书馆以及 1845 年创设于澳门后辗转迁至宁波、上海的华花圣经书房（The Chinese and American Holy Class Book Establishment）。据统计，墨海书馆在 1844~1860 年，"共出版书刊 171 种，其中 138 种是有关宗教的，只有 33 种是关于自然科学和其他人文、社会科学的"，③ 其中就包括伟烈亚力和李善兰合译的《数学启蒙》《续几何原本》《代数学》《代微积拾级》等。而

① 尚智丛：《传教士与西学东渐》，山西出版传媒集团，山西教育出版社，2012，第 114 页。
② 邵志择：《近代中国报刊思想的起源与转折》，浙江大学出版社，2011，第 16~17 页。
③ 尚智丛：《传教士与西学东渐》，山西出版传媒集团，山西教育出版社，2012，第 128 页。

1844~1860 年间,"华花圣经书房共出版书刊 106 种,其中 86 种是有关宗教的,20 种是关于天文、地理、历史、经济、风俗、道德、语言的"。①

从这一时期西学对中国人的影响来看,有关西方的地理、历史、天文、民情风俗等内容,扩大了林则徐、魏源等近代第一批"睁眼看世界"的开明人士的见识,但他们主要是从"悉夷情"的角度而格外究心于西国历史、地理、风俗等内容。此外,林则徐等人震烁于西方军事技术,提出"师夷长技"的口号。"夷技"之"技"主要是指军事技术,魏源《海国图志》将其定位在坚船、利炮、练兵之术三个方面,不仅不包括其他科技技术,更与"夷学"无涉。因而,中西学术整体上处于冲突状态,但此"技"已经是值得师袭的"长技"而不再是"奇技淫巧",由此也开启了历史上第一次中国面临外学导向的学术调整。

三 1861~1894 年的西学输入

随着 1861 年洋务运动的开展,中国正式开启了现代化进程的帷幕。相对于鸦片战争时期而言,洋务运动时期引进西学的主要特点在于:逐步跨越中西关系的紧张,要不要引进西学的问题被转换为引进什么西学的问题。因此,西书的译刻、报刊的发行、西式学校的创办都较前一时期有很大的发展。以广学会、美华书馆、益智书会、广州博济医局、上海土山湾印书馆为主的教会出版机构;以上海江南制造局翻译馆、京师同文馆、天津机器局、天津武备学堂为主的政府所办官方出版机构;以及以商务印书馆、译书公会、时务报馆、农学报社为主的民间出版机构,是当时西学书籍出版的主要机构,西人、官方和民间三股出版势力呈现为鼎足之势。

报刊发行方面,1868 年美国传教士林乐知创办《中国教会新报》(The News of Churches),"成为以时事新闻、科学技术为主要内容的名副其实的综合性刊物,所载内容包括中国事务、各国消息、事实述评、科学知识、教义教事、人物图像和其他杂事"。②《中国教会新报》1874 年更名《万国公报》(Multinational Communique)之后,"随着中国朝野对西方接受程度

---

① 尚智丛:《传教士与西学东渐》,山西出版传媒集团,山西教育出版社,2012,第 125 页。
② 尚智丛:《传教士与西学东渐》,山西出版传媒集团,山西教育出版社,2012,第 152~153 页。

的提高而逐渐想要从制度上改变中国，故所刊内容积极向朝廷和地方官员建言献策"，① 内容逐渐转向政治、教育、外交等方面。傅兰雅借"续补中西闻见录"之名于 1876 年在上海创办的《格致汇编》，在戊戌维新前后，"成为中国知识分子了解西学的较理想的入门读物"。② 另外，香港出版的《遐迩贯珍》、上海出版的《六合丛谈》、1875 年之前的《中西闻见录》以及墨海书馆出版的科学书籍影响了一大批边缘知识分子。例如，"伟烈亚力在《六合丛谈小引》中具体介绍了西方科学的最新发展，涉及化学、察地之学（按：即地质学）、测天之学、电气之学、重学、流质学（按：即流体力学）以及听视诸学"。③ "《中西闻见录》与《格致汇编》是由两位改变了身份的传教士所办的刊物，因为两刊的内容不含宗教，专注于介绍格致新学，因此得到中国士大夫的欢迎"。④ 与此同时，中国的开明官绅也积极参与西学在中国的传播。如果说 1860 年之前的出版和报刊多掌握在西方传教士手里，1860 年洋务运动以后中国官私出版业和报刊业则都得到了长足发展，渐与西人形成并驾齐驱之势。

学堂教育也是西学传播的重要路径。1860 年，傅兰雅《格致书院西学课程序》即设想了"爰拟课程六学：一矿务、二电学、三测绘、四工程、五汽机、六制造"⑤ 的分科化的教学方案。1866 年创办的福建船政学堂是中国第一所近代海军学校，也是中国近代航海教育和海军教育的发源地。其课程主要有："英文、算术、几何、代数、三角、动静重学、水重学、电磁学、光学、音学、化学、地质学、天文学、航海术等"。⑥ 1876 年由麦华佗等西方传教士和唐廷枢等中国士绅举办的格致书院在上海成立。书院初旨是"建成为一所集博物馆与科技学校于一体的机构"，⑦ 因此，院中陈列了大量的科学仪器和器械，并于 1877 年始举办科学讲座。另外，中国传统的书院也逐步引入西学课程和西式教育，有力地促进了西学的传播。

① 邵志择：《近代中国报刊思想的起源与转折》，浙江大学出版社，2011，第 35 页。
② 尚智丛：《传教士与西学东渐》，山西出版传媒集团，山西教育出版社，2012，第 162 页。
③ 《六合丛谈》（咸丰丁巳正月朔日第一号），沈国威编著《六合丛谈：附解题·索引》，上海辞书出版社，2006，第 522 页。
④ 邵志择：《近代中国报刊思想的起源与转折》，浙江大学出版社，2011，第 37 页。
⑤ 傅兰雅：《格致书院西学课程序》，《格致书院西学课程》，上海格致书院，光绪二十一年（1895）：2。
⑥ 刘绍春：《晚清科举制的废除与新教育的兴起》，中国社会科学出版社，2015，第 96 页。
⑦ 尚智丛：《传教士与西学东渐》，山西出版传媒集团，山西教育出版社，2012，第 147 页。

总体上，1861~1894 年的西学输入经历了一个内涵不断丰富、认知渐趋清晰的过程。

1. 作为"夷技"的技术：从武器到器物

林则徐等人提出"师夷长技以制夷"，重在军事之"技"，这也是自强运动的最初方向。"自强运动限制在兵工业的技术层面，盖因恭亲王奕䜣、督抚曾国藩与李鸿章等都是传统的功名之士。他们的现代化知识限于他们曾经见过的洋枪大炮，以为只要有了洋枪大炮，便可抵制外侮、平定内乱"。① 曾国藩即认为："轮船之速，洋炮之远，在英法则夸其所独有，在中华则罕于所见。若能陆续购买，据为己物，在中华则见惯而不惊，在英法亦渐失其所恃。"② 李鸿章亦云："鸿章尝往英法提督兵船，见其大炮之精纯，子药之精细，器械之鲜明，队伍之雄整，实非中国所能及……（因）日谕将士，虚心忍辱，学得西人一二秘法，期有增益。"③

但随着洋务运动的深入，"夷技"的范畴逐渐从军事领域扩大到有助于提高军用和民用生产力的各种器物，洋务运动也从最初的发展军工事业以自强过渡到兼及发展制造业以求富。冯桂芬《制洋器议》曰："时宪之历，钟表、枪炮之器，皆西法也。居今日而据六历以颁朔，修刻漏以稽时，挟弩弓以临戎，曰：'吾不用夷礼'，可乎？"并建议在正科之外"特设一科，以待能者"，对于精通西洋技艺者赏给功名。④ 左宗棠《拟购机器雇洋匠试造轮船先陈大概情形折》亦云："凡制造枪炮、炸弹、铸钱、治水有适民生日用者，均可次第为之。"⑤

2. 从技术到格致之理

传统中国士人一向主张"学"与"术"的分别。无论是"师夷之长技"的军事之"技"，还是旨在提高生产力的各种器物，都只是"术"，基本不涉及"术"背后的"学"——学理。重视西方学理而不再局限于"夷技"，是洋务运动以来输入西学的一个重要特点。历史上，冯桂芬专作

---

① 张朋园：《知识分子与近代中国的现代化》，百花洲文艺出版社，2002，第 180~181 页。
② 曾国藩：《议复购买外洋船炮为今日救时第一要务折》，《海防档》，台北：中研院，1957，第 19 页。
③ 李鸿章：《上曾相（同治元年十二月十五日）》，吴汝纶辑《李文忠公朋僚函稿》（卷三），清光绪三十一年金陵刻本：90。
④ 冯桂芬：《制洋器议》，《校邠庐抗议》，戴扬本评注，中州古籍出版社，1998，第 200 页。
⑤ 陈学恂、陈景磐：《清代后期教育论著选》（上册），人民教育出版社，1997，第 101 页。

《采西学议》，第一次将"师夷技"上升到"采西学"的高度。① 而"采西学"的主要动力是因为认识到西学是西艺之本，只有认识其学理之"本"才能掌握其技艺之"末"。

第一，算学首先得到重视。

最先被许为制器根本的学科门类是算学。所谓"执柯伐柯，所得者不过彼柯长短之则，至欲穷其制作之原，通其法意，则固非习其图书、算学不可。故于船局附设艺局，招十余岁聪俊子弟，延师教之"。② 恭亲王奕訢则指出："洋人制造机器火器等件，以及行船行军，无一不自天文算学中来……举凡推算格致之理，制器尚象之法，钩河摘洛之方，倘能专精务实，尽得其妙，则中国自强之道在此矣。"③ 这里，天文算学不仅是"制器尚象之法，钩河摘洛之方"等"西技"的根本，也是"格致之理"，即其他西方自然科学的基础。

这不仅意味着对"夷技"认知的深入，也意味着对整个"西学"认识的深入。换言之，在众多"西学"门类中，存在核心与边缘的学科区分，由此也展开了关于西学学科化的认知。吴汝纶《与贺松坡》指出："今方开倡西学，必以算学为开宗明义第一章"，因为"西学重专门，而以算学为首务，他学必以算学为从入之阶，明算而后格致诸学循途而致。今既不得通外国语言文字，则学算亦本务也。"④ 算学地位的突出，直接导致了对"西学重专门""西学分类繁多"的学科化认知。

第二，从算学到格致。

近代用于指称西方自然科学和技术的"格致"，最初是指"博物学"，内容主要包括制造技术及物理学（包括部分化学），王韬《原学》中的"格致"即包括千里船、指南车、霹雳炮、琥珀制电之原理。⑤ 但后来，"格致"主要指以物理学为核心的西方自然科学。李鸿章认为："泰西之

① 冯桂芬：《采西学议》，《校邠庐抗议》，戴扬本评注，中州古籍出版社，1998，第209~211页。
② 左宗棠：《上总理各国事务衙门》，中国史学会编《洋务运动》（五），上海人民出版社，2000，第449页。
③ 文庆等：《筹办夷务始末（同治朝）》，沈云龙主编《近代中国史料丛刊》（第62辑第8册），台北：文海出版社，1971，第4416页。
④ 吴汝纶：《与贺松坡》，《吴汝纶尺牍》，黄山书社，1990，第101~103页。
⑤ 王韬：《原学》，《弢园文录外编》，中州古籍出版社，1998，第38页。

学，格致为先，自昔已然，今为尤盛。学校相望，贤才辈出，上有显爵，下有世业，故能人人竞于有用，以臻于富强。"① 李氏"格致为先"的"泰西之学"已经不局限于算学（或"天文算学"），而主要包括力学、水学、声学、气学、火学、光学、电学等七门物理学分支。②

林颐山则以算学、格致为根本，串联起一个相对完整的西学体系，其云："间尝涉猎西学，撮其大旨，算学为经，重学、化学为纬。天学、机学隶重学，地学、矿学隶化学，水学、气学、热学、电学及火器、水师等学又兼隶重学、化学，外此若声学、光学，乃气学、热学之分支，似非重学、化学所可隶者。"③ 这里，算学虽荣归其"经"，但必须以重学、化学为"纬"，天学、机学等所有的自然科学及技术门类基本或归重学或归化学。

显然，格致作为西学的主要内容，其最大特点在于学科的分化。而分化的各科各具重要性。1882 年丁韪良《西学考略》论述西方各国课程主旨时，即赋予了每种学问各自的重要性。其曰："学者必熟悉地球图说以及各国史乘，方为通材"；"课业必以天文地理为要端"；"西学以格化为重"；"西学以算术为要端，而与格致诸学并进"；"植物动物等学亦为要端"；"西学之精微者莫如性理一门"；"富国策、公法等学，皆为太学课程之切要"。④ 这种重要性，甚至被强调到了"富强根本"的高度。据熊月之统计，在 1552 年到 1895 年译出的 169 种重要西书中，自然科学著作达 82 种，占 48.5%。⑤ 相比而言，人文社会科学则没有被列入"强国利民之事理"的范畴。

3. 人文社会科学没有受到应有的重视。

基本上，1895 年之前重视学理层面上的"格致"，固然突破了器物层面上"夷技"的范畴，但人文社会科学的典籍并未受到应有的重视。冯桂芬尝曰："历算之学、格物之理、制器尚象之法，皆有成书，经译者十之

① 李鸿章：《序》，《西学略述》，北京总税务司署，1886，第 1~3 页。
② 熊月之：《晚清新学书目提要》，上海书店出版社，2014，第 306 页。
③ 林颐山：《〈格致古微〉叙》，《格致古微》，吴县王氏刊印本，光绪二十二年（1896）：1。
④ 丁韪良：《西学考略》，同文馆，1882 年：自序：1~2；下卷：1，11~13，16，55。
⑤ 熊月之：《西学东渐与晚清社会》，上海人民出版社，1994，第 737~768 页。

一二耳。必能尽见其未译之书,方能探赜索隐,由粗迹而入精微。"① 冯氏措意的"历算之学、格物之理、制器尚象之法"皆属自然科学和技术(格致)的范畴,而与人文社会科学无涉。傅兰雅《理学须知》第六章"略论格致之理"曾将西方"格致之理"区分出六门学问:算学、博物、化学、活学、心灵学、会学。"会学"是关乎"人"的学问(接近于今日社会学、政治学)。傅兰雅说:"凡此六学,足令万物所有之事,包括其内,故能通晓各学,则地球所有之事,几能全明。"又曰:"会学较上各学,关系最紧,因人不能独主,必合众人成会,或合一家为一会,或数家为一会,或合一国为一大会。大抵会之能成,全赖算学、天文、博物、化学、活学,同时昌明,久而愈精,则会学自能耐久。"② 然而,傅兰雅虽然将涉及社会学、政治学的"会学"列入编写计划,但他仍以格致为萃力之所在。其《凡例》写道:"格致者,格物致知之谓。是举宇内各种学问而尽赅之矣。是书专论物质体变诸事,为格致学中首要之一门。按西名之意,当称质学或体学乃可,而前人译此学之书,有以格物名之者,嫌其未符实义,爰颜之曰格物质学。"③ 认为格致之学"举宇内各种学问而尽赅之矣"。

徐珂指出:"自中外通商以来,译事始起,京师有同文馆,江南有制造局,广州有医士所译各书,登州有文会馆所译学堂使用各书,上海益智书会又译印各种图书,馆译之书,政学为多,制局所译,初以算学、地学、化学、医学为优,兵学、法学皆非专家,不得纲领。"④ 徐氏旨在反思洋务运动时期西学输入的不足,从中可以读见缺乏人文社会科学,是"不得纲领"的关键原因之一。相应地,格致既作为"强国利民之事理"又作为"举宇内各种学问而尽赅之"的神话也被打破了。黄遵宪反思:"中国能精物质之学则霸于大地,以之箴空谈则可,以此为定论则未敢和也。"⑤ 大理寺卿王家璧奏折则指出:"试问电学、算学、化学、技艺学,果足以

① 冯桂芬:《上海设立同文馆议》,《校邠庐抗议》,戴扬本评注,中州古籍出版社,1998,第251页。
② 傅兰雅:《理学须知》,格致书室,1898,第40页。
③ 傅兰雅:《格物质学》,美华书馆,1899;凡例:1。
④ 徐珂:《清稗类钞》(第八册),中华书局,1986,第4033页。
⑤ 黄遵宪:《光绪三十一年元月十八日黄公度与饮冰室主人书》,丁文江编《梁任公先生年谱长编初稿》,台北:世界书局,1958,第196页。

御敌乎?"①

四 1895~1911 年的西学输入

1895 年清廷在甲午战争中败北,与日本签订《马关条约》,洋务运动的富强诉求不再有说服力。学界相信,1895 年是"中国思想文化由传统过渡到现代"② 的新旧交替的起点。1898 年,正式启动变法维新运动并于百日后失败。1900 年八国联军侵略中国并于 1901 年迫使清政府签订《辛丑条约》,中国彻底沦为半殖民地半封建社会。同年,清廷实施"新政",可视为从政府层面对戊戌变法主张的确认和践行。1906 年预备立宪,是在清廷政权框架内最大的政治改革。以 1894 年兴中会、1905 年中国同盟会为基础的革命党则致力于颠覆清朝封建政权。戊戌变法、新政、立宪以及革命,都是旨在重构知识与权力之间关系的政治运动,"要得改革有成,必须从根本上着手,他们认为国家制度是根本"。而努力从制度层面上改造中国,差不多也成了朝野上下的普遍认知。与此同时,"民权"概念被"国民"概念所取代,严复《原强》"鼓民力、开民智、新民德"和梁启超《新民丛书》"培植新民",都重视培养具有近代化素养的国民,并赋予其政治伦理色彩。官方主导的立宪运动,亦认同"以中国百分之八十的人民为文盲,空谈国会是不切实际的。故认为欲达成代议制度,必须以教育人民为根本,所以他们倡言新民,敦促开明专制"。③ 因此,介绍西方民权、国民、政党、民族国家等学说的政治著述成为中国人汲取的主要对象,"知识分子开始有意识地从新的国家学说中创造出新的权力来源……使中国政治的发展建立在新的权力基础之上,由此也彻底颠倒了中国传统的政治结构"。④ 反映在文献上,1900 年后,"中国对西方科学的翻译和引进和 1900 年前有本质的不同。首先,二十世纪上半叶平均每年翻译量是十九世纪下半叶的 15 倍。其次,1850~1899 年翻译的著作 70% 为纯粹的应用科学,在 1902~1904 年间该比例为 32%,1912~1940 年进一步下降为

① 朱有瓛:《中国近代学制史料》(第一辑上册),华东师范大学出版社,1983,第 579 页。
② 张灏:《中国近代思想史的转型时代》,许纪霖、宋宏:《现代中国思想的核心观念》,上海人民出版社,2011,第 3 页。
③ 张朋园:《知识分子与近代中国的现代化》,百花洲文艺出版社,2002,第 9 页。
④ 邵志择:《近代中国报刊思想的起源与转折》,浙江大学出版社,2011,第 237~238 页。

25%；即人文社会科学的翻译比重明显增加了"。① 与此同时，中国人自己创办的报刊、出版机构、学校、图书馆等成为西学传播的主要渠道。中国人还开始大量自行翻译西书，改变了以往西译中述的局面。尤其 1900 年以后大批留学生回国，成长为西学传播的中坚，西方传教士在西学传播中的地位退居次席。另外，假道日本转译西书，也成为此际西学传播的一个新特点。

从学术史的角度来看，戊戌变法和新政时期相对于洋务运动时期的学术发展在于：第一，对试图借助于西方格致以扭转乾坤的洋务派认知进行了全面反省，而反省的一个重要结果是，必须引进西方社会科学，它对应于从制度层面上改良中国的诉求。第二，随着"西政"的引入，西方学术本身被区分为"学""政"两个体系，从而确认西学是一个自有"体用"的独立学术体系。另外，"1900 年至 1911 年间，即使是政见最为激进的革命派，都没有用常识来反对儒家伦理，无政府主义者只用'科学'来证明三纲五常的虚妄"。② 简言之，儒家学说仍然是"穷理"的资源；西学（包括被特别拈出的"西政"）只是"经世"资源，从而也意味着，西方的人文社会科学也是被定位在"经世"之"用"的层次上的。就此而言，本书将 1895～1911 年视为一个独立的阶段，既有历史学意义上的考虑（1913 年中华民国成立之前），也跟思想史自身的认知有关。

总体上，西书独立编目正是在西学输入从内容上由"夷技"到格致再到"西政"、数量上因"国家欲自强，以多译西书为本，学子欲自立，以多读西书为功"③ 的认知而不断增益的现实而产生的。

第二节　西学书目概况

自明末清初西学传入中国之后，西书在书目上的反映主要有两种形

① 金观涛、刘青峰：《从"格物致知"到"科学"、"生产力"——知识体系和文化关系的思想史研究》，台北：《中研院近代史研究所集刊》，第 46 期（2004 年 12 月）：第 105～157 页。

② 金观涛、刘青峰：《从"格物致知"到"科学"、"生产力"——知识体系和文化关系的思想史研究》，台北：《中研院近代史研究所集刊》，第 46 期（2004 年 12 月）：第 105～157 页。

③ 梁启超：《西学书目表》，中国史学会编《戊戌变法》（一），上海人民出版社，2000，第448 页。

式。一是以《四库全书总目》为代表，将它们纳入经史子集为主体的传统
知识框架之中。1875 年张之洞《书目答问》亦仿《总目》而将收罗的有
限西书分入传统知识框架之内。

另一种形式是在传教士人物列传中附录其所译西书。姚名达指出：
"明清之间已有韩霖、张赓撰《道学家传》，于各教士传后列举其所著译之
书名，附刊于《圣教信证》之后，清末王韬重刊此传，改名《泰西著述
考》。"① 王韬于 1890 年印行的《泰西著述考》（实即《道学家传》）是明
末清初来华传教士 92 人的传记，但又以"以人系书"的形式"著录其译
著，共有关于天文历算、地理等方面的著作 210 种"，② 大致涵盖了明末清
初传教士输入中国的全部西籍。例如，在简介利玛窦生平事迹后，罗列其
"所著各书"从《天主实义》到《圜容较义》计 15 种。③《泰西著述考》
重在介绍人物生平，是典型的"以人为本，以学隶之，未尝以学为本，以
人隶之"。④ 换言之，该书重在人物传记，书目只是作为传主生平事迹的一
部分而被附录其中。因而，与其说是对"西学"的书目确认，毋宁说是对
西方传教士（即所谓"道学家"）身份的确认。嗣后，徐宗泽（1886～
1947）《明清间耶稣会士译著提要》亦以明末清初的这 200 多种西书为著
录对象，全书分十卷，从篇章结构来看，卷一绪言，列《凡例》五则，卷
二圣事类、卷三真教辩护类、卷四神哲学类、卷五教史、卷六历算类、卷
七科学类、卷八格言类、卷九译著者传略、卷十徐汇巴黎华谛冈图书馆书
目，末有《补遗》。其中，卷二至卷八大致相当于西书的七大类别，每类
之前的"叙"即类序。卷一《绪言》中的《凡例》第二则为《西士所著
书之分类》，认为"西士遗留于吾人之书籍，大纲可分为宗教及科学两
类"，"科学书中有天算、地舆、水学、哲理、小学、形下学等等"。⑤ 徐氏
还仿《四库全书总目》为各书撰写了简明的提要，涉及著译者姓名、刊印
日期与地点、图书内容，原书有序者直录其序，无序者详载篇目，成为一
部价值很高的传教士著述提要书目。

---

① 姚名达：《中国目录学史》，上海书店出版社，1984，第 218 页。
② 全根先：《中国近现代目录学家传略》，国家图书馆出版社，2011，第 22 页。
③ 王韬：《泰西著述考》，长洲：王韬淞隐庐，1889，第 2～3 页。
④ 傅斯年：《中国学术思想界之基本误谬》，《新青年》第 4 卷第 4 号，1918-04-15。
⑤ 徐宗泽：《明清间耶稣会士译著提要》，上海世纪出版集团，2010，第 1～2 页。

但是，随着"东西洋诸学子所著，愈出愈新，莫可究诘，尤非四部所能范围"，① 学者们首先编制的书目类型就是西书独立编目，嗣后出现的新旧书籍分列于一编（见第四章）、中西书籍混合编目（见第五、第六章）都是在此基础上发展而来的。西书独立编制的书目，以西学书籍为对象而不涉中学文献，从而也改变了或将西书纳入四部体系、或"以人为本，以学隶之"的传记体书目的西书分类模式，直接回应了"愈出愈新，莫可究诘"的西学图书到底如何分类的问题。

总体上，西书独立编目大致有下述几种类型。

一　傅兰雅《译书事略》系列

1880 年，傅兰雅发表《江南制造总局翻译西书事略》（省称《译书事略》），记述制造局译印的 156 种西书。

姚名达曰："对于中外新旧之学术综合条理而分为若干科目者，据吾所知，以袁昶为最先。"并以小注的形式指出："同文馆、制造局之类，时代虽较早，而偏重西方格致语文之学。"② 但同文馆并无书目，正如傅兰雅指出："惟惜同文馆多年所译之书尚未见其细目，故不能详述。"③ "制造局之类"实即《译书事略》，姚先生以"偏重西方格致语文之学"的名义，忽略了其应有的目录学地位。而所谓袁昶书目，是光绪二十年（1894）袁氏主讲中江书院时的讲授科目，其 15 个类目——经学、通礼学、理学、九流学、通鉴三通政典之学、舆图学、掌故学、辞章学、兵家学、测算学、边务学、律令学、医方学、考工学、农家学——基本都取自传统目录，且针对"中外新旧之学术"而非专门针对西学图书。详见第五章。因此，英国传教士傅兰雅 1880 年发表的《译书事略》才是中国最早的西学独立书目。

傅兰雅说："局内译书之事虽经十有余年，亦仅为开创之初。"④ 又说："近来西国所出新格致书，拟再续购存储。"⑤ 他还发愿："中西久无交涉，

---

① 姚名达：《中国目录学史》，上海书店出版社，1984，第 141 页。
② 姚名达：《中国目录学史》，上海书店出版社，1984，第 142 页。
③ 傅兰雅：《江南制造总局翻译西书事略》（二），《格致汇编》1880 年第 6 期，第 9~11 页。
④ 傅兰雅：《江南制造总局翻译西书事略》（二），《格致汇编》1880 年第 6 期，第 9~11 页。
⑤ 傅兰雅：《江南制造总局翻译西书事略》（一），《格致汇编》1880 年第 5 期，第 10~11 页。

所有西学不能一旦全收,将必年代迭更,盛行格致,则国中之宝藏与格致之储才始能焕然全显。"① 表明翻译馆的译、刊工作是一个指向未来的未竟事业。相应地,具有明确时间断限的《译书事略》乃是一个"当下"性质的、因而有待补充的书目。嗣后,翻译馆的译印目录亦事实上赓续不绝,构成了一个著录系列,主要包括以下几点。

（1）1902 年《江南机器制造总局书目》收录译书 145 种,翻刻书 23 种。

（2）1905 年魏允恭编《江南制造局记》重点介绍制造局的情况,但卷二附"图书目",著录书名、本（册）数、卷数、图、原著、翻译、笔述、校对、出版、价值（定价）等十项内容,共计介绍译印图书 178 种。

（3）1909 年陈洙等编《江南制造局译书提要》（有铅印本）,著录1867~1909 年江南制造局所译西书 141 种附刻 20 种,分为史志、政治、交涉、兵制、兵学、船政、学务、工程、农学、矿学、工艺、商学、格物、算学、电学、化学、声学、光学、天文、地学、医学、图学、补遗、附刻24 类。② 但据制造局所刊《英国定准军药书》后附的译书目录,共有 23个类目 170 种图书,该目有 24 类、只收 141 种,乃因部分出版较早、内容陈旧的书籍如工艺技术入门、武器使用方法之类,不再收入③。

（4）1912 年《上海制造局译印图书目录》著录译印书 173 种,附刻各书 30 种,共分史志类、政治类、交涉类、兵志类、兵学类、船类、学务类、工程类、农学类、矿学类、工艺类、商学类、格致类、算学类、电学类、化学类、声学类、光学类、天学类、地学类、医学类、图学类、地理类,计 23 类。④

二 其他机构西学目录

王景沂《科学书目提要初编》一卷,北洋官报局 1903 年出版。作者自序云:"今年春,旅居天津","就官局藏庋所及,妄以己意著录。"《科学书目提要初编》是光绪二十九年（1903）作者就天津北洋官报局所藏著

① 傅兰雅:《江南制造总局翻译西书事略》（二）,《格致汇编》1880 年第 6 期,第 9~11 页。
② 尚智丛:《传教士与西学东渐》,山西出版传媒集团,山西教育出版社,2012,第 180 页。
③ 来新夏:《清代目录提要》,齐鲁书社,1997,第 328 页。
④ 林立强:《明至清末译书书目的状况和评价》,《东南学术》1999 年第 3 期,第 106~109 页。

录而成，实为天津北洋官报局藏书目录，该局是光绪二十七年（1901）袁世凯所办"新政"成果。"书目分政治、文学、武备、格致、农业、工艺、商业、医术八科，下析48子目。著录书名、著译者、版本、册数，每子目后有案语，概括本目所录图书内容、价值，以为读者门径"。例如，"中村氏书（中村五六《世界地理志》）首括名义，博稽六洲，朗若列螺；志贺《讲义》（志贺重昂《地理学讲义》）指划重要，挈领振纲，盖取径于自然学而注意于政治学者；二籍相辅，可云并美"。①

"1894年美华书馆曾出版过英文《益智书会书目》，所收书目与《中国学塾会书目》基本相同"。② 中国学塾会即1877年成立于上海的基督教性质的益智书会，1890年更名"中华教育会"，1916年更名"中国基督教教育会"。其中，《益智书会书目》1894年出版于上海，所涉分类包括：数学，自然科学，历史，地理、地图，宗教与哲学，读物，综合性著作，补遗。《中国学塾会书目》1903年中国学塾会出版，收书172种，共分七类：（1）算学类收《心算启蒙》等18种，（2）格物类收化学、声学等书57种，（3）历史类收《万国通鉴》等8种，（4）地志地图类收《地理初阶》等14种，（5）宗教哲学类收《天人对参》等5种，（6）读本类收《训蒙求是》等6种，（7）杂存类收各种挂图、须知类读物64种。

广学会《泰西新史揽要》后附有该会历年所出书目，又曾结集为《广学会译著新书总目》（后者收入《近代译书目》，北京图书馆出版社2003年版）。

三 西学丛书目录和西学资料汇编目录

随着以废八股、改策论为主要内容的科举改革得到贯彻和落实，晚清出现了多种西学丛书和西学汇编资料，以供士子应试策论之需。梁启超《戊戌变法记》曰："八股既废，数月以来，天下移风，数千万之士人，皆不得不舍其兔园册子帖括讲章，而争讲万国之故，及各种新学，争阅地图，争讲译出之西书。"③ 1897年上海鸿文书局石印本《西学二十种萃精》的《序》亦云："西学盛行，遍于郡国，虽制艺八股如江河之不废，士大

---

① 来新夏：《清代目录提要》，齐鲁书社，1997，第296页。
② 熊月之：《晚清新学书目提要》，上海书店出版社，2014：序言：9。
③ 梁启超：《戊戌变法记》，《饮冰室合集》（专集册1），中华书局，1989，第25~26页。

夫自当究心于天文、舆地、富国、强兵诸大端，以起衰而救时弊。"① 严复《与张元济书》则曰："科举改弦，译纂方始，南北各局执笔之士甚多……此举不独使译家风气日上，而求所译之有用与治彼学者之日多，皆可于此寓其微权。"② 可资对比的是，鲁迅《呐喊·自序》回忆 1898 年到洋务学堂求学，"那时读书应试是正路，所谓学洋务，社会上便以为是一种走投无路的人，只得将灵魂卖给鬼子，要加倍的奚落而且排斥的"。这批西学丛书目录和西学汇编资料既有对西学分类的认知，也将探索西学门径视为当然己任。它们主要包括以下几方面。

（1）1878 年出版的韦廉臣《格物探原》以宗教为体、科学为用，介绍西方自然科学（格物），并将一切推原于上帝（探原）。书中涉及天文学、动植物学、生理学、地理学、化学等。

（2）1886 年由总税务司署印行的《西学启蒙十六种》，其中第一种《西学略述》10 卷，内容包括 15 类文献，即：格致总学启蒙、地志启蒙、地理质学启蒙、地学启蒙、植物学启蒙、身理启蒙、动物学启蒙、化学启蒙、格致质学启蒙、天文启蒙、富国养民策、辨学启蒙、希腊志略、罗马志略、欧洲史略。这 15 类文献，亦可视为"西学"的十五个类目。③

（3）1901 年出版之《广学类编》，将西学分为史事、地理、文学、格致、算学、商务、医药、权度、婚礼、家务、营造、游猎，计 12 类。

（4）1903 年出版的《中外策问大观》指出："自科举改章，试场所命策题皆注重西政西艺……（该书）为目二十八，为文千篇。言乎政则学堂、议院、邮章、税则，无不详。言乎艺则天文、地舆、声光化电，无不备。"④ 其"为目二十八"的具体类目包括：治道、学术、内政、外交、时事、变法、科举、学校、官制、议院、政体、财政、图法、法律、历法、天学、地学、舆地、格致、教宗、兵政、防务、农政、工政、路矿、中史、西史，列目与同时代的《经世文编》《西学汇编》等文献颇为接近。

（5）1903 年出版的《中外时务策问类编大成》，是因应改八股为策论

---

① 同仁：《序》，《西学二十种萃精》，上海鸿文书局石印本，1897，第 1 页。

② 严复：《与张元济书》，王栻主编《严复集》（第三册），中华书局，1986，第 544 页。

③ 艾约瑟：《叙》，《西学略述》，北京总税务司署印行，1886，第 3 页。

④ 《〈中外策问大观〉广告》，《申报》，光绪二十九年五月二十五日（1903 年 6 月 20 日）。

的应试参考书，其内容大致反映了时人眼中急需的知识谱系，主要包括：治道、学术、内政、外交、时事、科举、学校、官制、议院、政体、公法、刑律、教务、天学、地学、历学、算学、格致学、财政、币政、军政、防务、农政、工政、商政、路矿、舆地、史学、外史等。[①] 由此建构的是一种实用导向的、讲求效益的学问。

四　西书独立编目

自 1880 年傅兰雅《译书事略》以后，1896 年梁启超《西学书目表》亦仿《译书事略》，以"西学"为著录对象编制了独立的西书编目体系，嗣后学者踵事增华，编制了在西书著录范围上基本前后相续的书目，主要包括如下。

（1）1896 年梁启超撰《西书提要》和《西学书目表》；

（2）1897 年康有为撰《日本书目志》，1898 年出版；

（3）1897 年卢靖撰《增订西学书目表》；

（4）1897 年胡兆鸾撰《西书（通）考》；

（5）1897 年沈桐生撰《东西学书录提要总叙》；

（6）1899 年徐维则撰《东西学书录》；

（7）1899 年述庐撰，邹凌沅辑《通学书籍考》；

（8）1901 年赵惟熙撰《西学书目答问》；

（9）1902 年梁启超撰《东籍月旦》；

（10）1902 年徐维则、顾燮光撰《增版东西学书录》；

（11）1902 年朱大文等辑《万国艺学丛考》；

（12）1903~1904 年沈兆祎撰《新学书目提要》；

（13）1904 年顾燮光撰《译书经眼录》；

（14）1936 年周昌寿撰《译刊科学书籍考略》，将明末到 1936 年汉译科学著作分为三个时期：明末清初、咸丰至清末、清末至 1936 年。

五　西学专科目录

（1）1893~1895 年丁福保（1874~1952）编撰《算学书目提要》三

---

① 求是斋主人：《中外时务策问类编大成》，求是斋石印本，光绪二十九年（1903）：第 1~28 页。

卷，1899 年印行。该书是算学书的选目，分中算、西算、中西算总类三类，各类排列由浅入深。

（2）1896 年傅兰雅口译，王树兰笔述《农务要书简明目录》，是根据美国纽约图书馆的分类而略加修改，分为十三类，收录欧美 13 国 216 种农业专书，"分泥土学、植物学、动物学三大类，每大类下再分小类，计化学、水利、耕肥、粪壅、种田、种菜、种果、种花、牲畜、禽鸟、虫豸、鱼蛤 12 小类。每书有提要，交代书名、作者、内容，并提出建议，标明价格，附注页数及有无附图"①。

（3）1897 年邹寿祺（1864~1940）《列国史学书目提要》印行。

（4）1903 年丁福保撰《历代医学书目提要》，1910 年刊行。

六　后人辑录的西学书目

（1）金天游《汉译西文书目索引》浙江省立图书馆 1933 年版。

（2）台湾大学图书馆编制《近百年来中译西书目录》，台湾"中华文化事业委员会"1958 年出版，收录同治六年至 1956 年译书。

（3）文化部出版事业管理局编印《全国翻译书籍目录》1958 年版。

（4）台湾图书馆编《中译外文图书目录》，中华丛书编审委员会 1972 年版，收录 1949~1970 年译书。

（5）现代学者谭汝谦编《中国译日本书综合目录》，香港中文大学 1980 年版，收录 1883~1978 年的中译日文书籍。

（6）北京图书馆编《近代译书目》，收录了该馆所藏的《泰西著述考》《增版东西学书目》《广学会译著新书总目》《上海制造局译印图书目录》《冯承钧翻译著述目录》六种译书目录，北京图书馆出版社 2003 年出版。

（7）张晓《近代汉译西学书目提要：明末到 1919》，北京大学出版社 2012 年版。收录了我国明末至 1919 年近 6000 种汉译西学书籍，并作提要。

（8）熊月之主编《晚清新学书目提要》，收录徐维则、顾燮光《增版

---

① 张晓丽：《论晚清西学书目与近代科技传播》，《安徽大学学报》2010 年第 2 期，第 126~131 页。

东西学书录》，顾燮光《译书经眼录》，沈兆祎《新学书目提要》，赵惟熙《西学书目答问》4种西学书目，上海书店出版社2014年版。

在上述几类西学书目（或具有书目性内容的文献）中，以西书独立编目最有分析价值。所谓"西书独立编目"，是指专门著录西学书籍、并按学科化为原则分类的目录，熊月之《晚清新学书目提要》称之为"新学书目"。傅兰雅《译书事略》是我国近代西书独立编目的前驱，梁启超"本之以为《表》"，驯致"骎骎乎蓝胜而冰寒"，[①] 出现了西书独立编目系列成果。因此，这批西学独立书目，事实上是以梁启超为北辰的，他们的目录学理论与实践，也是在仿效《西书书目表》基础上的进一步发展。因此，本章第三、第四两节，拟重点探讨傅兰雅《译书事略》和梁启超《西学书目表》，第五节则分析《西学书目表》以降"骎骎乎蓝胜而冰寒"的西书独立编目的后续发展情况。

第三节　傅兰雅《译书事略》

1880年英国传教士傅兰雅发表的《译书事略》，前有《序》，正文分四章。第一章"论源流"记述江南制造总局翻译馆（省称翻译馆）的成立经过，第二章"论译书之法"论及译书的基本原则和方法，第三章"论译书之益"讨论翻译西书对中国近代化的意义；第四章"论译书各数目与目录"以目录的形式著录翻译馆译刻的西学图书。翻译馆与北京同文馆、上海广方言馆是19世纪下半叶中国的三大官方译书机构，其中又以翻译馆译刻西书的成就最大。甲午战争后，"强学书局（1895）、商务印书馆（1897）等机构，编译出版的西书，无论数量和质量都超过了江南制造局翻译馆。这样，翻译馆才在西学传播中失去了中心地位"。[②] 因此，《译书事略》不仅是研究江南制造总局的重要文献，也是分析洋务运动时期"西学东渐"的第一手材料。这也意味着，对第四章"论译书各数目与目录"的研究主要是从学术文化的角度立说，而没有从目录学的学科视域认读。例如，费正清指出，翻译馆1871年刊刻的布国（德国）希理哈《防海新

---

① 熊月之：《晚清新学书目提要》，上海书店出版社，2014，第3页。
② 张美平：《江南制造局翻译馆的译书活动及其影响》，《中国科技翻译》2009年第4期，第48~51、41页。

论》所述防海理论，在李鸿章、李宗羲、刘坤一、丁宝桢四位督抚的章奏中皆有出现，[1] 可见翻译馆译刻西书影响之一斑。这也印证了傅兰雅"局内之书，为官绅之士购存者多"[2] 的说法。傅兰雅在第三章《论译书之益》中指出："局内已刊之书有数种在北京同文馆用之，在耶稣教中大书馆内亦有用之者，如《三角数理》一书，在登州狄先生书馆用以教课。"[3]

然而，"论译书各数目与目录"的价值首先是目录学意义上的，其目录学内容可从著录范围、著录内容、分类等方面予以分析。

一 著录范围

翻译馆 1868 年始译西书，但 1871 年才印成《运规约指》《开煤要法》二书。"论译书各数目与目录"即著录了从 1871 年到"去年西六月终"[4]（1879 年 6 月底）翻译馆译印的西学书籍。作者首先分类统计"各门等书"已刊成者、尚未刊者、未译全者、已译全者的具体数量，表 3-1 摘录前二类书及其"总共"情况，以例其余。

表 3-1 "各门等书"已刊成者、尚未刊者、未译全者、已译全者举例

各门等书	已刊成者	尚未刊者	未译全者	已译出者
算学测量等书	二十二部　计五十二本	二部　计八本	三部	计五本
汽机等书	七部　计十七本	三部 计六本	一部	计二本
总共	九十八部　计二百三十五本	四十五部 计一百四十二本	十三部 计已译出三十四本	

作者将这批西学书籍"分成三类，胪陈于后"，"第一类为已刊成出售之书名与撰书人名及中西译书人名，并刊书年岁与每书本数及每书价钱"。[5] 表 3-2 为该类前二种书之举例。

---

① 费正清：《剑桥中国晚清史》（下卷），中国社会科学出版社，1985，第 196 页。
② 傅兰雅：《江南制造总局翻译西书事略》（二），《格致汇编》1880 年第 6 期，第 9~11 页。
③ 傅兰雅：《江南制造总局翻译西书事略》（三），《格致汇编》1880 年第 7 期，第 9~11 页。
④ 傅兰雅：《江南制造总局翻译西书事略》（二），《格致汇编》1880 年第 6 期，第 9~11 页。
⑤ 傅兰雅：《江南制造总局翻译西书事略》（二），《格致汇编》1880 年第 6 期，第 9~11 页。

表 3-2 "已刊成出售各书"举例

	各书目录	撰书人名	译书人名	笔述人名	刊书年岁	每书本数	每书连史纸价钱
一	运规约指	英国白起德	傅兰雅	徐建寅	1871 年	一本	二百四十文
二	代数术	英国华里司	傅兰雅	华蘅芳	1872 年	六本	一千二百八十文

"第二类为已译成而未刊之书",共 45 种,"内有将待刊者,亦有仅为初稿者"。[1] 这 45 种文献接续前 98 种,所以序号从"九九"开始。表 3-3 为该类前二种书之举例。

表 3-3 "已译成未刊各书"举例

	各书目录	译书人名	笔述人名	约成本书
九九	决疑数术	傅兰雅	华蘅芳	四本
一百	代数总法	傅兰雅	华蘅芳	四本

"第三类为未译全之书",[2] 共 13 种,接续第一类 98 种和第二类 45 种 (98+45 = 143),故序号始自"百四四"。表 3-4 为该类前两种书之举例。

表 3-4 "尚未译全各书"举例

	各书目录	译书人名	笔述人名	原有本数	已译本数
百四四	奈端(牛顿)数理	傅兰雅	李善兰	八本	三本
百四五	造汽机等手工	傅兰雅	徐寿	六本	二本

总体而言,《译书事略》的著录范围具有下述四个主要特点。

第一,首次以书目的形式确认"西学"的独立地位。

《译书事略》忆及 1867 年,徐寿、华蘅芳"二君在局内为帮办之员,志尚博通,欲明西学"。又曰:"(徐寿)决意久居上海,以便与西士考证西学……徐寿到局,旋请局中冯、沈二总办设一便考西学之法,至能中西艺术共相颉颃。因想一法,将西国要籍译出。"[3] 他的《译书事略》正是以

---

① 傅兰雅:《江南制造总局翻译西书事略》(二),《格致汇编》1880 年第 6 期,第 9~11 页。

② 傅兰雅:《江南制造总局翻译西书事略》(二),《格致汇编》1880 年第 6 期,第 9~11 页。

③ 傅兰雅:《江南制造总局翻译西书事略》(一),《格致汇编》1880 年第 5 期,第 10~11 页。

"将西国要籍译出"的"西学"书籍为对象独立编制的目录，从而也以书目的形式完成了对"西学"的首次确认。其基本理念是：西学是不同于传统中学的另一个学术体系，"西学中源""中体西用"等等，皆非的论。

第二，"西学"专就学术内容而言，与学术主体无关。

《译书事略》以翻译馆特定时间内译、刊的西学书籍为对象，但这批西书并非皆译自西人的西文原著。见表3-5，《译书事略》"所刊之书"中有五种中国人的汉文西学著述。

表3-5　中国人的汉文西学著述五种

各书目录		撰书人名	刊书年岁	每书本数	每书连史纸价钱
十四	勾股六术	钱塘项名达梅侣稿	1874	一本	一百八十文
十五	算学启蒙	朱氏	1874	二本	四百八十文
十六	算法统宗	程大位汝思	1876	四本	七百文
十七	九数外录	金山顾观光尚之著	1876	一本	一百八十文
六十	三才纪要		1871	一本	三百文

另外，该目还存在"误翻刻书如《算学启蒙》《九数外录》等为译书等问题"。[①] 然而，《算学启蒙》和《九数外录》（见表5的"十五"和"十七"）并未致误，故二书之后亦未列出"译书人名"和"笔述人名"。但《译书事略》确实存在"误翻刻书为译书"的情况，见表3-6。

表3-6　"误翻刻书为译书"七种

各书目录		撰书人名	译书人名	笔述人名	刊书年岁	每书本数	每书连史纸价钱
十一	数根开方术	行素轩算稿	华蘅芳		略	略	略
十三	量法代数	则梅山房	贾步纬		1875年	略	略
十八	弦切对数表	数理精蕴	贾步纬		略	略	略
十九	对数表	数理精蕴	贾步纬		略	略	略
二十	八线简表	数理精蕴	贾步纬		略	略	略
二一	八线对数简表	数理精蕴	贾步纬		略	略	略
二二	八线对数全表	数理精蕴	贾步纬		略	略	略

① 王宗扬：《江南制造局翻译书目新考》，《中国科技史料》1995年第2期，第3~18页。

　　表 3-6 所列 7 种文献是典型的"误翻刻书为译书"。其中，第十一种《数根开方术》是华蘅芳的个人著述，收入华氏数学著作集《行素轩算稿》之中。傅兰雅误作品集"行素轩算稿"为撰书人，误"华蘅芳"为译书人。第十三种《量法代数》是贾步纬的个人著述，"则梅山房"是其书斋名，今上海周浦镇有"则梅山房"（贾步纬故居）景点，为历史文化保护单位。该书初版于同治十一年（1872），书名页又题"周浦则梅山房数学"，[①] 翻译馆翻刻于 1875 年，傅兰雅误"则梅山房"为撰书人，误"贾步纬"为译书人。而《数理精蕴》即清帝康熙编制于五十二年（1713）的《御制数理精蕴》，"汇集了自 1690 年之后输入中国的西方数学知识，并吸收了当时中国数学家的一些研究成果"。[②] 表 3-6 序号十八至二二计 5 种文献都是从《数理精蕴》中择取单行本翻刻而成，它们都不存在"贾步纬"作为译书人的问题。

　　综上，表 3-5 前四种和表 3-6 全部七种文献都属于"算学测量"类，这无疑也是中国人西学创作的主要领域。表 3-5 中的第五种（序号六十）《三才纪要》列入"博物学"，从该类所收《声学》《光学》等文献来看，"博物学"实即物理学，而《三才纪要》是"关于人天地（三才）的宏观论述，严格来说属于社会科学的范畴"。[③] 但不管怎样，说明傅兰雅眼里的"西学"并非从学术主体（中国人或西方人）的角度定位，而是从学术内容（研究对象）的角度着眼。因此，傅兰雅所谓"论译书各数目与目录"，严格来说应该叫"论译、刻西学书各数目与目录"。并且，中国人的著述皆随部入类而未独立为部，说明中西学者在西学文献的生产上地位平等，无有轩轾之分。

　　第三，"西学"具有面向未来的时间指向。

　　严复曾将"中之人好古而忽今，西之人力今以胜古"[④] 视为中西学术差异之一。"好古"，所以"法先王"、以先王之是非为是非；"力今"，所以"法后王"、以进化的观点看待学术的发展。《译书事略》虽以"去年

---

① 贾步纬：《量法代数》，则梅山房本，1872，书名页。
② 金朝柄：《康熙爱数学》，《文史月刊》2011 年第 2 期，第 76~78 页。
③ 贺江枫：《师夷长技以为师——以天津机器局的朝鲜学徒为个案研究》，《中国经济史研究》2009 年第 4 期，第 147~154 页。
④ 严复：《论世变之亟》，王栻主编《严复集》（第一册），中华书局，1986，第 1 页。

西六月终"为时间断限,但以"力今""胜古"为取向,十分注意网罗最新的西学成果。

首先,著录报刊等连续出版物。

1934 年国民政府文官处编《国民政府文官处图书杂志目录》"由图书目录和杂志目录两部分组成,自成体系",① 是较早将图书和报刊作为两种文献类型分别编目的目录。时致今日,将图书和报刊分别编目也是图书馆编目的常态,但傅兰雅以"书"为主的"论译书各数目与目录"是包括"新闻纸"的。他指出:"新闻纸与《近事汇编》等随时所印之书","每若干时则印三百至五百本,分呈于上海及各省官员。"② 连续出版物具有"随时所印"的特点,能够即时反映西方新事、新理、新法的"最新"成果,这是作为图书目录的《译书事略》专辟"年代表、新闻纸"类目并著录 6 种相关文献的主要原因,见表 3-7。

表 3-7 "年代表新闻纸"类文献六种

各书目录		撰书人名	译书人名	笔述人名	刊书年岁	每书本数	每书连史纸价钱
九三	四裔编年表	英国博那	林乐知	严良勋、李凤苞	1874	四本	一千七百五十文
九四	列国岁计政要	英国麦丁富得力	林乐知	郑良椽	1878	六本	一千四百文
九五	西国近事汇编			金楷理	蔡锡龄	1873~1877	十三本	一千七百文
九六	西国近事汇编		林乐知	蔡锡龄、郑良椽	1878~1879		
九七	新闻纸		金楷理		1878~1879		
九八	西事撮要		金楷理		1879		

---

① 郝润华、侯富芳:《二十世纪以来中国古籍目录提要》,华东师范大学出版社,2012,第 21 页。

② 傅兰雅:《江南制造总局翻译西书事略》(二),《格致汇编》,1880 年第 6 期,第 9~11 页。

表 3-7 中，第九四种《四裔编年表》是"专门介绍西方历史的年表
体著作"①；第九十五种《列国岁计政要》"是世界各国与施政有关的重
要事项的年度统计"，② 它们都属于"年代表"的范畴。因二书具有逐年
记事或统计的性质，与另外四种属于连续出版物的"新闻纸"（报刊）
相似，故而聚合为类。作为连续出版物，《西国近事汇编》（2 种）、《新
闻纸》和《西事撮要》（各 1 种）的重要特点之一是"刊书年岁"并非
某具体年份，而是从某年至某年的连续年份。其中，"《西国近事汇编》
是近似于报纸而更接近于期刊的周刊"，③ 如表 3-7 所示，序号九五、九
六虽书名（实为刊名）相同，但"刊书年岁"前者为"1873～1877
年"，后者接续为"1878～1879 年"，故视为两种文献，分别著录两条款
目。由于《译书事略》截至 1879 年 6 月底，后者尚未最终成编，所以
"每书本数"与"每书连史纸价钱"两项内容皆付厥如。第九七种《新
闻纸》即报纸；《西事撮要》未解何物，但 1833 年传教士马礼逊尝撰
《英事撮要》，"是十九世纪前半期介绍西洋制度"的译著。④ 据此，《西
事撮要》当为西国政事之荟要，该书"刊书年岁"为"1879～1879 年"，
即从 1879 年到 1879 年，作者不径称"1879 年"，正是要强调其连续出
版的性质。

其次，强调西学的趋新特征，注意书目的续编工作。

西学"力今""胜古"，傅兰雅亦强调西学之"新"，故每言"西国所
出格致新书"；"内有数卷太略且近古，所有新理、新法多未列入"。⑤ 又
曰："盖利马窦诸人著格致书后，越有二百余年，此时内泰西格致大兴，
新理迭出，而中国尚未之知也。"⑥ 正是意识到西学"新理迭出"，《译书
事略》不仅著录"已刊成出售之书"（如表 3-2 所示），亦著录"已译成

① 姜鸣：《李凤苞》，沈渭滨主编《近代中国科学家》，上海人民出版社，1988，第 161 页。
② 李章鹏：《"列国岁计政要"的翻译出版及其意义》，《统计研究》2015 年第 9 期，第
104～109 页。
③ 原付川、姚远、卫玲：《〈西国近事汇编〉的期刊本质及其出版要素再探》，《今传媒》
2010 年第 5 期，第 104～106 页。
④ 钱存训：《近世译书对中国现代化的影响》，《文献》1986 年第 3 期，第 176～204 页。
⑤ 傅兰雅：《江南制造总局翻译西书事略》（一），《格致汇编》，1880 年第 5 期，第 10～
11 页。
⑥ 傅兰雅：《江南制造总局翻译西书事略》（一），《格致汇编》，1880 年第 5 期，第 10～
11 页。

未刊之书"（如表 3-3 所示）和"未译全之书"（如表 3-4 所示），表 3-4
"百四五"《造汽机等手工》似尚未最终确定书名，亦得见著于录。

这种在时间上刻意接续前者，从而网罗翻译馆全部译刊文献的意识，
还体现在书目的续作之中。如本章第二节所述，《译书事略》之后，1902
年《江南机器制造总局书目》、1905 年魏允恭《江南制造局记》、1909 年
陈洙等《江南制造局译书提要》、1912 年《上海制造局译印图书目录》都
是针对翻译馆"新译新刻"文献而及时更新编制的目录。

二　著录内容

由表 3-2 可知，已刊成出售之书的著录内容包括书名、撰书人名（原
作者）、译书人名、笔述人名、刊书年岁、每书本数及每书价钱共七项。
但针对不同的图书，七项内容又每有变通。例如，表 3-3"已译成未刊之
书"45 种和表 3-4"未译全之书"13 种皆非汉文出版成品，故未列出
"刊书年岁"和"价钱"，且"撰书人名"信息也省略了。又如，表 3-5
"中国人的汉文西学著述五种"图书则没有"译书人名"和"笔述人名"
信息。再如，第十二种《开方表》没有"撰书人名"和"笔述人名"；第
五十八种和五十九种皆为《光学》（附视学诸器说），但作者分别为英国田
大里和英国西里门，故作为不同文献，分别著录为两条款目。

七项内容中的"译书人名"和"笔述人名"反映了当时"西人与华
士同译"的现实，即西人"以西书之义逐句读成华语，华士以笔述之"。
华人还负责"将（译成）初稿改正润色，令合于中国文法"，① 更好地满
足中国读者的需要。

"每书价钱"一项表明该目是营业目录。所谓营业目录，即"图书翻
译出版、发行以及旧书业为介绍推销图书而编成的统计登记"。②

值得指出的是，《译书事略》七项著录内容中没有"圈识""识语"
乃至提要等旨在进一步介绍图书内容的文字。姚名达指出："中国古代目
录学之最大特色为重分类而轻编目，有解题而无引得。"③ 解题"把文本视

---

① 傅兰雅：《江南制造总局翻译西书事略》（二），《格致汇编》，1880 年第 6 期，第 9~
　　11 页。
② 孟昭晋：《书业书目概说》，《青海图书馆》1982 年第 3 期，第 45~48 页。
③ 姚名达：《中国目录学史》，上海书店出版社，1984，第 404 页。

为体验的对象，努力追求'写意'的效果，具有明显的主体维度"。① 说明无解题的《译书事略》主要定位在供"检阅"的书目工具层次之上，基本属于客观主义的形式目录，鲜有主观介入的动机。

三　分类及其学科化认知

（一）宏观上的西学门类及其格致的广狭二义

首先，广义的西学包括教门、国政和格致三大类别。

傅兰雅说："中国自古以来最讲求教门与国政，若译泰西教门与国政则不甚难，况近来西国所有格致门类甚多、名目尤繁。"② 这里，教门即宗教，国政即经世致用的社会科学。这里的教门、国政和格致，就是傅兰雅眼中西学的主要门类。但傅兰雅相信："把科学著作译介给中国人，对那些在中华帝国寻求利益的外国人兴办的慈善事业中，无疑是最有效的工作。"③ 他属意的"科学著作"，主要即是指格致。"惟冀中国能广兴格致，至中西一辙耳"，④ 既是他真实心声的写照，也迎合了洋务官员"制器为先"的西学需求。据统计，"除基础科学和应用科学外，翻译馆还兼及社会科学。在 1868~1912 年的 40 余年间，翻译馆印制的 241 种书籍中，约50 种是政治、法律和军事等文科书籍，约占全部译书的 20%"，⑤ 但"约50 种"社会科学文献主要是 1880 年之后译印的。傅兰雅认为，西学总体上包括教门、国政与格致三大板块，梁启超《西学书目表》对西学"学、政、教"三分的宏观认识正是缘此而来。但《译书事略》以翻译馆译刊文献为对象，主要由"格致"构成。

其次，《译书事略》专收翻译馆实际译刻的格致类西学文献，而格致又有广狭二义。

---

① 傅荣贤：《论古代提要和现代摘要的文献观》，《图书情报工作》2016 年第 6 期，第 26~31 页。
② 傅兰雅：《江南制造总局翻译西书事略》（一），《格致汇编》，1880 年第 5 期，第 10~11 页。
③ 〔美〕班乃特：《傅兰雅译著考略》，哈佛大学东亚研究中心，1967，第 23 页。
④ 傅兰雅：《江南制造总局翻译西书事略》（一），《格致汇编》，1880 年第 5 期，第 10~11 页。
⑤ 张美平：《江南制造局翻译馆的译书活动及其影响》，《中国科技翻译》2009 年第 4 期，第 48~51，41 页。

在《译书事略》中，狭义的格致指自然科学及其各门类，广义的格致则包括自然科学（狭义的格致）和应用技术（制造）两大部分，所以，《译书事略》每言"制造与格致"，如曰："同治元年三月时有谕旨下，命两江总督稽察两省才能之士能通晓制造与格致之事者，举为国用……令考究泰西制造与格致所有益国之事。"格致和制造，一为学理一为应用，故又称"新理、新法"，如曰："徐君父子（寿、建寅）已有此能，则于制造与格致之学可谓精明而无出乎其右者矣。然其心犹未足，以为见闻尚浅，故屡至上海搜求西国新理、新法。"①

傅兰雅屡言"格致与制造""新法与新理"，事实上是将西方广义的格致区分为学理（狭义的格致）和应用技术两个方面的，表3-8中的第一个类目"算学测量"就是算学（学理）和测量（应用技术）的结合。徐珂《清稗类钞》曰："无锡徐雪村（徐寿），精理化学，于造船、造枪炮弹药等事，多所发明，我国军械既赖以利用，不受西人之居奇抑勒。顾犹不自满，进求其船坚炮利工艺精良之原，始知悉本于专门之学，乃创议翻译泰西有用之书，以探索根柢。"② 徐珂判分学理（学）和技术（术）两者的关系：因"精理化学"而"于造船、造枪炮弹药等事，多所发明"，"专门之学"实为"船坚炮利工艺精良之原"。亦即，"学"是"术"的学理基础。可以肯定，这一认知，是符合傅兰雅本意的。但因傅氏书目只有15个类目，所以他的"格致与制造"或"新法与新理"二分的认识未能在类目中显现殆尽。事实上，中国古代即有学术二分的思维，这与传统哲学的"道器观"密切相关。例如，清人章学诚"辨章学术考镜源流"中的"学"主要是虚理，"术"主要是实事。③ 但章氏又从道器的角度对虚理、实事予以分辨，如其曰："（《汉书·艺文志·兵书略》）权谋，道也；技巧，艺也。以道为本，以艺为末，此始末之部秩也。"④

---

① 傅兰雅：《江南制造总局翻译西书事略》（一），《格致汇编》，1880年第5期，第10~11页。

② 徐珂：《清稗类钞》（第八册），中华书局，1986，第4032页。

③ 傅荣贤：《"辨章学术考镜源流"正诂》，《图书馆理论与实践》2008年第4期，第53~56页。

④ 章学诚：《校雠通义》，王重民通解，傅杰导读，田映曦补注，上海世纪出版集团，2009，第126页。

（二） 以学科化为分类原则

表 3-8　"论译书各数目与目录"分类类目及各类文献已刊和未刊之数

序号	类别	已刊数	未刊数	序号	类别	已刊数	未刊数
1	算学测量	22	2	9	汽机	7	3
2	化学	5	1	10	地理	8	0
3	地学	5	0	11	天文行船	9	3
4	博物学	6	4	12	医学	2	1
5	工艺	13	9	13	水陆兵法	15	9
6	新闻纸、年代表	6	1	14	造船	0	3
7	国史	0	5	15	交涉公法	0	2
8	零件	0	0	总计		98	43

表 3-8 所列十五个类目虽缺乏相对完整的体系且各类收书不均，但傅兰雅将"已刊""已译未刊"和"未译全之书"的翻译馆译、印书籍"依各门之学而列一表"，[1] 是完全根据"各门之学"的学科化原则分类的，从而也突破了传统四部分类体系。他说："所译者多零件新书，不以西国门类分列。"[2] 事实上，十五个类目中，除"零件"之外的类名基本都是西方学科化的名目。相比而言，《四库全书总目》和 1875 年张之洞《书目答问》等书目以著录中籍为主，个中偶涉之西学文献，都是被安插在经史子集四部（张之洞增益"丛书"为五部）框架之下的。例如，在《书目答问》中，《新译西洋兵书》五种入子部兵家、《泰西水法》六卷入子部农家、《新译几何原本》十三卷《续补》二卷入子部天文算法，说明西学是中学之"体"体系下的"用"。而《译书事略》完全根据西方学科化原则设置类目和分类文献，其学术史意义在于：既然西学是不同于中学的独立体系，西书就不能被纳入针对中籍才具有合法性的四部体系。

（三） 因书设类

傅兰雅对"西学"体系虽有相对完整的认知，但翻译馆为了迎合洋务

派"自强"的诉求，主要聚焦于广义的格致，并围绕与军工有关的学理与技术而展开图书的译印工作，这既是《译书事略》的编目前提也决定了它可能的类别选择。由此导致的"因书设类"，既使类目设置缺乏学科系统性，也带来了各类目实际著录文献数量的多寡不均。

首先，缺乏学科系统性。

傅兰雅指出："平常选书法为西人与华士择其合己所紧用者，不论其书与他书配否，故有数书如《植物学》《动物学》《名人传》等，尚未译出。"所以，植物学、动物学、人物传记等类目皆不见胪列。另外，"博物学"类目实际收录《声学》《光学》（2 种）、《三才纪要》《电学》《格致启蒙·格致》6 种文献，实为物理学及其各分支学科，但因各分支门类所收文献颇少而没有列出声学、光学等小目。翻译馆以广义的格致类西书为对象，而"西国所有格致门类甚多、名目尤繁"，① 远非表 3-8 所列十五个类目所能包举。可以肯定，"因书设类"的文献前提性决定了《译书事略》所分十五个类目是缺乏学科系统性的。

其次，各类目著录文献的数量多寡不均。

诚然，官方主导的洋务派文化战略决定了翻译馆译印图书的对象范围，后者又是《译书事略》类目设置的前提，并决定了各类目图书的数量。傅兰雅曾曰："另有他书虽不甚关格致，然于水陆兵勇武备等事有关，故较他书先为讲求。"② 因此，如表 3-8 所示，算学测量（22/2）与医学（2/1）两个类目实际著录文献数量即多寡悬绝；造船（0/3）、国史（0/5）、交涉公法（0/2）等类目则典型地反映了译印先后的刻意选择，它们皆未有已刊成品，但又各有数量不等的待刊之书。如果说，造船类"已刊"和"未刊"文献之比为 0∶3，是因为"造船方面的技术过于专门化，西方译员也不是专业技术人员，他们也需要一个学习过程"，③ 因而跟作者对"造船"文献重要性的认识关系不大；国史（0/5）、交涉公法（0/2）皆未有译成之作而只有待译西文原书，则直接与作者对两类文献"紧要"性的判定有关。

---

① 傅兰雅：《江南制造总局翻译西书事略》（一），《格致汇编》，1880 年第 5 期，第 10~11 页。

② 傅兰雅：《江南制造总局翻译西书事略》（一），《格致汇编》，1880 年第 5 期，第 10~11 页。

③ 张增一：《江南制造局的译书活动》，《近代史研究》1996 年第 3 期，第 212~223 页。

（四）空列类目以弥补"因书设类"导致的类目局限

《译书事略》15 个类目的最后三类，皆只有西文原著而无汉译成品，有些甚至尚未着手翻译，但傅兰雅亦设类目予以著录，见表3-9。

表 3-9　国史等三类未刊、未译之书

各门等书	已刊成者		尚未刊者		未译全者	已译全者
国史等书	○（部）	计○（本）	五部	计十八本	○（部）	计○（本）
交涉公法等书	○（部）	计○（本）	二部	计二十六本	○（部）	计○（本）
零件等书	○（部）	计○（本）	二部	计二本	○（部）	计○（本）

表3-9所列，显示傅氏书目既立足现实，亦放眼未来，具有较长远的愿景规划，也在一定程度上弥补了"因书设类"而导致的类目有限性，这对后世西学书目具有深刻的影响。梁启超《西学书目表》即明确提出了"钩悬其目"的概念，即将虽未有汉译成品但亟待补充的文献类目列出，以提请翻译和出版。

四　《译书事略》的书目性质

蔡元培认为，"自汉以来书目存者虑有四家"，除了以《汉书·艺文志》为代表的"藏书之目"和以《通志·艺文略》为代表的"著书之目"以外，另两种书目类型是："一曰译书之目，如隋《众经目录》《开元释教录》是也；一曰买书之目，如《书目答问》是也。海禁既开，西儒踵至，官私译本书及数百，英傅兰雅氏所作《译书事略》尝著其目，盖《释教录》之派而参以《答问》之旨者也。"[1] 但必须指出的是，蔡先生的认识并不符合实际。

首先，《译书事略》不是"盖《释教录》之派"的译书之目。

所谓"盖《释教录》之派"是指，正像唐释智升《开元释教录》将与传统儒家文明相异质的佛教典籍独立编目一样，《译书事略》亦将作为异域文明的西学文献另行编目，从而与传统四部体系"分道扬镳，不相为谋"。[2] 虽然《开元释教录》是宗教目录，但蔡元培着眼于佛教翻译的角度

---

[1]　蔡元培：《东西学书录序》，《蔡元培全集》（第1卷），浙江教育出版社，1997，第224页。

[2]　姚名达：《中国目录学史》，上海书店出版社，1984，第217页。

强调其"译书之目"的性质，以便与《译书事略》形成对比，可谓抓住了问题的实质。但正如上文所述，98 种"已刊成者"中既包括傅兰雅认可的5 种中国人撰述的西学文献（如表 3-5 所示），亦包括被傅兰雅"误翻刻书为译书"的 7 种实为中国人撰述的西学文献（如表 3-6 所示），两者（12 种）占到总数 98 种的 12% 强。因此，《译书事略》并不是严格意义上的"译书之目"，称之为"西学书目"也许更为妥切。傅兰雅在《源流论》中还提及未被列入书目的中国人所著西学著作另有贾步纬《诸曜通书》《行海通书》《算学表》、李壬叔《新著算书》，等等。表明傅兰雅并不是以学术主体（中国人或西方人）为关注焦点，而完全措意于图书内容是否属于"西学"的范围。相应地，图书的文种（汉文或西文）以及是否一定是"译作"，亦非其唯一的究心所在。就此而言，蔡元培以"译书之目"定位《译书事略》并不十分准确。同样，梁启超《西学书目表》中有"中国人著书言外事，其切实可读者，亦略有数十种"。① 徐维则《东西学书录》以及"顾燮光补之"的《增版东西学书录》皆有附录二卷，著录"中国人辑著书"；顾燮光《译书经眼录》八卷中的最后一卷（第八卷）则有"本国人辑著书"。姚名达将它们归入"译书目录"，② 亦不完全符合事实。

其次，《译书事略》不具"参以《答问》之旨"的导读性质。

所谓"参以《答问》之旨"是指，《译书事略》具有类似《书目答问》应答诸生"应读何书，书以何本为善"③ 的推荐和导读性质。傅兰雅在第二章《论译书之法》中指出："已译成之书大半深奥，能通晓之者少，而不明之者多。故数年前设有《格致汇编》，将格致要端以简法译成，凡初学者可藉为阶进……又有《格致启蒙》数种，为林乐知所译，亦有益于初学。近来设有益智书会，欲刊之书尤合于初学之用。"④ 可见他确实重视阅读指导工作。他还说，《益智书会拟著各种书目录》所著录的四十二种书，"今有数种已刊将成，拟成后分寄各埠出售，书皆清浅易明，价亦十分公道，最合于初习格致及幼学童蒙所用，已议定在美华书馆为总售之

---

① 梁启超：《西学书目表》，中国史学会编《戊戌变法》（一），上海人民出版社，2000，第 448 页。

② 姚名达：《中国目录学史》，上海书店出版社，1984，第 315~320 页。

③ 张之洞撰，范希曾补正《书目答问补正》，上海世纪出版集团，2010：略例：1。

④ 傅兰雅：《江南制造总局翻译西书事略》（二），《格致汇编》，1880 年第 6 期，第 9~11 页。

所，复分寄各埠镇托西人代售也"，① 亦无疑属于导读性话语。

然而，作为书目的"论译书各数目与目录"，只是根据翻译馆的译印图书据实而录。类似于"有其书则著于录"的藏书目录，翻译馆"已刊成""尚未刊""未译全"的全部 156 种 （98+45+13）文献，是书目著录的"客观前提"，书目作者并没有主观"选择"的余地。例如，《译书事略》提及南京书局刊印的"利马窦与伟烈亚力所译《几何原本》及伟烈亚力之《代微积》并艾约瑟之《重学》"，② 因非翻译馆所译印，故未见著录，因而并不像《书目答问》那样具有"著录什么或不著录什么"的主观选择。一个显例是，"初译书时，本欲作《大类编书》（大英百科全书）"，但考虑"内有数卷太略且近古，所有新理、新法多未列入，故必察更大更新者始可翻译。后经中国大宪谕下，欲馆内特译紧要者"。《源流论》中也提到"李中堂数次谕特译某书"。出于对"中国大宪"意志的趋附，翻译馆"平常选书法，为西人与华士择其合己所紧用者"。③ 所谓"紧要者"或"紧用者"，主要是格致、制造，即自然科学与技术，尤其指与军工有关的学理与技术，可从表 3-8 所分类目窥其一斑。而这也与洋务派出于"自强"动机的西学诉求合若符节。正如李鸿章所云："最要为算学、化学、汽机、火药、炮法等编，因属关系制造；即如行船、防海、练军、采煤、开矿之类，亦皆有裨实用。"④ 显见，关于"译印什么及其先后次序"的主观选择更多地体现了"中国大宪"的意志，傅兰雅只是在既定前提之下编制后续总结性质的书目，因而不具有推荐或导读的性质。

而《书目答问》则明确以推荐和导读为己任，除了通过选择性著录表达主观见解，还通过分类、小注、按语等书目因素伸张主观意志。例如，《国朝石经》"十三经皆备，文字多依古本，与通行本多异，极精核"、《说文解字》"孙本最善，陈本最便"，⑤ 即是用小注的形式揭示读书门径；

---

① 傅兰雅：《江南制造总局翻译西书事略》（四），《格致汇编》，1880 年第 8 期，第 9~11 页。
② 傅兰雅：《江南制造总局翻译西书事略》（一），《格致汇编》，1880 年第 5 期，第 10~11 页。
③ 傅兰雅：《江南制造总局翻译西书事略》（一），《格致汇编》，1880 年第 5 期，第 10~11 页。
④ 李鸿章：《上海机器局报销折》，顾廷龙、戴逸编《李鸿章全集》（第 6 册，奏议六），安徽教育出版社，2008，第 413 页。
⑤ 张之洞撰，范希曾补正《书目答问补正》，上海世纪出版集团，2010，第 41、43 页。

子部"兵家第三""法家第四"、史部地理类下所分"水道""边防""外纪"等小目,则是通过分类类别的先后,突出"什么是重要的知识"。然而,这些书目元素在《译书事略》中皆不存在。基本上,《译书事略》是以学科化为原则,对特定范围内的一批相关西学文献进行分类编目,据实而录、客观罗列书目清单是其职志所在,因而并没有推荐或导读的性质。事实上,一部书目的性质只能由编目动机决定,《译书事略》亦不例外。

总体而言,傅兰雅的编目动机主要包括下述两个方面。

第一,报导翻译馆译刊西学书籍的信息。

傅兰雅曰:"尝有西人书缄频寄,讯此馆之源流,问译书之理法,究察所用各物之名,访求所译西书之目。"① 在总体列出类目及各类已刊成者、尚未刊者、未译全者、已译全者的具体数量之后,他又指出:"以上所述,为十二年在局内译书事之大略,乃自撰西书一册,并非华官派作,盖屡有西人视中国考究西学,甚为要事,故频问讯颠末。又有西士欲自译书,因未深悉局内已成诸书,恐有重复,是故撰成此册,以便诸士有所核察,别无他意。"② 显然,傅兰雅编制目录的动机之一是通报翻译馆译刊西学书籍的情况,以避免其他人翻译西书时与翻译馆业已译印(或拟将译印)之书重复。在第四章"论译书各数目与目录"中,另附《益智书会拟著各种书目录》《寓华西人自译各书目录》两种目录,也是出于同样的动机,他说:"此各书名,有已定者,有未定者。兹惟按书原义配成各名,以便阅者悉其梗概。"③

第二,作为营业书目,介绍和推销图书。

傅兰雅在《序》中指出:"局中书名依类附入,并录以撰书人名、译书人名、笔述人名、刊书年岁及每书本数、每书价钱。另有局外所译之书,亦登其目录,以便西人有所检阅,不必另向他书搜求。"④ 又曰:"制

① 傅兰雅:《江南制造总局翻译西书事略》(一),《格致汇编》,1880年第5期,第10~11页。

② 傅兰雅:《江南制造总局翻译西书事略》(二),《格致汇编》,1880年第6期,第9~11页。

③ 傅兰雅:《江南制造总局翻译西书事略》(四),《格致汇编》,1880年第8期,第9~11页。

④ 傅兰雅:《江南制造总局翻译西书事略》(一),《格致汇编》,1880年第5期,第10~11页。

造局内所译西书已刊成者九十八种，业列前《汇编》中，以便好者有所检阅。此各书在局内俱有出售。惟远处诸君常有欲观不得、欲购不能者，是以格致各书，消尚未广，好学之士，志有莫遂。今欲代人成美，襄助同好，一则可以消售见广，一则可以格致大兴。"① 在列出"已刊成出售之书"（表3-2）后，傅兰雅指出："以上各书在上海制造局与格致书院及美华书馆并精一阁等处俱有出售。"② 作者还严格区别译、刊，"已译成未刊之书"45种是独立统计的；在表3-2"已刊成出售各书"中，则注明"每书连史纸价钱"，这些举措都与该目作为售书目录的定位直接相关。作者又指出，翻译馆所刊图书用纸有两种，"一为上等连史纸，另一种次者为赛连纸，较连史纸价扣八折。书用白丝线装订，较平常书籍格外精致，甚合于学士文人之用"，③ "价钱"项中虽只标出"每书连史纸价钱"，但赛连纸价钱可根据八扣的标准计算而得。

综上，《译书事略》既报道相关信息以避免他人重译、重刊；亦作为售书目录，提供相关图书信息以便读者购求，这是其书目的本质所在。相比而言，《西学书目表》等后世西学书目也有"取便购读"的性质，但更主要是以"导读"西书为己任，旨在通过特定的文献著录、分类等书目元素影响读者的阅读行为，最终达到转移社会风气的效果，因而也是书目作者作为学术精英，将自己的西学认知通过书目实现社会化和平民化的过程。

五　《译书事略》的目录学地位

蔡元培指出："海禁既开，西儒踵至，官私译本及数百，英儒傅兰雅氏所作《译书事略》尝著其目，盖《释教录》之派而参以《答问》之旨者也。其后或本之以为《表》，别部居，补遗逸，楬精沽，系读法，骎骎乎蓝胜而冰寒矣。吾友徐子以为未备，自删札记之要，旁采专家之说，仿《四库全书简明目录》之例以为《书录》，补两家之漏而续以近年新出之书及东人之作，凡书之无谓者、复重者、互相证明者皆有说以明之。"④ 如上

① 傅兰雅：《江南制造总局翻译西书事略》（四），《格致汇编》，1880年第8期，第9~11页。
② 傅兰雅：《江南制造总局翻译西书事略》（三），《格致汇编》，1880年第7期，第9~11页。
③ 傅兰雅：《江南制造总局翻译西书事略》（二），《格致汇编》，1880年第6期，第9~11页。
④ 熊月之：《晚清新学书目提要》，上海书店出版社，2014，第3页。

所述,《译书事略》既不是"盖《释教录》之派"的"译书之目",也不是"参以《答问》之旨"的导读目录,它只是旨在报道翻译馆译、刊西学书籍信息以及作为营业书目介绍和推销图书的书目清单。然而,"其后"梁启超"本之以为"西学书目"表",所谓"别部居"即根据西方学科化原则分类图书;"补遗逸"即《西学书目表》在《译书事略》的基础上补充了1879年6月到1896年的西学文献;"褐精沽"是说这种补充著录既有甄别性的选择、又有欲求其穷的搜考;"系读法"是指《西学书目表》后附《读西学书法》分析西书各学科门类的关系,评价各书得失及译文优劣,并指导应读何书、何书应先读等问题。"骎骎乎蓝胜而冰寒矣"是指《西学书目表》以降,《日本书目志》《东西学书录》《新学书目提要》等大量西书独立编目的成果问世,成为书目的主流类型,从而以书目的形式确认西学是独立于中学的体系。诚如姚名达指出,《西学书目表》"对时人曾发生极大之影响。受其启发而研究西学者遂接踵而起。目录学家亦受其冲动,有改革分类法者,有专录译书者。沈桐生撰《东西学书录提要总叙》,徐维则撰《东西学书录》,顾燮光补之,近年犹刊其旧著《译书经眼录》焉"。①

姚先生又指出,1895年"康有为撰《日本书目志》,遂首创新分类法";"又明年(1896),梁启超撰《西学书目表》"。② 姚名达将康有为《日本书目志》视为"遂首创新分类法",一度成为学界的主流观点,但1982年有学者指出:"《日本书目志》成书发表年代晚于《西学书目表》。这样,姚名达在《中国目录学史》一书中认为首创新分类法的是康有为,现在看来应是撰《西学书目表》的梁启超。"③ 自此厥后,学界普遍相信,"《西学书目表》实为我国近代目录学新分类法的首创"。④

然而,《西学书目表》是对傅兰雅《译书事略》的起而仿效,《译书

① 姚名达:《中国目录学史》,上海书店出版社,1984,第320页。
② 姚名达:《中国目录学史》,上海书店出版社,1984,第143页。
③ 罗权松、林申清:《〈日本书目志〉与〈西学书目表〉成书先后问题》,《图书馆杂志》1982年第3期,第53页。唯该文认为《日本书目志》"刻成于1897年冬",但姜义华和熊月之皆认为《日本书目志》是由大同书局首版于1898年春。见熊月之《晚清新学书目提要》,上海书店出版社,2014,《序言》第3页;康有为:《日本书目志》,姜义华、张荣华编校《康有为全集》第三集,中国人民大学出版社,2007,《卷首按》。
④ 李立民:《近代目录学史的研究进展(1840-191)》,《图书情报工作》2009年第21期,第63~67页。

事略》才是我国西学图书独立编目之始。而后世西书独立编撰的书目之作又是以《西学书目表》为北辰的，堪称梁启超目录学思想的注脚。姚名达基于民族主义立场的近代书目史书写，无疑掩盖了《译书事略》的历史地位。

第四节 梁启超《西学书目表》①

1896 年梁启超发表《西学书目表》，内容包括《序例》、正表、附卷、《读西学书法》和《后序》五个部分。

一 《西学书目表》概况

（一）《序例》

《序例》类似于前言或叙论，交代书目的编撰缘起、编撰目标、译书机构以及与书目直接相关的分类、著录等方面的问题。

（二）正表

正表收录"通商"以来截至 1896 年所译西书"略三百种"，包括上卷"西学"129 种，中卷"西政"168 种，下卷"杂类"54 种，总计 351 种。所谓"通商"，亦称"海禁既开"，字面意思是指 1842 年《南京条约》开放五处通商口岸，但实际主要指 1861 年清政府设立总理各国事务衙门开启洋务运动以后截至 1896 年之间，江南制造局、同文馆以及西人所译西学图书，也就是《西学书目表》反复言及的"至今二十余年""二十年前"之西书。

（三）附卷

附卷所收图书主要包括三大部分。一是"通商"以前的"明季国初利、艾、南、汤诸君，以明历见擢用，其所著书，见于《天学汇函》《新法算书》者百数十种"，实际为 86 种；二是"制造局、益智书会等处，译印未成之书百余种"，实际为 88 种；三是"通商以来，中国人著书言外事，其切实可读者，亦略有数十种"，实际为 119 种。三者总计 293 种，

---

① 傅荣贤：《梁启超〈西学书目表〉学、政、教三分体系论》，《图书情报知识》2017 年第 2 期，第 42~48 页。

"掇拾荟萃，名为附卷"。① 其中，"中国人著书言外事"达 119 种之多，"方闻之士所不屑道"的"中国人言西学之书"则"概不著录"。因此，中国人所著西学书籍的实际数量远不止于此。

（四）《读西学书法》

《西学书目表》"后附札记数十则"，是为《读西学书法》，"乃昔时答门人问之语，略言各书之长短及某书宜先读，某书宜缓读，虽非详尽，初学观之，亦可以略识门径"② 的内容。概因《西学书目表》以列"表"的形式推荐和导读"西学书"，并没有为著录各书撰写提要。作为补偿，《读西学书法》以例证的形式，选择性地为个别西书撰写了内容精审的提要。如《泰西新史揽要》，其曰："述百年以来欧美各国变法自强之迹，西史中最佳之书也。惜译笔繁芜，眩乱耳目，苟得能文者删润之，可去其半。《列国变通兴盛记》，其名甚动人，然书中惟记俄罗斯、日本二篇足观，其他则亡国之余，而以为兴盛，于名太不顺矣"。③

梁启超还集中论述和总结某类西书的特点，以期收到指导阅读之效。例如，"变法之本原曰官制、曰学校。官制之书，尚无译本，惟徐仲虎之《德国议院章程》近之，然议院不过官制之事，徐书又仅言开院之例，未及其他也。惟《英法政概》《日本国志》中略述一二。学校之书有《德国学校》一书分门别类，规模略具。近印之《文学与国策》为日本兴学取法之书，然多闲文矣。"④ 既指出关乎"变法"的官制、学校二类文献的价值，也指出"尚无译本"的遗憾；同时，又以举例的形式论述了一批相关文献的内容及其得失。又如，"西人凡百政事，皆有章程颁行省署，其定章之始，既已精详审慎，又复随时修改，有司奉行不少假借，其不可奉行者应时改之，此西政之所以善也。今欲变法，莫亟于多译章程之书，得以取资"。⑤ 指

---

① 梁启超：《西学书目表》，中国史学会编《戊戌变法》（一），上海人民出版社，2000，第448 页。

② 梁启超：《西学书目表》，中国史学会编《戊戌变法》（一），上海人民出版社，2000，第451 页。

③ 梁启超：《西学书目表》，中国史学会编《戊戌变法》（一），上海人民出版社，2000，第455 页。

④ 梁启超：《西学书目表》，中国史学会编《戊戌变法》（一），上海人民出版社，2000，第455 页。

⑤ 梁启超：《西学书目表》，中国史学会编《戊戌变法》（一），上海人民出版社，2000，第455 页。

出"章程"类图书是西方善政之源，从而倡议"多译"，以因应变法之需。

（五）《后序》

《西学书目表》重在推荐、导读西籍，并将"多译""多读"西书提升到了关乎国家富强、学子自立的高度。但他的《后序》开篇即曰"吾不忍言西学"，因为"今日非西学不兴之为患，而中学将亡之为患"。[①]《后序》专论中西二学之关系，可视为对《西学书目表》过分信奉和追捧西学的纠偏。

首先，他分析了"中学之不自立"的原因。其曰："中学之不自立，抑有故焉。两汉之间，儒者通经以经世，以《禹贡》行水，以《洪范》察变，以《春秋》折狱，以《诗》三百五篇当谏书，盖六经之文无一字不可见于用，教之所以昌也。今之所谓儒者，八股而已，试帖而已，律赋而已，楷法而已……是则中国之学，其沦陷渐灭一缕绝续者不自今日，虽无西学以乘之，而名存实亡，盖已久矣。"[②] 两汉儒者以经世致用为治学取向，后世八股、试帖、律赋、楷法导致"中学之不自立"，从而为"变法之本原曰官制、曰学校"张本。

其次，他指出传统经、史、子，皆有精髓和要义值得挖掘，并举例指出："《春秋》之义，议世卿以伸民权，视西人之贵爵执政分人为数等者何如矣。古之埃及、希腊，近今之日本，皆有分人数等之弊，凡国有上议院者皆未免此弊，盖上议院率世族盘踞也，英至今未革，俄犹甚。疾灭国、疾火攻，而无义战，视西人之治兵修械争城争地者何如矣？自余一切要政，更仆难尽。夫以士无世官之制，万国太平之会，西人今日所讲求之而未得者，而吾圣人于数千年前发之，其博深切明，为何如矣。然则孔教之至善，六经之致用，固非吾自祖其教之言也，不此之务，乃弃其固有之实学，而抱帖括、考据、词章之陋俗，谓吾中国之学已尽，于是以此与彼中新学相遇，安得而不为人弱也。"[③] 这是认为源头意义上的中国学术优于西

---

① 梁启超：《西学书目表》，中国史学会编《戊戌变法》（一），上海人民出版社，2000，第458页。

② 梁启超：《西学书目表》，中国史学会编《戊戌变法》（一），上海人民出版社，2000，第458~459页。

③ 梁启超：《西学书目表》，中国史学会编《戊戌变法》（一），上海人民出版社，2000，第459~460页。

方,"不此之务,乃弃其固有之实学"是不明智的。

最后,他指出:"舍西学而言中学者,其中学必为无用;舍中学而言西学者,其西学必为无本。无用无本,皆不足以治天下。"① 中西二学被定位在本和用的层次上,两者缺一不可。

总体上,梁启超对"中学"的表彰,承绪了康有为"复原"和恢复古圣"真精神"的思路,认为"今夫六经之微言大义,其远过于彼中之宗风"。② 其核心观点有二,一是认为,传统经、史、子诸籍皆为致用,其经世思想远胜西方;二是认为,后世帖括、考据、辞章之类不复经世致用法度,需要通过"复原"的功夫,回归典籍的原义。因此,他认为中学是本,西学是用。在学习西方的过程中,应该坚守民族本位和身份立场。他在《论中国学术思想变迁之大势》中亦曾指出:"凡一国之立于天地,必有其所以立之特质。欲自善其国者,不可不于此特质焉,淬厉之而增长之……不然,脱崇拜古人之奴隶性,而复生出一种崇拜外人蔑视本族之奴隶性,吾惧其得不偿失也。"③

二 《西学书目表》的书目内容

梁启超具有明显的淑世情怀,他要通过书目的编制解构沉沦的现实,襄助国家的富强和学子的自立。他虽然在《后序》中强调中学之"本"的地位,但《西学书目表》主要是从"用"的角度倡言"多译""多读"西书。而对西书价值的认知,又是书目编制的思想前提。总体上,他认为西书价值集中体现在下述几个方面。

第一,"西人声光、化电、农矿、工商诸学,与吾中国考据词章帖括家言相比"的学术差异导致中西"智愚之分,强弱之原"。④ 当然,这里的中学并非源头意义上的中学,而是被后儒"玷污"了的帖括、考据、辞章之学。

---

① 梁启超:《西学书目表》,中国史学会编《戊戌变法》(一),上海人民出版社,2000,第461页。
② 梁启超:《西学书目表》,中国史学会编《戊戌变法》(一),上海人民出版社,2000,第459页。
③ 梁启超:《论中国学术思想变迁之大势》,上海世纪出版集团,2006,第3页。
④ 梁启超:《西学书目表》,中国史学会编《戊戌变法》(一),上海人民出版社,2000,第447页。

第二，西书与西学密切相关，它们是西方"致治之本，富强之由"。因此，"国家欲自强，以多译西书为本，学子欲自立，以多读西书为功"。[1] 同样，旧籍与中学彼此鼓桴，它们是中国日趋沉沦的根本原因。他通过举证纪文达（纪昀）《四库提要》、阮文达（阮元）《畴人传》中有关自然科学的常识性错误，指出："若两公，固近今之通人也，而其智反出西人学童之下，何也？则书之备与不备也。"[2]

第三，基于"书之备与不备"的考虑，他呼吁广泛译印、阅读西书，并强调这就像孔子求百二十国宝书和《四库总目》收录明末清初译出的西方著作，实乃"礼失求诸野"，无须拒斥或感到不安。

第四，西书良莠不齐，因而阅读西书须得其法，而他的《西学书目表》正是为指示"应读之西书及其读法先后之序"[3] 而作。这一宗旨决定了《西学书目表》在书目体式上具有鲜明的个性特点，并通过著录、分类、圈识等目录元素，重点回应了应该读什么西书和怎么读西书的问题。

（一）著录范围

《西学书目表》的起点不是现实的馆藏文献，即不是某图书馆实际庋藏的图书，而是特定时空下实有的相关文献，由此形成的是选书目录和导读目录。因此，其著录对象和范围是经过作者选择的，而选择本身就包含着对西书的意义判定。总体上，《西学书目表》的文献著录大致以"通商"前后为断，并用正表和附表的形式予以区隔。

首先，正表著录通商以后所译西书。

梁启超分析了"通商"以来中国各出版机构译印书籍的内容取向和特点，他说："中国官局所译者，兵政类为最多。盖昔人之论，以为中国一切皆胜西人，所不如者，兵而已。西人教会所译者，医学类为最多，由教士多业医也。制造局首重工艺，而工艺必本格致，故格致诸书虽非大备，而

---

① 梁启超：《西学书目表》，中国史学会编《戊戌变法》（一），上海人民出版社，2000，第448页。

② 梁启超：《西学书目表》，中国史学会编《戊戌变法》（一），上海人民出版社，2000，第447页。

③ 梁启超：《西学书目表》，中国史学会编《戊戌变法》（一），上海人民出版社，2000，第447页。

崖略可见。惟西政各籍，译者寥寥，官制、学制、农政诸门，竟无完帙，今犹列为一门者，以本原所在，不可不购悬其目，以俟他日之增益云尔。"① 这是在分析各类出版机构译书情况的基础上，对西书译印现状的宏观性、体系性把握，并基于变法维新的现实需要，提议"西政各籍"亟待译出，从而也为翻译界和出版界反思译印西书的现实提供了书目依据。

梁启超承绪傅兰雅《译书事略》"空列其目"的方法，通过"购悬其目"提示某些门类西学的现实存在，从而以目录类别的形式指出了译书的缺失。"'购悬'一词本指'悬赏缉拿'，借以表示虚席其位，以待译印者补充。'竟无完帙'的'官制、学制、农政诸门'，他'购悬其目'，类目并非完全根据实际收书情况而设置"。② 其《读西学书法》曰："变法之本原曰官制、曰学校。官制之书，尚无译本。"③ 但仍列出官制、学校类目。这与传统书目"有其书方立其类"、类目设置与文献著录相一致的原则迥然而别。表明梁启超不仅要对译印的现有西书作价值论断，还通过书目积极干预西书的印译，能动地影响西书的翻译和出版。由此，书目不再是对现实图书的被动记录，而是根据主体认知，"现实地或观念地改变文献及其背后文化信息的'客观'面貌，框范甚至'纠正'读者对文献及其背后文化信息的接受与理解"。④

其次，附表著录明末清初所译诸书、通商以后"译印未成之书"和"中国人著书言外事"三部分西书。

其中，第一部分与正表所著录的文献主要以"通商"前后的时间为断，反映了对西书"愈出愈新""以知新为贵"的时间取向的考虑。第二部分"译印未成之书"从是否译出的角度来看，尚不是现实存在的文献（虽有外文原版但无汉译成品），这和所谓"购悬其目"具有一致的用意，表明《西学书目表》的文献收录并不限于"实存"图书。第三部分"中

---

① 梁启超：《西学书目表》，中国史学会编《戊戌变法》（一），上海人民出版社，2000，第499页。
② 傅荣贤：《梁启超〈西学书目表〉学、政、教三分体系论》，《图书情报知识》2017年第2期，第42~48页。
③ 梁启超：《西学书目表》，中国史学会编《戊戌变法》（一），上海人民出版社，2000，第455页。
④ 傅荣贤：《论图书馆的社会文化建构功能》，《图书情报工作》2015年第13期，第31~36页。

国人著书言外事"列入"西学"书目，表明"西学"不是从学术主体（西方人）的角度立说，而是从学术性质的角度着眼了。无论主体是中国人还是西方人，只要所著图书"言外事"或涉"西学"，如王仁俊《格致古微》四卷、华蘅芳《西算初阶》一卷和《算法须知》一卷等，即予收录，这也是接受了傅兰雅关于"西学"的认识。

最后，《西学书目表》既"购悬其目"又延及明末清初乃至"未刻"之书，力求著录全备。然而，他认为"中国人所著言西事之书"虽颇多"佳者"，但一方面，"近风气颇开，此种著述，亦日盛一日。然或学无本末，语无心得，互相沿袭，读之徒费时日"，[1] 转不如取读黄宗羲《明夷待访录》和龚自珍的《定庵文集》；另一方面，"坊间通行之本，有稗贩前人，割裂原籍以成书者，乃市侩射利之所为，方闻之士所不屑道，概不著录，以示谨严，非罜漏也"。[2] 梁启超只对"中国人言西学之书"品评等第、区分良莠，说明正表中"通商以来"的西书、附表中明末清初译出西书以及"译印未成"之书虽未必皆为精品，但它们的学术价值应该在"中国人言西学之书"之上。换言之，中国人的"西学"创作尚处于初级阶段，西学的创作主体仍然以西人为主。

（二）著录内容

《西学书目表》通过表格的形式列出书名、撰译人、刻印者、本数、价值（价格）、识语六项，形式颇为简洁，也符合其本身作为选书目录和导读目录的本质。在《序例》中，梁启超还重点说明了下述几条著录原则。

首先，"书目例标撰人名氏，今标译人，不标撰人者，所重在译也"，[3] 即重视译者而不标注原书作者。作者"所重在译"，说明翻译质量直接决定了图书的价值。这里涉及两个方面的问题：第一，近现代西方科学以探索客观知识为己任，作者只是"客观"知识的发现者和表述者而不是建构

---

① 梁启超：《西学书目表》，中国史学会编《戊戌变法》（一），上海人民出版社，2000，第457页。

② 梁启超：《西学书目表》，中国史学会编《戊戌变法》（一），上海人民出版社，2000，第450页。

③ 梁启超：《西学书目表》，中国史学会编《戊戌变法》（一），上海人民出版社，2000，第449页。

者，所以作者遂变得无足轻重。第二，当时的西书翻译往往附益了译者个人的见解，而不追求两种语言之间"忠实"的转换。最典型的例子是严复翻译的《天演论》，"是书经严几道（复）观察译而文之，纵横奥颐，大能达其旨趣，附著论说复能曲申其义例"，说明严复的翻译并没有完全恪守原作者赫胥黎（Thomas Henry Huxley，1825~1895）的思想，而是通过"文之"和"曲申其义例"的方式表达了自己的见解。因此，在《东西学书录》中，该书的责任方式不称"译"或"翻译"，而是称为"达指"。《天演论》二卷提要曰："英赫胥黎著，严复达指。"①

其次，"古书用卷子本故标卷数，后世装潢既异，而犹袭其名，甚无谓也，故今概标本数，不标卷数"。② 反映了书籍装帧的变迁以及作者与时俱进的学术心态，还体现了旧、新图书不仅是内容上的分野，也有图书形态上的区别。我们知道，今天所谓的"古籍"实际上包括两个部分，一是"1911年以前历朝的刻本、写本、稿本、拓本等"，二是"1911年以后的影印、排印的线装古籍"，③ 缘此定义，1911年以后翻刻的非线装古籍则不在"古籍"的范围之内。

再次，"目录家皆不著价值，盖所重在收藏，无须乎此。今取便购读，故从各省官书局之例，详列价值"。④《西学书目表》标注价值（价格），反映了其"取便购读"的本质。并且，"收藏家最讲善本，故各家书目，于某朝某地刻本至为断断，今所列皆新书，极少别本，仍详列之者，不过取便购读，与昔人用意微殊"，⑤ 这与其"取便购读"的编目动机也是一致的。

最后，"表下加识语，表上加圈识，皆为学者购读而设，体例不能雅驯，所不计也"。⑥ 例如，《西算启蒙》表上无圈识，表下识语曰："太浅

---

① 熊月之：《晚清新学书目提要》，上海书店出版社，2014，第139页。
② 梁启超：《西学书目表》，中国史学会编《戊戌变法》（一），上海人民出版社，2000，第450页。
③ 北京大学图书馆学系、武汉大学图书馆学系：《图书馆古籍编目》，中华书局，1985，第2页。
④ 梁启超：《西学书目表》，中国史学会编《戊戌变法》（一），上海人民出版社，2000，第450页。
⑤ 梁启超：《西学书目表》，中国史学会编《戊戌变法》（一），上海人民出版社，2000，第450页。
⑥ 梁启超：《西学书目表》，中国史学会编《戊戌变法》（一），上海人民出版社，2000，第450页。

不必读。"《数学启蒙》表上有三个圈识（○○○），表下识语曰："《数理精蕴》之节本，极便初学。"显然，表上加数量不等之圈识以示其重要程度，表下有"识语"指明各书优劣得失、程度深浅及读法，以为"读者之顾问"。圈识的有无及其数量的多少是跟识语对该书价值的判定相一致的。圈识一目了然，识语言简意赅，两者相得益彰，共同完成指示"学者购读"的导读任务。

（三）分类

《西学书目表》的分类一直是学界研究的重点，但其中仍有剩义值得挖掘。首先需要指出的是，梁启超使用了两套分类方案。

一是附表中的"中国人言西学之书，以游记为最多，其余各种，亦不能类别……区分为游记类、非游记类二门"，① 即将"中国人言西学之书"区分为"游记类"和"非游记类"二门，这也间接反映了所谓"中国人言西学"主要是采取了游记的形式述见闻、谈体会，专志研究西学的学术"专著"并不多。

二是正表中的"通商"以来西书以及附表中明末清初译出西书以及"译印未成"之书的分类，这是《西学书目表》分类的重点，也是本文的主要论述对象。总体上，梁启超将"译出各书，都为三类：一曰学，二曰政，三曰教。今除教类不录外，自余诸书分为三卷：上卷为西学诸书，其目曰算学，曰重学，曰电学，曰化学，曰声学，曰光学，曰汽学，曰天学，曰地学，曰全体学，曰动植物学，曰医学，曰图学；中卷为西政诸书，其目曰史志，曰官制，曰学制，曰法律，曰农政，曰矿政，曰工政，曰商政，曰兵政，曰船政；下卷为杂类之书，其目曰游记，曰报章，曰格致总，曰西人议论之书，曰无可归类之书"。② 由此可见，《西学书目表》的分类具有下述几大特点。

1. 宏观上的西学体系

第一，理念上的"学、政、教"三分和实际上的"学、政、杂"三分。

---

① 梁启超：《西学书目表》，中国史学会编《戊戌变法》（一），上海人民出版社，2000，第450~451页。

② 梁启超：《西学书目表》，中国史学会编《戊戌变法》（一），上海人民出版社，2000，第448页。

《西学书目表》将"译出各书，都为三类：一曰学，二曰政，三曰教"，"学、政、教"三类实即梁启超心目中"西学"的范围和层次。如上所述，这与傅兰雅"格致""国政""教门"的西学宏观分类也是一致的。其中，"教"与傅兰雅的"教门"直接对应，且《西学书目表》"教类不录"，也与傅兰雅"教门"不实际收书一致。"自余诸书分为三卷"，分别著录西学、西政和杂类，这跟他理念上的"学、政、教"三分体系并不等同。一般认为，学、政、杂三分是后世"自然科学、社会科学和综合性图书三大部类的雏形，这是我国图书分类体系的重要发展和进步"。① 然而，"学"诚然主要是指自然科学，但"'政'既包括史志、官制、学制、法律等社会科学的内容，也包括农政、矿政、工政、商政、兵政、船政等非社会科学的内容"。② 因此，毋宁说，他的"学"更像今天的理科，"政"则更像文科和工科。"杂"则既包括"游记""报章""西人议论之书"等体裁特殊、内容多元的文献，也包括像"格致总"这样内容明显不专主一类的图书。而"无可归类之书"既可能是内容上的多元也可能是体裁上的多元，因此，"杂类"并不是西学的学术类目，而只是出于图书分类的实际需要设定的，它与今天所谓"综合性图书"的概念不尽相同。

第二，"教类不录"，即不实际收录图书，但仍列其目。

一方面，"三曰教"，与"一曰学，二曰政"鼎足而三，说明"教"是组成广义西学的不可或缺的拼图，因而必须列有"教类"之目。另一方面，他认为受入世的传统文化熏陶的中国学者与西方宗教之间存在着天然的隔膜，因而"教类不录"。他在《论中国学术思想变迁之大势》一书中曾经指出："吾国有特异于他国者一事，曰无宗教是也。浅识者或以是为国之耻，而不知是荣也，非辱也。"③ 这就指明了包括"教"在内的广义"西学"并非全部可采。

2. 狭义的"西学"

《西学书目表》中的"西学"显然有广义和狭义之分。无论是理念上的"学、政、教"还是实际上的"学、政、杂"，其中的"学"都是狭义

---

① 程焕文：《晚清图书馆学术思想史》，北京图书馆出版社，2004，第193页。
② 傅荣贤：《梁启超〈西学书目表〉学、政、教三分体系论》，《图书情报知识》2017年第2期，第42~48页。
③ 梁启超：《论中国学术思想变迁之大势》，上海世纪出版集团，2006，第3页。

的，大抵近同于格致、（自然）科学或理科。这个狭义的"学"和政、教共同构成了"西学书目表"中之"西学"的完整体系，因而后者之"西学"是广义的。换言之，广义的"西学"是包括狭义的"西学"（格致）以及"西政"和"西教"三部分的相对完整的版图。

梁启超的狭义之"（西）学"即傅兰雅狭义的格致（自然科学），计分十三类。这十三个类目的门类之先后，"先虚而后实，盖有形有质之学，皆从无形无质而生也。故算学、重学为首，电化声光汽等次之，天地人（谓全体学）物（谓动植物学）等次之，医学、图学全属人事，故居末焉"。① 显然，形式结构上特定的次序安排，也是内容本体上的独特的意义表达。梁启超强调"先虚而后实"，即抽象无形的学理，前置于实像有形的学理，实际上就是根据实证程度的高低为原则的门类排序。所以，算学、重学类目置于学类之首。梁启超又以天地人物为次，安排天学、地学、全体学、动植物学四个类目的次序，而医学、图学属于人事，故缀于学部之后。无疑，在梁启超看来，狭义的"西学"是一个层次分明、逻辑清晰的统一体系，对细目的厘定和排序不能停留在简单罗列的水平之上。

3."西政"

梁启超的"西政"计分十类，即：史志、官制、学制、法律、农政、矿政、工政、商政、兵政、船政。② 显见，"西政诸书"是傅兰雅"格致与制造"或"新法与新理"意义上的"制造"或"新法"的扩展。"由于官制、学制、法律等制度性内容的介入，'制造'意义上的技、术、艺之能指，已经不足以表达所指，故改称为'政'以求名实相副"。③

首先，"西政诸书"十类之中除了"以通知四国为第一义"的"史志"之外，其余九类的一个最大特点是"见诸行事"，具有现实的可操作性和可执行性，而操作和执行的有效性也是其反省的唯一维度。相对而言，"学"的最大特点是"空言其理"，以真实性为其唯一反省维度，关注的是对错或是非问题而不是事功意义上的效率问题，这是"政"与"学"

① 梁启超：《西学书目表》，中国史学会编《戊戌变法》（一），上海人民出版社，2000，第449页。
② 梁启超：《西学书目表》，中国史学会编《戊戌变法》（一），上海人民出版社，2000，第448页。
③ 傅荣贤：《梁启超〈西学书目表〉学、政、教三分体系论》，《图书情报知识》2017年第2期，第42~48页。

的核心区别所在，也是庶政得以与"制造"技术合为一类的关键。

其次，"西政"九类中的体用二分结构。

在"西政诸书"十类除"史志"之外的其余九小类中，官制、学制、法律主要是庶政意义上的制度性内容，其余农政、矿政、工政、商政、兵政、船政虽涉制度层面但主要是从技术维度着眼的。因此，和"西学"一样，"西政"也有广义和狭义之别，狭义的"西政"主要是制度层面上的庶政，是"体"的内容；广义的"西政"除了庶政之"体"还包括技术之"用"。从中国近代化的进程来看，最初引入中国的恰恰是"坚船利炮"之技术。"西政"独立为部，且将官制、学制、法律置诸前列，正反映了1894年以后，中国人措意的"西学"已经由傅兰雅广义的格致转变为制度性内涵，也是康梁维新变法思想在书目上的反映。

最后，"西政"九类的逻辑层次。

梁启超认为："西政之属，以通知四国为第一义，故史志居首。官制、学校，政所自出，故次之。法律所以治天下，故次之。能富而后能强，故农矿工商次之，而兵居末焉。农者，地面之产；矿者，地中之产；工以作之，作此二者也；商以行之，行此三者也，此四端之先后也。船政与海军相关，故附其后。"① 显然，正像狭义的"西学"有清晰的逻辑结构和层次一样，"西政"各类的类别划分和次序排定也有理据可寻。但"西政"各类的排序主要以社会功能原则为主，这与"西学"以学科内在逻辑为主不同。

表面上，史志居首，是因为"西政之属，以通知四国为第一义"，农政、矿政、工政、商政的次序则反映了"地面之产""地中之产"以及"工以作之""商以行之"的原则隐含，而船政次于兵政之后，是因为"船政与海军相关"；但实际上，形式上的结构关系就是特定的意义表达，涉及对"西政"的关注焦点的定夺以及对不同类别文献之价值轻重的权衡，直接跟梁启超维新变法所主张的改官制、兴学校、订宪法、立议会、筑路开矿，发展农工商各业的变法图强的要求相一致。而一度被中国人最为看重的"兵政""船政"等"夷技"，在作为维新派的梁启超眼里则退居末位了。简言之，在"国家欲自强"和"学子欲自立"的变法诉求中，

---

① 梁启超：《西学书目表》，中国史学会编《戊戌变法》（一），上海人民出版社，2000，第449页。

庶政之"体"的价值功能和现实效用要远远大于"夷技"之"用",本质上反映了对国家富强的不同的途径选择。

4. 狭义西学与西政的关系

梁启超"教类不录"。这样,"国家欲自强,以多译西书为本,学子欲自立,以多读西书为功"① 中的所谓"西书",只仅包括学、政二部,它们才是国人亟待"多译"和"多读"的对象。而就两者的关系来说,梁启超认为:"凡一切政皆出于学。"② "学"的虚理性支撑了"政"的实事性,从而沟通了政与学的关系:"实事"之"政"源出于"虚理"之"学"。梁启超曾指出:"泰西之政治,常随学术思想为转移;中国之学术思想,常随政治为转移,此不可谓非学界之一缺点也。"③ 这可以与"凡一切政皆出于学"的认知相对读,即认为狭义的西学(格致)是西政的学理源泉,而这也是《西学书目表》将"学"置于"政"之前的根本原因,由此也论证了广义西学的内存逻辑统一关系,并构建了关于广义"西学"的相对完整的体系。"说明广义的'西学'主要由作为'本'的狭义西学以及'出于学'的西政构成,从而将西学的普世性价值延展到了西政的层次,西政因而也成为师习的对象。这既是出于变法维新的现实需要,也是在目录学意义上对西学的体系性认可"。④ 显然,西学分类谱系的确立过程,也是赋予西学以意义的过程。梁启超通过学政二分,确认了庶政改良的合理性,从而最终指明了国家前途的应然取向。然而,《西学书目表》的这一西学认知,仍有值得商榷的余地。

三　《西学书目表》西学结构反思

胡适尝云:"康梁变法的时候,只是空洞地吸收外国文化,不知道紧要的是什么。"⑤ 但从《西学书目表》来看,梁启超的"西学"既有宏观

---

① 梁启超:《西学书目表》,中国史学会编《戊戌变法》(一),上海人民出版社,2000,第448页。
② 梁启超:《西学书目表》,中国史学会编《戊戌变法》(一),上海人民出版社,2000,第448页。
③ 梁启超:《论中国学术思想变迁之大势》,上海世纪出版集团,2006,第41页。
④ 傅荣贤:《梁启超〈西学书目表〉学、政、教三分体系论》,《图书情报知识》2017年第2期,第42~48页。
⑤ 耿云志:《胡适年谱》,四川人民出版社,1989,第178页。

的结构和清明的层次，也有类似"变法之本原曰官制、曰学校""今欲变法，莫亟于多译章程之书"之类对西书重要性的认识。"西政"兼及技艺（用）和庶政（体），但他从"西学"和"西政"相统一的高度规划广义"西学"的范围和层次，这就超越了体用二分的话语模式。因此，至少就《西学书目表》而言，梁启超是明确知道"紧要的是什么"的。

此外，广义西学分为"学、政、教"三部，因"教类不录"而实际包括狭义的"西学"和"西政"。狭义"西学"主要是自然科学，是对自然世界的规律总结，以求"真"为首要特点。"西政"则包括技术之"用"和庶政之"体"。其中，技术之"用"是由狭义"西学"衍生而来的工程技术，它与西学的关系是"工艺必本格致"，因而亦属于求"真"的领域。但庶政是关于人与人关系的规范理论，是实践性的"治世之学"，以"善"为首要特点。就此而言，《西学书目表》分类的不足集中表现在以下几个方面。

首先，《西学书目表》有"史志"类（即傅兰雅空列其目的"国史"），但文学、哲学等相关内容则没有进入《西学书目表》广义西学的版图。旨在描述人类处境的文、史、哲等人文科学，以求"美"为首要特征，只能自圆其说而不能逻辑论证；只能安顿情怀而不能兑现直接的现实价值，因而尚未构成"国家欲自强"和"学子欲自立"的学术依凭。

其次，"西政之属"以"史志居首"，但"史志"并不具有"见诸行事"的直接现实性。所以，1901年清廷下诏："乡会试头场试中外政治史事论五篇，二场试各国政治艺学策五道。"[①] 在这个旨在改革科举的变通方案中，"各国政治艺学"实即梁启超的"西政""西学"，但"中外史志"是被独立出来的，这正是基于"史志"不能进入"西政"的考虑。

再次，西政虽以"见诸行事"的操作性为首要特征，但事实上并不尽然。其中，官制类只收《德国议院》1种（另附《章程》尚未刊刻）；学制类既有《西国学校》《文学与国策》《西学课程教化议》等理论著述，也有《肄业要览》《西学课程汇编》等实践性的书籍；法律类既有《万国公法》《公法便览》《英国水师律例》等章程，也有《公法论》《公法总论》等理论文献；农政类既有《器务图说》《纺织机器》等技术，也有《农学新法》《农事略论》等理论篇什；商政类既有《富国策》《富国养民

---

① 曹振镛等：《德宗实录（七）》，《清实录》（第58册），中华书局，1987，第412页。

策》《生利分利之别》等理论著述，也有《华洋贸易总册》等账簿；兵政类既有《列国陆军制》《德国军制述要》《水师章程》等制度类图书、《战法学》《防海新论》等理论之作，也有大量《水师操练》《水雷秘要》《炮法求新》《火药机器》等技术图书；船政类既有《航海简法》《御风要术》等技术类书籍，也有《航海章程》《行船免撞章程》等制度类图书，以及《西船略论》《船坞论略》等理论著述。

显见，西政类目大致包括三大类型的文献：一是章程类的制度规范，二是操作性的技术，三是社会科学意义上的学理。但他的"学政"二分体系只是将自然科学（学）独立为部，社会科学则与"技术"和"庶政"合为"政"部了。同样，梁启超在自己任主笔的《时务报》（《西书提要》《西学书目表序例》即发表于该报）中，确定报纸的内容主要包括："1. 广译五洲近事（使阅报者知全球大局与其强盛弱亡之故，而不至夜郎自大，坐智井以议天地）。2. 详录各省新政（使阅者知新法之实有利益，及任事人之艰难经划与其宗旨所在，而阻挠者尽量减少）。3. 博搜交涉要案（使阅者知国体之不立受人嫚辱，律法之不讲为人愚弄；可以奋励新学思洗前耻）。4. 旁载政治学艺要书（使阅者知一切实学源流门径，与其日新月异之迹，而不再抱八股八韵考据词章之学，枵然而自大）。"① 这里，"1. 广译五洲近事"近似于"史志"和新闻的内容；"2. 详录各省新政"既包括制度层次上的庶政也包括技术维度的内容，所以可借此而知"新法之实有利益"；"3. 博搜交涉要案"大致属于章程类的制度规范；"4. 旁载政治学艺要书"中的"学艺"即《西学书目表》中狭义"西学"的内容，而"政治"实指"政治学"——社会科学及其分支学科。这里，梁启超明确表达了社会科学的独立性。相比而言，《西学书目表》作为书目，必须结合现实图书进行分类，也许这才是其"西政"大类虽含三大文献类型但却不予区隔的主要原因。

最后，"学"（狭义）与"政"关系定位的反思。

梁启超概言之的"凡一切政皆出于学"，是从"工艺必本格致"延展而来，后者符合自然科学（格致）与技术（工艺）之间的关系定位。但西

---

① 梁启超：《论报馆有益于国事》，《饮冰室合集》（第 1 册文集之一），中华书局，1989，第 101 页。

政中有关庶政的内容属于社会科学，它们并不出于格致之"学"。用胡塞尔的话说，两者存在"物理主义的客观主义和超越论的主观主义之间的对立"。① 龙湛霖《实学报叙》尝曰："盖学之涉于虚也久矣。泰西以艺学开国，推而至于礼教政治，无不各有专门之学……（王仁俊）尝以实学勖吴中人士，近复于南菁书院设各学之长，求西国之书，置制造测算格致诸器，欲使学人因艺求道，舍虚而征实也。"② 事实上，正像"凡一切政"中，只有其中的"工艺"出于"学"，庶政并不出于"学"一样；龙湛霖自然科学意义上的"艺学"也是不能"推而至于"政治社会领域之"礼教政治"的。

梁启超在《序例》中罗举了大量的例证，以说明现实中图书分类的不易，借此可以了解他对"学"与"政"两者关系的理解。他说："其有一书可归两类者，则因其所重。如行军测绘，不入兵政，而入图学；《御风要术》不入天学而入船政。《化学卫生论》不入化学而入医学是也。又如，《电气镀金》《电气镀镍》等书，原可以入电学；《脱影奇观》《色相留真》《照像略法》等书，原可以入光学；《汽机发轫》《汽机必以》《汽机新制》等书，原可以入汽学；今皆以入工艺者，因工艺之书，无不推本于格致，不能尽取而各还其类也。又如《金石识别》，似宜归矿学类，又似粗归地学类，而皆有不妥，故归之化学。《海道图说》似宜归之地学，又似宜归海军类，而皆有不妥，故归之船政。"③ 从这些例证来看，虽有类似《化学卫生论》到底入化学还是入医学那样"西学"类目内部的纠结，但主要是"学"和"政"之间的取舍和定夺。并且，《西学书目表》实际所列类目有"矿政"而无"矿学"，但梁启超却说："《金石识别》，似宜归矿学类，又似粗归地学类，而皆有不妥，故归之化学。"说明他一言以蔽之的"一切政皆出于学"，并不能坐实具体的"政"到底出于哪一门（或多门）具体的"学"。拿"矿"来说，"矿政"首先和主要出于"矿学"而不是出于"算学""重学"等其他之"学"。进一步，狭义庶政意义上的"政"其实都另有社会科学之"学"作为学理底蕴，如"商政"的学理底蕴应该首先是"经济学"

---

① 〔奥〕胡塞尔：《欧洲科学的危机与超越论的现象学》，王炳文译，商务印书馆，2005，第31页。
② 龙湛霖：《实学报叙》，《实学报》光绪二十三年九月十一日。
③ 梁启超：《西学书目表》，中国史学会编《戊戌变法》（一），上海人民出版社，2000，第448~449页。

"财政学"等属于社会科学范畴的"学"而不是格致意义上的"西学"。

综上，在《西学书目表》学政体系中，见诸行事的"政"既包括"夷技"之用，也包括"庶政"之体，从而建构了一个兼具体、用的广义"西学"体系，并以"一切政皆出于学"的名义，沟通了学与政的关系。但是，梁启超与其说是恪守了客观的学科逻辑，毋宁说遵行了维新改良的政治逻辑，并用演绎的路径假设学政体系作为"普遍"对于一切西学的特殊权力。它与其说是对西学的理解，毋宁说是对西学与"我们"之间关系的处理，从而将西学谱系综合到了一个关于家国前途的叙事结构之中。

第五节　《西学书目表》以后的西书独立编目

诚然，傅兰雅《译书事略》是我国近代西书独立编目的前驱，梁启超"本之以为《表》"，驯致"骎骎乎蓝胜而冰寒"，出现了西书独立编目的系列成果。本节拟分析《西学书目表》以降西书独立编目的后续发展情况。

一　收书范围

《译书事略》以翻译馆实际译刻之书为对象，虽以西人著述为主，但也包括中国人所著西学文献。同时，基于西学的"趋新"特征，又以空列其目的形式面向拟将译刊的西学文献。相比而言，《西学书目表》的收书范围并不以某具体"图书馆"所藏或译刊机构所出版的图书为对象，但秉承了《译书事略》的收书原则而又继有发展，直接影响到了后续西学书目的收书范围。

首先，这批书目都以"目前"能够收罗到的西学汉译著作和出版成品为对象，注意收罗的全备性。

第一，通过购悬其目，力求及时和全备地收罗西书。

西学书目既面向已译、已版的现实存在的西学文献，又通过"购悬其目"的方式延及虽尚无汉译成品但又确然存在的西学文献，从而站在了一个努力俯视西学全体的高度。

例如，《西学书目表》中"竟无完帙"的官制、学制、农政诸类，在《增版东西学书录》中基本得到了补充。反映了从1896年《西学书目表》到1899年的《东西学书录》再到1902年的《增版东西学书录》，西学文献在品种和数量上的增益。又如，赵惟熙《西学书目答问》的"法学"类目，作者指出："凡公法、律例、赋税、度支、条约、章程悉宜隶此，惟译本只有公法、律例数种，余未及也。"① 表明"法学"及其所分小类虽不实际收书（或仅收"数种"），但亦列其目，从而达到对"西学"学术版图的相对完整的勾勒。无疑，空列其目或"购悬其目"突破了《译书事略》"因书设类"的局限，本质上是从西学"实际有什么"到"应该有什么"的认知转变，有助于在相对完整的意义上揭示"西学"的学科门类。这也是梁启超《西学书目表》比《译书事略》的分类体系更具合理性，因而对后世影响更大的原因之一。

第二，与类目上的"购悬"相得益彰，《西学书目表》附卷有《近译未印各书》，所谓"其未译成及已佚者，皆附见"。如《分光求原》注曰："未译成。"②《东西学书录》及其增版也延及"未刻""未成"之书，且仿《书目答问》附于相关文献，以待来者补充。例如，《物理推原》一册提要即指出"东亚书局译有《近世物理论新编》，未出"；《植物图说》四卷提要指出，"益智书会印有傅兰雅《植物利用》，未出"。同样，《中国人辑著书》中也有大量"未刻""未见"之作。例如，"圆率通考一卷徐有壬 未刻"；"测量全义二卷袁士鹏 未刻""测量备要三册邹伯奇 未刻""测地绘图补一卷叶耀元 未见"。③

第三，通过"广问"的形式，力求及时和全备地收罗西书。

1899年徐维则所作《广问新书之概则》集中反映了作者求其全备的著录思想。作者指出："西政之善曰实事求是，西艺之善曰业精于勤，西人为学在惜日物之力，有轮船、汽车诸器则万里无异庭闼，有格致、电化诸学则朽腐皆变神奇，彼夫玩愒光阴，货弃于地，安得不为之所弱哉？明乎此，则可与探西政、西艺之本原。"针对"新籍愈多"而作者"闻格又限"的现实，遂"广问"社会之同好，希望"我国志士及各地编译所"将"平时目见、手自译著为拙录所未收者，随笔提要，络绎邮寄"，④ 以增

---

① 熊月之：《晚清新学书目提要》，上海书店出版社，2014，第575页。
② 梁启超：《〈饮冰室合集〉集外文》（下册），夏晓虹辑，北京大学出版社，2005，第1149页。
③ 熊月之：《晚清新学书目提要》，上海书店出版社，2014，第93、126、191、206页。
④ 熊月之：《晚清新学书目提要》，上海书店出版社，2014，第7、9页。

益《东西学书录》之不逮。徐维则还列出八条"概则",作为"志士及各地编译所"增补的原则。例如,"一书名　原书何名,今改何名",即要求"书名"如有"今改"之异称,亦须说明。有些"概则"还有进一步的细则化要求。

第四,形成前后继踵的相对完整的西学书目系列。

《译书事略》"因书设类",类目设置主要是由实际著录的文献品种和数量决定的。而《西学书目表》以降的西学书目以特定时空下实存西书为范围,努力"曲尽无遗"或"网罗殆尽"。因此,这批西学书目前后继踵,在著录范围上往往覆盖前者而又截至当下。

1896年《西学书目表》正表著录352种、附卷著录293种,"国史""交涉公法"等《译书事略》尚无实际汉译成品的图书皆得到了补充,如"国史"(梁启超改为"史志")即著录了28种。因此,《西学书目表》基本反映了截至1896年我国翻译、出版的西学书籍概况。

1899年徐维则《东西学书录》既补《译书事略》《西学书目表》之漏,又增以两者之后的"新出之书及东人之作",尤其增补了大量从日文转译之西书,故名"东西学书录",因而基本上反映了1899年之前我国译出的"东西学"著作情况。

1902年徐维则在顾燮光的帮助下增补1899~1902年三年中"又得新书数百种"[1] 的东西学著述而成的《增版东西学书录》,收录东西学书347种,基本反映了1899~1902年"迄今阅三年矣"我国译出的"东西学"图书。在这一意义上,347种新增图书堪称徐维则"广问"的直接结果。

1904年顾燮光《译书经眼录》,"系继《增版东西学书录》而作,收录光绪二十八年(1902)至三十年(1904)续得知见之新学译著",[2] 基本反映了1904年之前我国译出的"东西学"著作情况。

西书独立编目始于傅兰雅1880年的《译书事略》,而终于1904年顾燮光的《译书经眼录》。它们前后相继,构成了西书著录的相对完整的系列。其中,"《西学书目表》涵盖《译书事略》,《东西学书录》涵盖《西学书目表》,《增版东西学书录》又涵盖《东西学书录》,《译书经眼录》

---

① 蔡元培:《增版东西学书录·序》,熊月之:《晚清新学书目提要》,上海书店出版社,2014,第3页。

② 熊月之:《晚清新学书目提要》,上海书店出版社,2014,序言:8。

上接《增版东西学书录》",所以,"《译书经眼录》与《增版东西学书录》,便涵盖了1904年以前西书"。而"《西学书目问答》与《新学书目提要》是另外两种类型的新学书目,前者面向的是比较初级的读者,后者面向的是新学素养较高的读者",① 其中,《西学书目问答》出版于1901年,《新学书目提要》出版于1903～1904年。显见,这种接继性的编目工作截至1904年而终,"对于1905年以后至1911年的新学,迄今没有比较完整的书目出版"。② 巧合的是,1904年江人度《书目答问笺补》"刊行之日,清朝已废科举设学堂,新刊教科书与西学译作补不胜补",所以,"江氏在补充《书目答问》未载版本方面,著录显得不够完善"。③ 事实上,光绪三十一年(1905)才诏令"立停科举以广学校",科举取士与学校教育彻底脱钩。而随着"废科举设学堂","新刊教科书与西学译作"大量涌现,西学文献品种和数量成"日纂而月布"④ 之势,导致"增补"工作日见其艰,西书独立编目的目录终告结束。因此,1880～1904年的西书独立编目大致反映了晚清八股既废而科举尤存之际的西学图书概况。

其次,西学是以时间为矢量不断发展的学术类型。

梁启超相信:"彼中艺术,日出日新,愈变愈上,新者一出,旧者尽废,今之各书译成,率在二十年前,彼人视之,已为陈言矣。"梁先生又曰:"中国译出各书,半皆彼中二十年前之著作,西人政学日出日新,新者出而旧者废,然则当时所译虽难有善本,至今亦率为彼所吐弃矣。"⑤ 同样,《增版东西学书录》认为:"西人之学以知新为贵,故新书日出不穷,有昔为珍秘,今视为尘羹土饭者。"因此,译印、阅读西书宜以"最近者"为对象。但现实情况是,"教会之书多医家言,局译之书多兵家言,自余局刻言学诸书皆彼土二十年前旧说。新理日出,旧者吐弃,以无新译之本,今姑载之,藉备学者省览"。⑥ 这就对译印者提出了到底应该"译印什么"的要求。上述"购悬其目""译印未成之书"固然是在范围上力求

---

① 熊月之:《晚清新学书目提要》,上海书店出版社,2014,序言:10。
② 熊月之:《晚清新学书目提要》,上海书店出版社,2014,第10页。
③ 来新夏:《清代目录提要》,齐鲁书社,1997,第304页。
④ 熊月之:《晚清新学书目提要》,上海书店出版社,2014,第9页。
⑤ 梁启超:《西学书目表》,中国史学会编《戊戌变法》(一),上海人民出版社,2000,第448、455页。
⑥ 熊月之:《晚清新学书目提要》,上海书店出版社,2014,第6、5页。

"曲尽无遗"的体现，也反映了时间上趋新的特征。此外，措意于"通商"以来的西书以及重视即时反映西学新成果的"报章"，也是西学书目趋新的重要体现。

第一，以"通商"以来已译西书为对象。

《西学书目表》以"通商"前后为断，正表著录"通商以来"的图书，通商以前之书则列为"附表"。同样，1899 年徐维则《东西学书录》正文四卷收录"通商"以来的东西学书，《东西人旧译著书》列为附录，实为通商之前的译著，从而将实际文献著录区别为正文和附录两个层次。赵惟熙也明确认识到："西人每岁创新法、制新器者以亿为率，获新理、著新书者以万为率。"相应地，其《西学书目答问》"中国西书之最古者，若利马窦、若熊三拔、若艾儒略、若汤若望，明末、国初凡十余家，为书数十种，大半已见《四库》及《天学初涵》《艺海珠尘》《海山仙馆》各丛书中，西学日新月异，愈近愈佳，故于乾嘉以前译本悉置弗列"。"是篇多己亥（1875）已前译本，拳勇阶乱，京沪道阻，輶轩西来更无从问津于娜嬛福地矣，惟译本以晚出为佳，会当博访新书，续刻以餍多士"（熊570），[①]"趋新"的时间意识特别强烈。

以"通商"前后为断，还体现在著录格致的异同上。

《西学书目表》正表著录"通商"以来所译西书"略三百种"，附表包括"明季国初"译本、"译印未成之书"和"中国人著书言外事"[②]三分部。《东西学书录》仿此，正文所收以"通商以来"为断，且每书基本都有提要或识语；附录包括两个部分："东西人旧译著书"和"中国人辑著书"。其中，《东西人旧译著书》收"通商以前上溯明季"的东西人译著，在著录上主要通过以人系书的形式条列其目，实际上是承绪《道学家传》的方式形成甲乙簿录。例如，"利马窦字西泰，意大利亚国人〇其《几何原本》一种至伟、李两君乃译全，故列近译各书中"。这里，利马窦以粗体标出以醒眉目，姓名之下用小号字交代作者字号和国别，圈识（〇）之后偶有必要的说明性文字。然后条举利玛窦著译之《同文算指》《交友论》等 12 种图书。而《中国人辑著书》则以书名为标目，用小号字

① 熊月之：《晚清新学书目提要》，上海书店出版社，2014，第 569~570 页。
② 梁启超：《西学书目表》，中国史学会编《戊戌变法》（一），上海人民出版社，2000，第448 页。

著录卷数、作者、版本，如"中俄交界续记一卷王锡祺自刻本，小方壶斋本"即是显例。总之，附表中的"东西人旧译著书"和"中国人辑著书"，分别以人系书和以书名标目，形成的都是甲乙簿录，而四卷正文所著录的"通商以来"东西学之书则多有提要或识语，反映了作者对它们的不同态度。相比于《西学书目表》的不同之处则在于，《增版东西学书录》将"译印未成之书"按类别附丽于相关文献之下，而没有辑为独立的"一录"。例如，"圆率通考一卷徐有壬 未刻"，[①] 直接著录在了《中国人辑著书》之中。

第二，基于对西学时效性的认知而重视"报章"。

承绪《译书事略》和《西学书目表》对西学时效性的认知，嗣后西学书目都重视著录"报章"。例如，徐维则即曾倡言："欲知各国近政，必购阅外报，英之《泰晤士报》及《路透电音》，日本之《太阳报》《经济杂志》，于各国政要已具大略，盍仿西人传单之法，排日译印，寄送各官署，兼听民间购买，以资阅历。"即认为报章既是传播西学"新法"的快捷方式，也是"欲知各国近政"的重要资凭。作者还指出，"西人凡农、矿、工、医等学，每得新法必列报章，专其艺者分类译报，积久成帙，以饷学者，最为有益"。[②] 顾燮光则认为，"旬、日各报附印之书最易散佚，兹择其尤者收入，俾便察阅，惟江海各埠译出新书颇多未见，暇时再当编辑再版，以臻完备"。因此，"自戊戌以还有报馆之禁，各埠报章为之一衰，其海外流传者类多偏激谬妄之谭，不足以贻学者。然欲知五洲时事，开内地风气，非此不为功，故旬报之设尤急于日报，苟有人踵昔日时务各报之例，采辑务求精审，吾知其功大矣"。[③] 基于对西学时效性的认知，作者提倡"设报""购报""读报"，以采撷西学新知。这些认知，在《增版东西学书录》中都得到了体现。例如，正文卷四第二十九类和附下之下《中国人辑著书下》第二十三类皆设有"报章"类目，著录了《杭州白话报》《苏州白话报》《普通学报》等报刊。

---

① 梁启超：《西学书目表》，中国史学会编《戊戌变法》（一），上海人民出版社，2000，第191页。
② 熊月之：《晚清新学书目提要》，上海书店出版社，2014，第4页。
③ 熊月之：《晚清新学书目提要》，上海书店出版社，2014，第8页。

二　著录事项和著录格式

著录事项和著录格式是与书目的目标定位直接相关的。《译书事略》只是形式主义的书目清单，著录内容主要包括书名、撰书人名（原作者）、译书人名、笔述人名、刊书年岁、每书本数及每书价钱共七项。七项内容随不同图书的实际情况而又每有变通。如"已译成未刊之书"45 种和"未译全之书"13 种皆非汉文出版成品，故未列出"刊书年岁"和"价钱"，"撰书人名"信息亦未出具。《西学书目表》通过表格的形式列出书名、撰译人、刻印者、本数、价值（价格）、识语六项，符合其本身作为选书目录和导读目录的本质，对后世书目的影响很大。

首先，书名之后"概标本数，不标卷数"。

《增版东西学书录》的文献著录多仿《西学书目表》，甚至"东西人著书多分章节，不分卷数，中译之后乃析为卷，今从译刻之本析卷者注明卷数或标册数"① 的文辞也直接因袭《西学书目表》"古书用卷子本故标卷数，后世装潢既异，而犹袭其名，甚无谓也，故今概标本数，不标卷数"。② 这也反映了西学新书与中学旧籍不仅存在内容上的差异，装帧格式和章节体例也不尽相同。

其次，关于责任者。

《西学书目表》"书目例标撰人名氏，今标译人，不标撰人者，所重在译也"，③ 即重视译者而不标注原书作者。但《增版东西学书录》则认为，"通行西书但标译人不标撰人。西国立一议、创一法，勒为书即以其名名之。中译之本乃立书名、题撰人，作者之功岂堪湮没？今概为著之。其有采译各说以成书者，则译者之功为多，东西人译辑者录于篇，中国人辑著者入于附卷"。④ 这其中固然涉及二书对"撰人"原创价值的不同认知，但也跟后者正文部分所著录的文献一般皆有提要或识语，能够从容地出具"撰人"信息有关。

再次，关于图书"价值"。

---

① 熊月之：《晚清新学书目提要》，上海书店出版社，2014，第 5 页。
② 梁启超：《西学书目表》，中国史学会编《戊戌变法》（一），上海人民出版社，2000，第 450 页。
③ 梁启超：《西学书目表》，中国史学会编《戊戌变法》（一），上海人民出版社，2000，第 449 页。
④ 熊月之：《晚清新学书目提要》，上海书店出版社，2014，第 5 页。

《西学书目表》标注"价值"，如史志类的《万国史记》五角，《万国通鉴》一元。① 《日本书目志》亦然，如植物学类《日本植物名汇》二元，《植物学语钞》二角。② "《农务要书简明目录》甚至还标明了美元价值，以便读者向国外购求"。③ 但总体上，《增版东西学书录》《译书经眼录》《新学书目提要》《西学书目答问》等皆不标注"价钱"或"价值"，表明这批书目正在由营业书目向推荐和导读书目的方向发展。

最后，著录的导读取向。

《西学书目表》以降的中国学者所撰西学目录虽然继踵傅兰雅《译书事略》，但亦承绪传统书目的解题，用明确的导向性话语介入对文献及其背后文化的认知，并不恪遵《译书事略》客观主义的书目路径。

《西学书目表》通过"表下加识语，表上加圈识"的形式承担导读职能，圈点、识语两者配合而行、相得益彰，"皆为学者购读而设，体例不能雅驯，所不计也"。④ 如《西算启蒙》无圈识，识语曰："太浅，不必读。"《谈天》有三个圈识，识语曰："最精善。"导读的性质，也决定了《西学书目表》不求善本，唯求新本。梁启超说："译出西书数百种，虽其鲜已甚，然苟不审门径，不知别择，骤涉其藩，亦颇繁难矣。"⑤ 因此，如本章第四节指出，他还在《读西学书法》中以例证的形式，选择性地为个别西书撰写了内容精审的提要。

徐维则认为，"学者骤涉诸书，不揭门径，不别先后，不审缓急，不派源流，每苦繁琐，辄难下手，不揣梼昧，于书目下间附识语，聊辟途径，不足云提要也"。顾燮光亦指出："每书凡译自东西者皆缀以识语，或节录原序，或采自他书，或鄙人自撰，务求恰切，不敢为充篇幅之谈，其未寓目或欠精审者则付阙如，不敢为一辞之赞，若云提要钩元则吾岂敢。"⑥ 例如，

---

① 梁启超：《〈饮冰室合集〉集外文》（下册），夏晓虹辑，北京大学出版社，2005，第1130页。

② 康有为：《日本书目志》，姜义华、张荣华编校《康有为全集》（第三集），中国人民大学出版社，2007，第290页。

③ 林立强：《明至清末译书书目的状况和评价》，《东南学术》1999年第3期，第106~109页。

④ 梁启超：《西学书目表》，中国史学会编《戊戌变法》（一），上海人民出版社，2000，第450页。

⑤ 梁启超：《〈饮冰室合集〉集外文》（下册），夏晓虹辑，北京大学出版社，2005，第1121、1125、1159页。

⑥ 熊月之：《晚清新学书目提要》，上海书店出版社，2014，第5、8页。

"算学·数学"类下所著 17 种文献，仅 5 种没有"识语"，另 12 种中仅《西算启蒙》《算法起源》《几何探源》3 种施以数字至十数字的识语，其余 9 种皆有数十字或上百字的提要。显然，作者谦称的"间附识语"应该是"间无识语"；"不足云提要""若云提要钩元则吾岂敢"的"识语"，有不少是完全可以视之为"提要"的。在这一意义上，正如蔡元培指出，《东西学书录》是"仿《四库全书简明目录》之例以为书录"的。而就提要的内容而言，《广问新书之概则》第七条曾指明其内容范围，其云："七提要　（一）全书之宗旨。（二）作书之原因。（三）全书之目录。（四）书中之精美。（五）书中之舛误。（六）学之深浅。（七）说之详略。（八）与他书之同异。（九）书之全否。（十）译笔之善否。（十一）提要者之决说。"总体上，正文中的提要，基本忠实地持守了这些"概则"。例如，"天下五洲各大国志要一卷广学会本，一册，浏阳质学社丛刻本，《小方壶斋再续钞》本"这条著录之下，转行即为该书提要："英李提摩太著，铸铁生述。以'富于养民，强于教民'二语为本书宗旨，历论古今各国有益于民诸大政，其意将合五洲万国为一家，与他教士取义不同，虽简略无可厚非。是书亦名《三十一国志略》。益智书会印有欧氏《中国史略》，英鲁斯约翰《朝鲜纪略》《满洲考》二卷，东亚书局译有《万国新史提要》《五大洲人类种族考》，均未出。《集成报》印有法赖阿司撰、王衡龄译《五洲古今野史》，亦未成。"① 这篇"识语"的内容涉及著译人，"全书宗旨""作书原因""书中之精美""学之深浅""与他书之同异"等内容。另外，还用小字号罗举与该书内容近同，但"未成"的相关著述。《新学书目提要》等后世西学书目也运用提要之体，既简介作者和图书内容，亦揭示其价值所在。例如，《法学通论》一书的提要曰："上卷综论法律，下卷专言民法，解释明显而语有分际，足征其学之深，其意不主于博采，故于诸家学说不甚旁求，而以切于日用者示人以可守之范围，诚为读律之门径，亦法学之教科书……译笔于日本名词从改，从汉文字义，亦审慎之一端，良便于读书者焉。"②

总之，这批西学书目十分重视"识语""提要""序言"等传统目录

① 熊月之：《晚清新学书目提要》，上海书店出版社，2014，第 9~10、11 页。
② 熊月之：《晚清新学书目提要》，上海书店出版社，2014，第 437 页。

元素，以期更好地发挥推荐和导读的功能，揭示书目的社会文化价值。反映了这批书目作者皆怀抱着超越目录学学科框限的"出位之思"。

三　分类

分类不仅显示了对西方知识的结构化认知，也是对各种学术资源先后次第的安排。分类涉及对"什么是重要的知识"等问题的判定，并制约着对学科建制的规划，因而直接影响到对翻译、出版、科举考试科目的改动以及各级学校课程的设置。如上所述，《译书事略》是中国首部以西方学科化为原则分类的目录，《西学书目表》等西学书目正是根据学科化原则为立类标准的，这就改变了或如《道学家传》以人物传记为主体附益图书，或如《四库总目》《书目答问》等将西书纳入传统四部框架的体式。

（一）《译书事略》的分类特点

首先，在宏观上将西学概分为"教门""国政"和"格致"，这是梁启超将广义西学分为"学、政、教"的前驱。但傅兰雅根据翻译馆译刻的现实图书为对象，其 15 个类目主要局限于"制造与格致"，并不涉"教门"；属于"国政"的"国史"和"交涉公法"二类，也只是空列其目，尚无汉文出版成品。这个分类体系的要害是，属于人文科学的文学、哲学诸门，以及属于社会科学的政治学、经济学诸门，皆未进入书目的视域。

其次，广义的"格致"又分为"制造与格致（狭义）"，亦即：自然科学技术（广义格致）包括自然科学（狭义格致）和技术两部分。这个认知甚合中国古代的"学""术"二分观念，也是沟通作为学理基础的"学"与作为操作实践的"术"之间关系的重要认知。

（二）《西学书目表》的分类特点

梁启超《西学书目表》实收学、政二部文献，范围远远超出《译书事略》"制造与格致"的界限。并且，梁启超对西学类目的划分日趋完善，不仅"格致与制造"的细分益趋合理，也补充了《译书事略》所缺失的"西政"类目。进一步，梁启超的学、政二部都被勾勒出相对谨严的关联性体系；学、政之间的关系也得到了一定程度的勾连，从而呈现出关于广义西学的较为完整、清晰的结构体系，深化了对西学及其具体科目的认识。

但是，《西学书目表》是为维新改革服务的，因而反映了政治逻辑而不是学术自身的逻辑。梁启超认为："夫政法者，立国之本。日本变法，则先变其本，中国变法，则务其末，是以事虽同而效乃大异也。"又曰："今日之学，当以政学为主义，以艺学为附庸……政学之用较广，艺学之用较狭。"①这决定了《西学书目表》在分类上的下述三点主要不足：一是文学、哲学等人文科学文献既不见收罗，也没有通过"购悬其目"列为未来有待补充的对象；二是"史志"属于人文科学，而不属于以"见诸行事"为指向的"西政"；三是"凡一切政"中，只有技术维度的工艺"出于学"，制度层面上的"庶政"并不"出于"自然科学之"学"，而是另有社会科学之"学"作为学理底蕴。

（三）《增版东西学书录》的分类及其特点

《增版东西学书录》既承绪《西学书目表》，又针对后者分类的不足有所纠偏。徐维则《叙例》曰："东西学书分类更难，言政之书皆出于学，言学之书皆关乎政，政、学不分则部次奚定？今强为区别，取便购读，通人之诮，知难免焉。"②这是承绪《西学书目表》"西学各书，分类最难，凡一切政皆出于学，则政与学不能分……则某学某政之各门，不能分。今取便学者，强为区别"。③然而，《增版东西学书录》将《西学书目表》的"先学后政"改为"先政后学"。这不仅是对"一切政皆出于学"的质疑，也是要突出"政"相比于"学"而言的直接现实性。

1. 《增版东西学书录》的分类框架

《增版东西学书录》有两套分类系统，一是附下《中国人辑著书》因受实际著录文献所限，大类类目仅有史志、政治法律、学校、交涉、兵制、农政、矿务、工艺、商务、船政、格致总、算学、重学、电学、化学、光学、天学、地学、医学、图学、理学、幼学、游记、报章、议论、杂著26个，类下不再划分细目。二是正文将所收"东西书"分为31大类，许多大类再复分小类，计83个；还以"附"的形式另列6个小类，集中体现了作者的分类思想。兹列出正文类目如下：

---

① 梁启超：《变法通议·论译书》，《饮冰室合集》（文集之一），中华书局，1989，第64页。
② 熊月之：《晚清新学书目提要》，上海书店出版社，2014，第5页。
③ 梁启超：《西学书目表》，中国史学会编《戊戌变法》（一），上海人民出版社，2000，第448页。

史志第一：通史、编年、古史、专史、政记、战记、帝王传、臣民传；

政治法律第二：政治、制度、律例、刑法；

学校第三：附礼仪；

交涉第四：公法、交涉、案牍；

兵制第五：陆军、营垒、海军、船舰、枪炮、子药；

农政第六：农务、蚕务、树艺、畜牧、农家杂制；

矿务第七：矿学、矿工；

工艺第八：工学、塘工、河工、路工、汽机总、杂工、杂艺；

商务第九：商学、税则，附会例；

船政第十：行船事宜、船坞、船制；

格致总第十一；

算学第十二：数学、形学、代数、三角八线、曲线、微积、算器；

重学第十三：重学、力学、重器学；

电学第十四；

化学第十五：化学、化学器；

声学第十六：声学、音学；

光学第十七：光学、光学器；

气学第十八：气学、水学、火学、热学、器具；

天学第十九；

地学第二十：地理学、地志学；

全体学第二十一，附心灵学；

动植物学第二十二：植物学、动物学，附虫学；

医学第二十三：内科、外科、药品、方书、卫生学；

图学第二十四：图算、测绘、画学、画器；

理学第二十五：理学、文学，附书目；

幼学第二十六，附体操学；

宗教第二十七；

游记第二十八；

报章第二十九；

议论第三十：通论、论政、论兵；

杂著第三十一：杂记、小说、琐录、丛编。

2. 《增版东西学书录》的分类特点

第一，关于基本部类。

《增版东西学书录》未设部类，但上列 31 个大类中，从史志第一到船政第十计 10 个大类实为政部；从格致总第十一到幼学第二十六计 16 个大类实为学部；宗教第二十七为"教部"；最后三大类游记、报章、议论实为杂部。相比于《西学书目表》而言，其突出变化如下。

首先，不用学、政、教、杂等基本部类之名，但基本保持了《西学书目表》的大类（部）体系。历史上，宋人王尧臣《崇文总目》、明人陆深《江东藏书目》、清人钱谦益《绛云楼书目》等书目皆省略了作为一级类目的经史子集四部之名，因为在中国古代书目的一个完整类系中，只有最下位的类目才具有安置文献的职能。例如，在《四库总目》｜集部［楚辞、别集、总集、诗文评、词曲（词集、词选、词话、词谱词韵、南北曲）］｝中，集部—词曲之下，只有最下位类的"词集、词选、词话、词谱词韵、南北曲"才有安置文献的职能，类目的层次并没有映射到文献之上。《增版东西学书录》不列学、政、教、杂等基本部类之名，正是看到了文献并不根据类名而作等级区分的事实。

其次，宗教第二十七独立为类。

《西学书目表》"教类不录"，但《增版东西学书录》既立"宗教"类目，亦实际收录 6 种文献，其中《古教汇参》《自历明证》广记世界各教，《旧约合参》等 4 种都是关于基督教的内容，反映了对西方宗教的认知正在发生变化。谭嗣同撰写于 1896~1897 年的《仁学》指出："学不一，精格致乃为实际；政不一，兴民权乃为实际；至于教则最难言，中外各有所囿，莫能折衷，殆非佛无能统一之矣。"谭氏还将学、政、教建立起"进学之次第"的递进关系，他说："以格致为下学之始基，次及政务，次始可窥见教务之精微。以言其衰也，则教不行而政敝，政敝而学亡。故言政言学，苟不言教，则等于无用，其政术学术，亦或反为杀人之具。"[1]　1905

---

[1]　谭嗣同：《仁学》，蔡尚思、方行编《谭嗣同全集》（下册），中华书局，1981，第 354 页。

年《万国公报》华人编辑范祎亦曰："中国二十年以前，惊西方之船坚炮利，知有西艺矣。而于西政，则以为非先王之法，不足录也。十年以前，亲见西方政治之美善者渐多，其富强之气象，似实胜于中国，知有西政矣。而于西教，则以为非先圣之道，不足录也。"依其所见，"知西艺最易，知西政已较难，更进而知西教，则如探水而得真源。"[①] 说明对"（西）教"的态度正在发生改变，从而也改变了梁启超"教类不录"的认知。

再次，关于政部和学部。

《增版东西学书录》相当于"政部"的十个类目：史志、政治法律、学校、交涉、兵制、农政、矿务、工艺、商务、船政，其类名及其顺序基本袭自《西学书目表》"西政"中的史志、官制、学制、法律、农政、矿政、工政、商政、兵政、船政十类。但前者的政治、交涉等类目得到了突出，兵制类目的次序也比较靠前。

《增版东西学书录》相当于"学部"的 16 个类目：格致总、算学、重学、电学、化学、声学、光学、气学、天学、地学、全体学、动植物学、医学、图学、理学、幼学，除了格致总、理学、幼学 3 类之外，其余 13 类的类名及其次序全同于《西学书目表》的学部所分 13 类。其中，"格致总"在《西学书目表》列在"杂部"，概因其"总"而内容不专一隅，《增版东西学书录》将"格致总"列在学部，显然更加合理。新设的"理学"主要收哲学、逻辑学著作，"幼学"小类附体操，主要著录小学教育、课程设计和教法以及《幼学操身图说》《简易体操法》等方面的文献计 13 种，其中注明"顾补"者 8 种。说明 1896 年的《西学书目表》尚无"幼学"类文献，而截至 1899 年和 1902 年相关文献分别增长了 5 种和 8 种，反映了"幼学"在晚清发展的大致情况。

《西学书目表》以"凡一切政皆出于学"为原则，先学部后政部，遵行的是学理逻辑。《增版东西学书录》虽亦认为"言政之书皆出于学"，但却将政部列在了学部之前。"政部"重在现实操作，属于"见诸行事"的内容，因而后者是根据现实原则——"政"直接关乎现实社会变革和制度改良——而排序的。此外，《增版东西学书录》"言政以公法公理之书为枢

---

① 范祎：《〈万国公报〉第二百册之祝辞》，《万国公报》第 200 册，1905 年 9 月。

纽，言学以格致算学之书为关键"。因此，公法公理、格致算学在"西政"和"西学"中的次序都得到了提高。

最后，关于杂部类目。

《增版东西学书录》的杂部分游记、报章、议论、杂著 4 类，对比于《西学书目表》的"杂类之书，其目曰游记，曰报章，曰格致总，曰西人议论之书，曰无可归类之书"① 可知，其最大的变化是将梁启超置之杂类的"格致总"移易到了"学部"且位列首位。

第二，关于二级类目的细分。

首先，《增版东西学书录》的 31 个大类虽基本上承袭《西学书目表》，但 83 个二级类目的划分则是作者的发明。例如，史志第一下分通史、编年、古史、专史、政记、战记、帝王传、臣民传 8 小类，算学第十二下分数学、形学、代数、三角八线、曲线、微积、算器 7 小类，重学第十三下分重学、力学、重器学 3 小类，都进一步揭示了史志、算学、重学的内涵，使得分类更趋于准确，也提高了类目的专指度。

其次，关于类目中的"附目"。

《增版东西学书录》有 6 个类目是以"附"的形式出具的，即：学校第三附礼仪；商务第九：商学、税则，附会例；全体学第二十一，附心灵学；动植物学第二十二：植物学、动物学，附虫学；理学第二十五：理学、文学，附书目；幼学第二十六，附体操学。显然，所"附"者，大多是内容相关而又有别的类目。如礼仪附于学校，即说明礼仪与学校不同，但又可视为教育的一部分，这也与中国古代学校由六部之一的礼部职掌一脉相承。另外，以"附"的形式而不是独立列目，也是考虑到了所附类目实际收录文献无多的现实，如学校所附"礼仪"仅收"《西礼须知》一卷《戒礼须知》一卷"，这是合条著录的一个款目，故只能算一种文献。又如，商务第九所附"会例"只收《美国博物大会图说》等五种文献。

第三，学术结构和层次更加清晰、合理。

首先，通过二级类目的细分以及"附目"等形式，突出了社会科学的几个主要分支。

---

① 梁启超：《西学书目表》，中国史学会编《戊戌变法》（一），上海人民出版社，2000，第448页。

《增版东西学书录》商务第九所分"商学"小类著录《富国策》等理论文献,"税则"小类以及所附"会例"则收录《华洋贸易总册》等直接指导实际商务运作的典籍。商学才是商务所从出的"学",《西学书目表》"一切政皆出于学"中的"学"只局限于自然科学(格致),因而"一切政"并不皆出于格致之"学"。同样,"政治法律"类包括政治、制度、律例、刑法四个类目,其中"政治"主要是《国家学》《社会学新义》等政治学、社会学文献;"制度"类收《德国议院章程》《日本职官表》《万国律例撮要》《比国考察罪犯纪略》等明显具有实务性质的制度类文献,律例、刑法二类所收文献则与法律实务有关。政治学、社会学、法律学等社会科学才是"政治法律"中制度、律例、刑法诸"实事"背后的"虚理"。"学校"类有《教育学纲要》《教育学》等理论,也有《教授学》等"为教师读之足以知教授之门径"①的《教授学》,这些具体门类的"学"才是《法国乡学章程》《日本教育制度》等制度内容之"政"的学理基础。这样,通过二级类目的设置,在更为具体的水平上指出了虚理之学与实事之政的对应关系,从而也突破了《西学书目表》"一切政皆出于学"的认知。

其次,人文科学类目得到了重视。

《增版东西学书录》"学部"的一个重要变化是"理学"类目的增置,具体包括理学、文学附书目。其中,理学包括《斯宾塞尔文集》《天演论》《物竞论》等哲学著作,《辨学启蒙》《格致新机》《理学须知》等逻辑学著作。"文学类"是空列其目,但杂著第三十一中,"杂记"收录《黑奴吁天录》《儿童笑话》,"小说"收录《茶花女遗事》《金刚钻小说》等,它们都是文学作品。表明"空言其理"的学理并不局限于《西学书目表》的"格致"(自然科学),也包括人文学科。

最后,技艺层面上的"西政"的学理得到了进一步揭示。

《增版东西学书录》通过二级类目的划分,为"实事"之"政"确立了更为直接的学理渊源,对"政"和"学"各自内部关系的认识得到了进一步的厘清。例如,"矿务"类下分矿学、矿工二类,前者著录《矿学须知》等矿学理论图书,后者著录《开煤要法》等实践类的文献;"工艺"首列工学,收录《工程致富论略》等理论著作,其余塘工、河工、路工、

① 熊月之:《晚清新学书目提要》,上海书店出版社,2014,第36页。

汽机总、杂工、杂艺诸小类收录《海塘辑要》等直接指导实际操作的文献。尽管，作者在《叙例》中反复言及政、学二分原则，如上引"言政以公法、公理之书为枢纽，言学以格致、算学之书为关键"；"西政之善曰实事求是，西艺之善曰业精于勤"，"艺"强调技术操作，"政"强调制度层面上的运用，政、艺都是指具有操作性和可执行性的内容。但事实上已经突破了政（艺）、学二分的体系，这或许是其《叙例》反复言及政（艺）、学，而在具体类目中不以政（艺）、学作为部类的根本原因。

（四）　其他西学书目的分类及其特点

几乎与《增版东西学书录》一致，其他西学书目的分类亦大致是对于《西学书目表》的继承与修订。

首先，一方面继承《西学书目表》的学政二分体系，另一方面又明确意识到"一切政"并不出于"格致"之"学"。例如，赵惟熙认为："西书门目繁多，大致不外曰政、曰教、曰艺三类，教务书率浅陋不足观，译笔尤多恶劣，屏弃不录，以政学、艺学分上下篇。"[1]其中的政学、艺学实即梁启超的政、学。其《西学书目答问》分政、（宗）教、艺三学，但实收政艺二类，政学类收书221种，分史志学、政治学、学校学（《西学书目表》称学制）、法学、辨学、计学（即经济学，在书目中首次出现该类名）、农政学、矿政学、工政学、商政学、兵政学、船政学，附交涉、游记、杂著；艺学类计收151种，包括算学、图学（附中国地舆图）、格致学、化学、汽学、声学、光学、重学、电学、天学、地学、全体学、动植物学、医学。[2]但《西学书目答问》"政学、艺学"二分与《西学书目表》的学、政二分仍有区别。集中表现在以下几方面。

一是变梁启超"先学后政"为"先政而后艺"，从而突出了"政"的现实效用性。

二是改梁启超"西政"类名为"政学"，表明"西政"不仅具有"见诸行事"的实践性，也有指导"行事"实践的学理依据。相应地，政治学、学校学（教育学）、法学、计学（经济学）等社会科学门类以及史志学、辨学等人文科学门类都得到了书目确认。其中，"辨学"收录《辨学启蒙》《天

---

① 熊月之：《晚清新学书目提要》，上海书店出版社，2014，第569页。
② 熊月之：《晚清新学书目提要》，上海书店出版社，2014，序言：7。

演论》等文献，乃是对哲学、逻辑学典籍的补充。但赵惟熙强调："此学原无与于政治，然西国之富强恒由之，故附于此。"[①] 亦即，"辨学"不具现实操作性，置之"政学"只是一个权宜之计。这也反证，农政学、矿政学、工政学、商政学、兵政学、船政学等都具有操作层面上的指向性。

三是"政学"及其所分具体社会科学类目表明，"见诸行事"的"政"并不"出于"自然科学（格致）之"学"，而有社会科学之"学"的学理基础。例如，"政治学"类目中，《佐治刍言》《英政概》等理论著作，才是作为"见诸行事"的政治操作的学理之本；"计学即理财学也"，"此门（商政学）宜与计学分看，盖彼言其理，此言其事也"。[②] 显见，属于计学的《原富》《富国策》等经济学专门著作，才是"商政"的学理基础。

四是人文科学得到进一步的重视。《西学书目答问》"政学"之下有"辨学"小类，收《辨学启蒙》（英国人耶方斯的逻辑学著作）和《天演论》（英国人赫胥黎的哲学名著）两种，两者都是人文科学类文献。又如，《日本书目志》15 门中的"理学门第二"既包括自然科学细目，也包括哲学、伦理学、心理学、伦理学等社会科学；"政治门第五"既包括国家政治学、行政学、财政学、社会学、经济学、统计学等社会科学，也包括政体书、岁计书等制度设计层面的类目；"法律门第六"既包括国际法学、法理学等社会科学类目，也包括帝国宪法、刑法书、民法等制度内涵的类目；"文学门第十一"包括文学、作诗及诗集、新体诗、歌学及歌集、俳书及俳谐集、俳人传记、戏文集、唱歌集、戏曲、谣曲本、脚本等小类；此外，"文字语言门第十二""美术门第十三""小说门第十四"都是人文科学性质的大类类目。

总体而言，在分类上相对于《西学书目表》"学政"体系的精进，集中体现在对梁启超"凡一切政皆出于学"认知的颠覆上。例如，1903～1904 年沈兆祎《新学书目提要》将"新学"分为法制、历史、舆地、文学、西学、西艺、杂录、小说 8 类。这里，"西学"和"西政"（实即沈兆祎的"西艺"）已经丧失了统摄广义西学的地位。换言之，历史、舆地等其他六类，并不能纳入"西学"和"西政"的范畴。说明"西学""西

---

① 熊月之：《晚清新学书目提要》，上海书店出版社，2014，第 576 页。
② 熊月之：《晚清新学书目提要》，上海书店出版社，2014，第 576、580 页。

政"的二分体系正在被颠覆，而被颠覆的本质在于更好地厘清实事之
"政"与学理之"学"之间的对应关系。同样，在科举考试由八股改策论
的试题中，有这样的问题："西国财政合于计学达例若何""理财学之研究
与推算国富之法之关系""西国法律原于罗马，沿革若何？今法律之学为
科凡几？自治外法权行于通商口岸，受病甚深，规复主权宜用何策？""研
化学之有关农务者俾助兴农业策"。① 这些问题的设定，也是强调"计学"
"理财学""法律之学"等社会科学，才是相应庶政之学理的直接基础。

　　但是，这批西学书目都旨在为维新改良张本，又是它们共同的选择。
例如，康有为认为，"泰西之强，不在军兵炮械之末，而在其士人之学、
新法之书"，② 因此，在《日本书目志》15 个类目中，"兵书门"殿后，从
而也从目录学的角度表达了与洋务运动时期不同的思想认知：制度层面上
的维新改良比"夷技"更重要。

---

① 章清：《"策问"与科举体制下对"西学"的接引——以〈中外策问大观〉为中心》，台
　北：《中研院近代史研究所集刊》第 58 期（2007 年 12 月），第 53~103 页。
② 康有为：《日本书目志》，姜义华、张荣华编校《康有为全集》（第三集），中国人民大学
　出版社，2007，第 263 页。

第四章
新旧并列式书目

　　姚名达在列举梁启超《西学书目表》等西书独立编目的系列成果之后总结指出，《东西学书录》《新学书目提要》等书目，"皆梁先生专录译书一派之继起者也。译书既多，国人自著亦随之日众。其始各录皆附系于译书目后。后来附庸蔚为大国，倍蓰于译书。各种学术既与旧学不同，遂非旧有之四部所能安插，故当时新兴之图书馆有收新书于旧书目录之后，自成一部者"。① 由此产生了近代书目的另一个重要类型——新旧并列书目，即"旧有之四部"和"新书"各自独立为部，两者形成 A+B 式的新旧叠加的书目类型。姚先生认为，该类型书目的兴起概有三个主要因素。

　　其一，新学书籍日盛。

　　随着"译书既多"，中国人也参与到了西学生产大军之中，"国人自著"的西学文献"随之日众""倍蓰于译书"。这里，无论是"译书"还是"国人自著"，其内容皆与"旧学不同"，因而成为"新学"。李双璧说："'新学'与'西学'不同，它是中国化了的东方版西学。"② 但细绎姚先生之言可知，"与旧学不同"的"各种学术"就是"新学"，它包括两个方面，一是如李双璧所云，是"中国化了"的西学，实即根据西方学术理念生产的文献。例如，张之洞《书目答问》"天文算法第七"类序尝曰："今日算学家，习中法者，以《算学启蒙》《九章细草图说》《九数通考》《四元玉鉴》为要；兼习西法者，以《数理精蕴》《梅氏丛书》《新译

---

① 姚名达：《中国目录学史》，上海书店出版社，1984，第 144 页。
② 李双璧：《从经世到启蒙——近代变革思想演进的历史考察》，中国展望出版社，1992，第 218 页。

数学启蒙》《代数术》、新译十三卷《几何原本》为要。"① 因此，在"天文算法"所分"中法""西法"和"兼用中西法"三小类中，中国人著述的《新法算书》《天学初函器编》《测量异同》《测算刀圭》《视学》《比例会通》等文献是分在"西法"中的，这批文献都是"中国化了"的西学文献。二是西人生产的西学文献。显然，"新学"与"西学"都是根据西方学理生产的学术成果，但前者既包括西人的"西学"也包括中国人的"西学"。因此，"新学"之成词的核心在于，中国人参与到了西学的生产过程中。所以，梁启超认为，"新学"的来源有二：一是"采补其所本无而新之"，"其所本无"者即"西学"。二是"淬励其所本有而新之"，"其所本有"者则是指根据"西学"学理改造传统中学而生成的学术新类型。② "今之言国学者，不可不兼合新识"，③ 传统的"国学"正面临着西方学理的改造，而改造的结果就是成为"新学"。因此，姚名达概括"新学"的两个来源是：（1）"译书"，即西方人（包括称之为"东人"的日本人）的西学；（2）"国人自著"，即根据西方学理生成的文献，个中包括改造传统中学而生成的西方化了的学术。

　　至少在书目意义上，"国人自著"文献的涌现，正是"西学"转称为"新学"的关键。作为学术主体的中国人的学术从时间维度被划分为新旧，从而强调了中国学术的时间性分裂，学术上的中西空间问题也被转换成了时间上的新旧。而新学不能安插于传统的四部体系，于是产生了"收新书于旧书目录之后"的新旧并列于一编的目录。因此，新旧并列式书目的动因之一是"国人自著"的新学图书蔚为大观。但正如第三章所云，《西学书目表》等西学书目并不是严格的"专录译书"的译书之目，它们一般都用"附表"或"附录"的形式著录中国人创作的汉文西学文献，因而事实上已经开启了西人（或东西人）所著西学文献和中国人所著西学文献分列于一编的书目体式。相应地，"与旧学不同"的"各种学术"原本亦并不都安插于"旧有之四部"，而是更多地反映在了西书独立编目的目录体系之下。因此，从学术文化的角度而言，并列式书目作为一种新型的书目类

---

① 张之洞撰，范希曾补正《书目答问补正》，上海世纪出版集团，2010，第 140 页。
② 梁启超：《新民说》，《梁启超选集》（上），中国文联出版社，2006，第 211 页。
③ 中学讲习会发起人（章士钊）：《国学讲习会序》，刘东、文韬编《审问与明辨：晚清民国的"国学论争"》（上册），北京大学出版社，2012，第 165 页。

型，其出现旨在将"国人自著"的西学图书从"附表"或"附录"的次要位置提升到与西人所著西书平等的层面，从而也反映了"国人自著"已经成为新学生产的重要主体。进一步，"收新书于旧书目录之后"的"新书"亦不局限于"国人自著"，而是包括了"东西人所著"。反过来，当新旧并列的书目成为一个不可忽视的书目类型，学术也不再依照主体划分为空间上的中西，而是根据内容划分为时间上的新旧。

其二，新兴图书馆的出现。

随着旧式藏书楼转变为近代图书馆，图书馆往往兼收新旧图书并对读者开放，这一现实也需要编制兼及新旧图书的馆藏目录以便于文献的统一管理。这也成为"新书于旧书目录之后，自成一部者"的新旧并列式书目产生的重要推动因素。

其三，目录学的内在发展逻辑。

随着"新书"品种和数量的增多，"各种学术既与旧学不同，遂非旧有之四部所能安插"，传统四部体系归于失效。同样，西学独立编目将中国人辑著的新学书籍"皆附系于译书目后"亦非安顿"译书既多，国人自著亦随之日众"之文献的合理模式，由此导致了新旧并列制书目的出现。相对于传统四部体系而言，并列式书目确证了"新书"不能"安插"于四部，从而也确证了"新学"与旧学的异质；相对于西书独立编目而言，它照顾到了"国人自著"的西学文献"随之日众""倍蓰于译书"的现实，由此导致新旧并列书目的勃兴。

第一节　新旧并列式书目概况

新旧并列式书目，在同一部目录中将新旧图书分为两个部分，分别使用两套分类体系，形成了 A+B 式的机械叠加。姚名达认为，这一书目类型，"发其意者，殆为黄庆澄之《普通学书目录》。"①

一　黄庆澄《普通学书目录》

姚名达曰："（《普通学书目录》）卷一所列为中学入门书、经学、子

---

① 姚名达：《中国目录学史》，上海书店出版社，1984，第144页。

学、史学、文学、中学丛刻书。试取以与《书目答问》比较，即知其由《答问》脱胎而来。卷二列西学入门书、算学、电学、化学、声光学、汽机学、动植学、矿学、制造学、图绘学、航海学、工程学、理财学、兵学、史学、公法学、律例学、外交学、言语学、教门学、寓言学、西学丛刻书。其分类较《西学书目表》略多而名称不妥。卷三为天学、地学、人学（人学即医学）。书撰于光绪二十四年（1898），原为指授初学，融贯中西而设。虽非藏书目录，且浅之无甚精义。然混合新旧之目录于一编者，固未之或先也。是后遂有以新书为'时务部'，列于四部之后者。流风所扇，入民国后犹有若干公立图书馆习用此种新旧分列之办法。"①

黄庆澄（1863～1904）《普通学书目录》是新旧并列式书目的先导。该目编制于光绪二十四年，同年由算学报馆刊刻。全目共分三卷，卷一著录中学旧籍，除第一大类"中学入门书"之外，其余五类——经学、子学、史学、文学和中学丛刻书，实由张之洞《书目答问》经史子集丛"脱胎而来"。唯所不同者，一是颠倒子、史的顺序；二是经史子皆缀以"学"字；三是"集"改称为"文学"；卷二、卷三以包括"国人自著"在内的西学新书为对象，其类目基本是在《西学书目表》的基础增删损益而来，即姚名达所谓"中书多取之南皮尚书《书目答问》，西书多取之新会梁氏《西书表》"。显然，《普通学书目录》三卷，实际是由新旧二部分凑泊而成。

黄氏《普通学书目录》对所列诸书多附有简短评论，如《欧洲史略》"读之可审彼土古时大势"，《延年益寿论》"极精"。因此，《普通学书目录》"原为指授初学，融贯中西而设"，是典型的导读书目而非"藏书目录"。类目编排则根据门径书、紧要书、参证书等排列，例如，在"中西普通门径书"中列有冯桂芬《校邠庐抗议》、颜永京译《肆业要览》、傅兰雅《佐治刍议》等。"中西参证书"包括《谈天》《天文揭要》《地学浅释》等203部，所占比重最大。显见，在林林总总的新书门类中，试图发现"为学关键"，是该目的一个努力方向。随着近代图书馆的兴起，兼收新旧成为常态。作为非藏书目录的《普通学书目录》，也无意地启发了藏书目录的编制，为很多近代图书馆所仿效。正如台湾学者昌彼得、潘美

① 姚名达：《中国目录学史》，上海书店出版社，1984，第144～145页。

月指出:"自西洋学术大量输入我国后,因新旧典籍的内容与体裁各殊,在清末杜威十进法尚未传入时,编目录者无所遵循,大都将新旧图书分别编印目录而使之并行。沿至民国,虽杜威法已渐盛行,但仍有因袭新旧并行制的。"①

二 其他新旧并列式书目

兹据姚名达《中国目录学史》、刘简《中文古籍整理分类研究》、郝润华《二十世纪以来中国古籍目录提要》等著述,罗举《普通学书目录》以降的新旧并列式书目如下。

1.《浙江藏书楼书目》

1904 年《浙江藏书楼书目》以甲乙标识新旧:"新书日多,一部不足以容纳,则有提出新书,独立于旧书之外,各编目录者。例如,光绪三十年之浙江藏书楼书目,编者杨复、胡焕既以甲编依《书目答问》之法,'为国粹之保存',复'循附录外编之例',将新书编为乙编,'各行其是,两不相师'。计分十六类:(1)法律,章程附;(2)政治;(3)宗教;(4)教育;(5)图史;(6)文学;(7)文字;(8)理学;(9)算学;(10)美术;(11)杂志;(12)工业;(13)商业;(14)兵书;(15)生理;(16)农业。然各类之下,并无子目,藏书不多,未为定例。"②

2.《涵芬楼新书分类目录》

姚名达曰:"至宣统三年之《涵芬楼新书分类目录》(旧书亦兼用《答问》及四库法)始有最完密之类目。分部十四:(1)哲学、(2)教育、(3)文学、(4)历史地理、(5)政法、(6)理科、(7)数学、(8)实业、(9)医学、(10)兵事、(11)美术、(12)家政、(13)丛书、(14)杂书。每部几皆有《总记》及杂类。"③ 这 14 个类目都是针对"新书"的,而"旧书"则"兼用《答问》及四库法"。

3.《上海格致书院藏书楼书目》

《上海格致书院藏书楼书目》六卷,1907 年成书并印行。为格致书院藏版,商务印书馆代印,内附格致书院藏书楼"藏书约"和"观书约"各

---

① 昌彼得、潘美月:《中国目录学》,台北:文史哲出版社,1986,第 238 页。
② 姚名达:《中国目录学史》,上海书店出版社,1984,第 145 页。
③ 姚名达:《中国目录学史》,上海书店出版社,1984,第 146 页。

10 条。书目收书 1097 种，分经史子集丛和东西学书六卷，每部一卷。计 83 小类。其中，卷六东西学分 39 类，全目包括丁未年续添之书合计 2220 种。

4.《河南图书馆分类法》

1909 年《河南图书馆分类法》分旧籍与"时务"及"通俗"两部，前者以经史子集丛分为五部。后者之"时务"大致以社会科学类（如西政、公法、财政等）和工科（如水利、商务、医药等）为主；"通俗"主要以"空言其理"的各门类科学为主，诸如哲学、伦理等人文科学，数理、工学等自然科学，教育学、社会学等社会科学。

5.《浙江公立图书馆分类法》

1912 年《浙江公立图书馆分类法》。浙江公立图书馆 1912 年由浙江藏书楼所改建，后又称浙江省立图书馆。总分"保存""通常"二部。"保存"仍分经史子集四部；"通常"之部的类目为："宗教、哲学、教育、文学、语言、历史、传记、地理、纪行、国家、法律、经济、财政、社会、数学、理学、医学、工学、兵学、美术及诸艺、产业、交通、丛书、字汇书。"①

6.《广西图书馆分类法》

1913 年《广西图书馆分类法》印行。广西图书馆始建于 1909 年，1912 年落成后改称广西省立第一图书馆。其分类法，分初编上编二部。上编仍以经史子集分类，初编收新书，分部十九，每部或分若干类，或不分类。具体类目如下：

教育部：教育总类、教育制度类、教授法类、教育纪录类；

政法部：政治类、法制类、经济理财类、警政类；

军学部：陆军总类、步兵类、马兵类、工兵类、炮兵类、辎重类、海军类；

实业部：实业总类、农业总类、农业蚕桑类、农业畜牧类、农业种植类、工艺类、商业类；

哲学部：杂类、心理学类、伦理学类；

① 刘简：《中文古籍整理分类研究》，台北：文史哲出版社，1981，第 188 页。

医学部：医药理类、生理卫生类；

修身部：修身总类、修身教科书类、修身教授书类；

经学部：经学教科书类；

国文部：文学类、尺牍类、字帖类、国语类；

外国文部：英文类、东文类、法文类；

历史部：历史总类、本国历史类、东洋历史类、西洋历史类；

地理部：地理总类、中国地理类、地理图表类、地理杂类；

算学部：算术类、代数类、三角类、几何类、珠算类；

理科部：理科格致类、化学类、矿物学类、植物学类、博物学类、动物学类、物理学类；

体操部：

图画部：图书教科、几何画类；

乐歌部：

杂志部：杂志总类；

小说部：

7. 《安徽图书馆分类法》

安徽图书馆始建于 1913 年，后改称为安徽省立图书馆，由先哲邓绳侯先生创立于风节井。其《安徽图书馆分类法》，旧书采用《书目答问》例；新书则分为六部，其内容如下：

文科部：文学类、音乐类、美术类、小说类；

哲科部：总论类、心理学类、伦理学类（社会学附）、论理学类；

政科部：政法类、财政类、经济学类（统计学附）、教育类、陆海军类、实业类；

理科部：医学类、卫生学类、算学类、博物学类、理化学类；

杂部：杂书类；

外国文部：英文类、法文类、德文类、日文类。①

---

① 刘简：《中文古籍整理分类研究》，台北：文史哲出版社，1981，第 188 页。

8. 《江苏省立第二图书馆分类法》及其《续编》《三编》

1914 年《江苏省立第二图书馆分类法》以及 1917 年的《续编》与 1919 年《三编》，其旧书皆仿《书目答问》例分为五部；新书则分为文学、政事、实业三类，合名"新部"。每类各分子目。具体类目为：

文学部：教育、国文、各国文、伦理哲学名学、中国历史、各国历史、地理、算学、格致、尺牍、小说、公报杂志；

政事部：法政、刑律、各国法律、外交；

实业部：理财、农学、工商、图书、美术。①

9. 《京师图书分馆藏书目》

1914 年《京师图书分馆藏书目》，是 1914 年迁至方家胡同原国子监旧址的京师图书馆（今国家图书馆）分馆（今首都图书馆）的馆藏目录。"全书包括两大部分：第一部分是古籍图书，按传统的四部分类法编排……第二部分图书为中文类与外国文学类。其中前者又分政法类和科学类两类"。②

10. 《无锡县图书第一次目录》

1915 年《无锡县图书第一次目录》印行。旧书依经史子集丛分五部，新书分政部、事部、学部、文部、报章部等六部。部下分类，如政部下面再分内务、外交、财政、海陆军、司法、教育、农工商、交通等 8 类。

11. 《云南图书馆书目初编》及其《二编》

1915 年云龙《云南图书馆书目初编》印行。旧书分经史子集丛五部，新书称"科学部"，用表格体裁。1923 年《云南图书馆书目二编》亦分经史子集丛（旧书）、科学（新书）六部。其中，"科学部下又分财政类、军事类、文学类、地理类、历史类、舆图类、杂著类等几个部分"。③

12. 《教育部图书目录》

1915 年《教育部图书目录》，"是在民国元年（1912）《教育部图书目

---

① 刘简：《中文古籍整理分类研究》，台北：文史哲出版社，1981，第 189 页。

② 郝润华、侯富芳：《二十世纪以来中国古籍目录提要》，华东师范大学出版社，2012，第 2 页。

③ 郝润华、侯富芳：《二十世纪以来中国古籍目录提要》，华东师范大学出版社，2012，第 7 页。

录》的基础上重编而成"，第一卷为经部书籍；第二、三、四卷为史部书籍；第五卷为世界史及科技类书籍等；第六卷为子部书籍；第七卷为集部书籍；第八卷为丛部书籍"。①

13.《太仓县立图书馆目录》

1923 年徐福塘编《太仓县立图书馆目录》，"全书八卷，前五卷依四部分类法编排……第六卷为'新著书'……第八卷为'乡人著述'"。②

14.《黄岩九峰图书馆书目》

1911 年王舟瑶编《黄岩九峰图书馆书目》"全书分五卷，前四卷为经、史、子、集四部古籍，按四部分类法编排，第五卷为'科学书'"③。

除此之外，新旧并列式书目另有很多，主要包括如下。

1902 年《皖省藏书楼书目》；

1912 年天津《直隶图书馆书目》；

1914 年《南通图书馆书目初编》；

1915 年《浙江图书馆观览类及保存类书目》；

1915 年《山东图书馆书目》；

1916 年《福建公立第一图书馆藏书总目初编》；

1917 年《河南图书馆书目表》，四部外加丛书、时务二部；

1918 年《周浦公立图书馆书目》；

1919 年《常熟县图书馆藏书目录》，民国十八年（1929）续编；

1919 年《武昌高等师范学校图书馆目录》；

1919 年《涵芬楼再续编目录》；

1920 年《无锡县立第一高等小学图书馆目录甲编》；

1921 年初赵宪章编《吉林省立图书馆目录》，"总体上根据图书的知识学术性质进行分类。但旧籍仍按照《四库全书总目》分类"④；

---

① 郝润华、侯富芳：《二十世纪以来中国古籍目录提要》，华东师范大学出版社，2012，第 5 页。
② 郝润华、侯富芳：《二十世纪以来中国古籍目录提要》，华东师范大学出版社，2012，第 16 页。
③ 郝润华、侯富芳：《二十世纪以来中国古籍目录提要》，华东师范大学出版社，2012，第 14 页。
④ 郝润华、侯富芳：《二十世纪以来中国古籍目录提要》，华东师范大学出版社，2012，第 15 页。

1924 年张继祖、刘干编《甘肃省公立图书馆书目》分经史子集丛书和"科学部"六大类①;

1924 年《湖南图书编辑处附属图书馆书目》,"全书分为经部、史部、子部、集部、丛书部、新学部、小说部 7 类"。②

第二节　新旧并列式书目的特点

新旧并列书目适应了新书日增而"不能为传统四部体系所包容",兼收新旧图书的新兴图书馆又需要统一管理所藏文献的现实需要。因此,与过往四部体系以及西书独立编制的书目相比,有其自身的特点。

一　藏书目录

新旧并列书目由黄庆澄 1898 年《普通学书目录》发凡起例,虽然黄氏书目是"原为指授初学,融贯中西而设"的导读性书目,但该目启发了兼收新旧图书的新兴图书馆如何统一管理文献的问题。因此,新旧并列式书目主要以藏书目录为主。诸如《浙江藏书楼书目》《涵芬楼新书分类目录》《皖省藏书楼书目》《云南图书馆分类法》《黄岩九峰图书馆书目》《直隶图书馆书目》《南通图书馆书目初编》等等,从书目名称即可了然其藏书目录的性质。

作为藏书目录的新旧并列式书目,类目设置多取决于本馆实际所藏文献,形成的是图书分类而不是知识分类,所以都各自编订,没有统一规划,甲馆之目往往不能运用于乙馆的图书编目,所谓"藏书不多,未为定例"。③ 例如,《山东图书馆书目》将馆藏图书分为九类,其中,"山东文艺"为九类之一,即是针对馆藏特色而设置的类目。也正因为是藏书目录,类似《上海格致书院藏书楼书目》那样正文中"科学"和"名学"

---

① 郝润华、侯富芳:《二十世纪以来中国古籍目录提要》,华东师范大学出版社,2012,第 16 页。
② 郝润华、侯富芳:《二十世纪以来中国古籍目录提要》,华东师范大学出版社,2012,第 17 页。
③ 姚名达:《中国目录学史》,上海书店出版社,1984,第 145 页。

空列其目的现象并不习见。总之，作为藏书目录，新旧并列式书目是根据本馆实际庋藏文献而编制的图书整理和管理目录，有其书则立其类，是其典型特征。

1909 年孙毓修载于《教育杂志》第一、第二卷各期中的名著《图书馆》一文曾经指出："新书分类，断不能比附旧书联为一集者，以其统系至广且博，非四部所能强合也。惟方草创，前乏师承，适当为难耳。"① 此为见于论文的最早主张新旧并行的见解。孙氏的新书分类法，亦仿欧美通行之杜威十进分类法的类目类次而酌为更变，列为二十二部。部下分类，但最多为三级类目。如"哲学部"下的二级类目"总记类"，再分字书、哲学史两个三个类目；"心理学类"再分生理心理学、催眠术、记忆法三个三级类目；"论理学类"则不再细分三级类目。这是一个仿杜威分类而形成的脱离具体图书而编制的知识分类体系，不仅超越了根据本馆庋藏而编目的有其书则立其类的馆藏目录，也超越了黄庆澄根据社会现实存在（而非某图书馆实藏）的文献而编制的导读性的《普通学书目录》。由此亦可见证，从藏书目录和导读性质的非藏书目录（它们都是图书分类目录）发展为脱离具体文献的知识分类目录（而不是图书分类目录），是中国近代书目发展的一个重要指向，而这一指向的最终告成，又是以 1917 年沈祖荣、胡庆生《仿杜威书目十类法》的问世为标志的。

二　新学类目的学科化

新旧并列式的书目，其新书和旧籍的分类各行其是，两不相师。即"酌变四部之目"，以分类旧籍；参考《西学书目表》或"暂依杜威氏之十进分类法"以分类新书，② 形成 A+B 式的简单凑泊。类表中"关于中国固有之类目，则大率采自汉书艺文志、通志艺文略、文献通考经籍考、焦竑国史经籍志、张之洞书目答问、四库全书总目"；"关于新近之学科，则采自美国国会图书馆分类者为最多，而杜威十进分类法次之，布朗、克特两氏之分类法亦多资参考"。③ 这里，关于旧籍的分类虽标准不一，但大体以《四库全书总目》和张之洞《书目答问》为据，前者为传统分类的代

---

① 孙毓修：《图书馆（分类篇）》，《教育杂志》1910 年第 2 期，第 8~11 页。
② 傅振伦：《编制中文书目之管见》，《北大图书部月刊》1930 年第 2 期，第 1~86 页。
③ 俞君立：《中国文献分类法百年发展与展望》，武汉大学出版社，2002，第 16 页。

表，后者产生于 1875 年，反映的是古籍分类在近代的发展形态。例如，《涵芬楼新书分类目录》"旧书亦兼用《答问》及四库法"，《浙江藏书楼书目》以甲乙标识新旧，"以甲编依《书目答问》之法"。[①]

影响新书分类的目录，实际有三：一是梁启超《西学书目表》；二是"杜威氏之十进分类法"，该法总分十部：总部、哲学、宗教、社会科学、言语学、自然科学、应用技术、美术、文学、历史；三是美国国会图书馆分类法，该法发表于 1879 年，"只用两个字母代表部与类，每类再分目，则用数学而不用字母，数字用至第四位即止"。[②] 其部（一级大类）有二十个，分别为：（1）A 总部，（2）B 哲学宗教，（3）C 历史—补助科学，（4）D 历史与地志—美国除外，（5）EF 美国，（6）G 地理学、人类学，（7）H 社会科学，（8）J 政治科学，（9）K 法律，（10）L 教育，（11）M 音乐，（12）N 美术（建筑学、绘画术），（13）P 语言学（语言与文学），（14）Q 科学，（15）R 医学，（16）S 农业、植物与动物之实业，（17）T 工艺学，（18）U 军事学，（19）V 海军学，（20）Z 目录与图书馆学。

1. 仿《西学书目表》者

相比而言，《西学书目表》与另两部美国学者所编书目的核心特征在于：前者将西学分为西学（自然科学）和西政（庶政和工艺）两大类别；"西学"只包括自然科学而不包括社会科学、尤其不包括人文科学；"西政"部分既包括"庶政"意义上的官制、学制、法律等制度性内容，也包括农政、矿政、工政、商政、兵政、船政等虽涉制度层面但主要是从技术维度着眼的内容。例如，《浙江藏书楼甲乙编书目》乙编，首列（1）法律（章程附）、（2）政治、（3）教育，即是受《西学书目表》影响的结果，从中仍可读见戊戌变法思想的余绪。

《河南图书馆分类法》新书分"时务"及"通俗"，大抵"时务"主要包括《西学书目表》的"西政"和"西学"（格致、化电力声光）；"通俗"则多为《西学书目表》所缺的哲学、伦理、神怪、社会、文学、侦探、言情等社会、人文科学类目。《河南图书馆分类法》还将教育、政法等独立出来，作为庶政所从出的学理；将数理、史学、地理、兵学、商

① 姚名达：《中国目录学史》，上海书店出版社，1984，第 145 页。
② 姚名达：《中国目录学史》，上海书店出版社，1984，第 152 页。

学、农学、工学等独立出来，作为工艺所从出的学理。因此，虽然该目新书的"时务""通俗"二分颇多纠缠，如"时务"有各国史、法政、教育、地理、医药，"通俗"又有史学、政法、教育、地理、医学，但作者显然是要明确区分"见诸行事"的"时务"和"空言其理"的"通俗"，这也是"时务"类有"格致、化电力声光"，但"数理"却在通俗类的主要原因。而"见诸行事"和"空言其理"之别，正是梁启超之广义西学"学部""政部"二分的嗣响。

《广西图书馆分类法》十九部类大致包括下述几个方面：第一，庶政部分，包括教育部、政法部、军学部。第二，工艺部分，主要包括实业部，这两者大致相当于《西学书目表》的"西政"。第三，哲学部、医学部、修身部、经学部、国文部、外国文部、历史部、小说部，其中除"历史部"被《西学书目表》列为"西政"之首外，其余类目都为后者所缺失，且多属于人文社会科学类。第四，算学部和理科部，大致相当于《西学书目表》的"西学"。第五，体操部、图画部、乐歌部等旨在培养情操的类目，反映了"新民"的时代特色，亦为《西学书目表》所不备。

《江苏省立第二图书馆分类法》的最大特点是将《西学书目表》中的"学部"改称为"文学部"，但实际所收，除算学、格致等理科（自然科学）等见诸《西学书目表》的内容之外，另外包括文科（人文、社会科学两类）以及公报杂志等依体裁分类的文献类型。"西政"所包含的庶政和工艺则分为"政事部"和"实业部"，但实业部下又包括图书、美术二类，殊为不伦，概因该目大部紧缩为三（文学、政事、实业），故而有此龃龉。对于比于上述《浙江藏书楼甲乙编书目》《河南图书馆分类法》《广西图书馆分类法》可知，这三部书目都是根据实用原则将"政"置诸"学"前的。但《江苏省立第二图书馆分类法》不仅呈现出《西学书目表》学政二分的总体框架，且将"学"置于"政"之前，较忠实地秉承了《西学书目表》"一切政皆出于学"的原则。并且，基于"有裨世用"的现实需要程度为原则，次第接纳和引进了不同内容的西学。

我们知道，"经世致用"是沟通中西方知识的桥梁。正如梁启超总结清学分裂原因时指出，中国学者们"以其极幼稚之'西学'智识，与清初启蒙时期所谓'经世之学'者相结合，别树一派，向正统派公然举叛旗矣"。① 随着所经之"世"的不断变化，"西学"名相也经历了一个从夷技、格致、西学、东西学、新学、实学的转变，而名相转换既是西学内容扩大的过程，也是价值褒贬跃迁的过程，同时也折射了所经之"世"的移易。但不变的是经世指向本身，从而也意味着学术是以效益为导向，具有明确的功效理性态度，"讲究经验观察，接受经验教训，同时并多多少少以成本或利润计算为处理业务的原则"。② 这从并列式书目的"新部"往往以"通俗""时务"命名亦可读见。事实上，新学之"新"本身，也有强调针对现实"新问题"的用意。经世主题决定了知识的范畴、视野与解读视角，知识本身已经成为第二性的存在。由此导致，所谓"学问"往往只问其是否以及如何有益于国家富强，而不问知识学术本身的学理逻辑。因此，分类有时并不反映西学知识本身的原有脉络和谱系，知识的框架也不是知识本身的框架，而往往是社会需求的框架，甚至切断知识与其原生环境之间的关联亦在所不惜。简言之，学者们与其说是重视知识本身，毋宁说是对知识的一种看法、一种态度，一种将知识如何致用的认知以及应付变局的对策。这种以功能为导向的价值逻辑，更多地考虑到了学科的现实经世之需，极少以单纯论理的原则阐述客观化的学理，而是举证西学之例以为时用。这就限制了读书人认识西学的角度，并阻碍了中学在致用意义上与西学接引的可能。

2. 仿 DDC 者

仿 DDC 书目以 1909 年孙毓修《图书馆》一文中的分类为代表，该文第 4 章《分类》对于旧书分类法（四部体系）、新书分类法（东方图书馆图书分类法，即涵芬楼图书分类法）及西书分类法（杜威十进分类法）加以比较，认为新旧图书和中西图书在内容与形式上差别甚巨，应该分别予以分类编目。③ 因此，孙氏不仅不认可古籍纳入杜威体系，甚至也不赞成新书纳入杜威体系。为此，他仿杜氏十进法类，结合涵芬楼所藏"新书"实际，编制了东方图书分类法，总计 22 个大类。其目为：哲学部第一，宗教部 第二，教育部 第三，文学部 第四，历史地志部 第五，国

① 梁启超：《清代学术概论》，朱维铮校订，中华书局，2011，第 107 页。
② 张灏：《宋明以来的儒家经世思想试探》，《近世中国经世思想研讨会论文集》，台北：中研院近代史研究所，1984，第 147 页。
③ 范凡：《20 世纪早期的两部图书馆学著述》，《图书馆建设》2012 年第 1 期，第 90~93 页。

家学部 第六，法律部 第七，经济财政部 第八，社会部 第九，统计部 第十，数学部 第十一，理科部 第十二，医学部 第十三，工学部 第十四，兵事部 第十五，美术及诸艺部 第十六，产业部 第十七，商业部 第十八，工艺部 第十九，家政部 第二十，丛书部 第二十一，杂志部 第二十二。显见，在孙毓修的分类体系中，旧书以传统四部法为圭臬；西书以杜威十进分类法为原则；新书主要是"国人自著"的新学文献，既不能入四部体系也不能以杜威法分类，但其二十二部仍可看出其实为杜威十部体系酌为变更的结果。此外，《京师中央公园图书阅览所目录》"旧书分为经、史、子、集四部，新书分为总汇、精神科学、历史科学、社会科学、自然科学、应用科学、艺术七部"，① 虽仅七部，但实际上是将 DDC 中的历史科学提前，改哲学为精神科学，另删削语言学、合并美术、文学于"艺术"而来。

3. 仿美国国会图书馆分类法者

相比于《西学书目表》而言，DDC 和美国国会图书馆分类法的核心特征是根据学术自身的学理结构（而非现实需要原则）而编制，DDC 总类为十，美国国会图书馆分类法总类为二十，但都将总部、哲学、宗教列为部类之首。总体上，两者的区别在于：DDC 的后续类目以社会科学、自然科学、人文科学、历史（记忆科学）为序；而美国国会图书馆分类法的后续类目则是：历史（记忆科学）、社会科学、人文科学、自然科学。在中国近代的新旧并列式书目中，"新书"部分仿美国国会图书馆分类法的书目可以以下述三部为代表。

《涵芬楼新书分类目录》新书分为十四大类。其（1）哲学、（2）教育、（3）文学、（4）历史地理、（5）政法、（6）理科、（7）数学等类目及其次序表明，该目着眼于学术的内在结构关系，而不是现实的社会需要。但教育、文学、历史地理等前置于政法，则殊为不伦；（11）美术厕于（10）兵事和（12）家政之间亦非精见。

《浙江公立图书馆分类法》"通常"部分的"乙部"所分 22 小类，主要包含五个部分：第一，宗教、哲学、教育、文学、语言、历史、传记、

---

① 佚名：《中央公园图书阅览所民国七、八年度年终工作报告》，李希泌、张椒华《中国古代藏书与近代图书馆史料（春秋至五四前后）》，中华书局，1982，第 274~277 页。

地理、纪行、国家、法律、经济、财政、社会，大致属于人文和社会科学的内容；第二，数学、理学、医学、工学、兵学大致属于理科和工科的内容；第三，美术及诸艺属于艺术类；第四，产业、交通属于"见诸行事"的实务内容，大致相当于《西学书目表》广义的"西政"；第五，丛书、字汇书，为综合性图书。

《上海格致书院藏书楼书目》"东西学书"大致将"学"置于"政"前，而"学"又主要以自然科学、人文社会科学为类。另外，科学和名学空列其目；家政学、伦理学移至光学和力学之内；哲理学放在体育学之前，另外增加了动物学、植物学，所以正文实际有 39 类。

4. 独立分类者

《西学书目表》并不以具体图书馆的庋藏为限而是根据社会上现实存在的西书（梁启超延及"未译""未刊"乃至学理上可能存在的西书而"购悬其目"，但仍是根据社会实有图书为原则的分类）；"杜威氏之十进分类法"则是彻底脱离现实图书的知识分类体系；美国国会图书馆分类法一方面根据美国国会图书馆的藏书实际，另一方面也参考了杜威书目超越馆藏实际的知识分类。而新旧并列式书目基本上都是根据现实馆藏图书而编目的藏书目录，因而在实际分类上虽参仿上述三种分类方法，但并不限定为绝对楷式，而是根据实际收书和书目作者的自我理解另创分类体系。例如，《广东图书馆分类法》的"新书"分为行政、经济、教育、军政、格致、法政；《皖省藏书楼书目》于经史子集之外，另立农、工、商、兵、报、图六类，两者的分类主要是根据国家行政运作和社会分工的实际需要而进行的。1914 年《南通图书馆书目初编》于四部外，新立"天地人物"四部，实际上是参考了中国古代类书的大类结构。1914 年《京师图书分馆藏书目》分新旧两部分，新书称为"中文类与外国文学类"，既以文种为据，又将后者（"外国文学"）分为政法类和科学类。

由此可见，新旧并列式书目在具体分类时，既遵守学科自身的客观逻辑，也考虑到了类目设置的现实实用逻辑。这在晚清西学汇编资料中亦十分常见。1897 年上海鸿文书局石印本《西学二十种萃精》，分为天文部、历学部、地舆部、地球部、洲岛部、政治部、工程部等类目。1901 年《新辑经济时务策论初二编广告》曰："是书周君仲芬先生编辑近时经济实学策论，初编类分八门，曰国政，曰文学，曰邦交，曰地学，曰武事，曰商务，曰农工，曰工政，成书八卷。又辑二编六卷，国学，商政，海防，税则，武㓪，近时变法，储才，无不采辑，公诸同好……有志留心时务考必以先睹为快也。"[1]《新出皇朝经济文新编》曰："凡本朝政治掌故，各国兵律农商诸大端无不赅备。"《皇朝经济文初编》云："是书为求自强斋主人所辑，专以讲求经济为宗旨，内分八门，一学术，二治体，三吏政，四户政，五礼政，六兵政，七刑政，八工政，诚为讲求经济者必需之书也。"[2] 基本上，上述西学资料汇编是废八股改策论的科举改革的产物，因策论（而不是八股）考课的项目直接面向社会现实，因而并不都是按学科分类的。它反映了社会日益近代化，对"什么是重要的知识"等问题的认知正在发生改变，而知识类型的改变，本质上则是在重塑着一种崭新的价值观。

三　新学类目的具体内容

上述新旧并列书目中的新书类目，总体上反映了某藏书机构实际所藏的新学书籍情况。虽然各个书目的实际分类结构不一，但仍可大致看出类目由简趋繁，日趋完善的总体走向。

首先，类目数量增多。例如，《上海格致书院藏书楼书目》分经史子集丛和东西学书六卷，其中的卷六"东西学"的类目达到39个。

其次，普遍出现二级类目。例如，《涵芬楼新书分类目录》用近代学科分类整理中西文献，十四大类之下，各有子目。如"教育部兼含法令制度、教育学、教育史、教授法、管理法、学校卫生、体操及游戏、特殊教育、幼稚园及家庭教育、社会教育"，从而将有关教育的学理、制度、操作等细节性的方面厘为子目，远远超出了西书独立编目的书目体式。另如，"哲学部"兼含伦理、心理、哲学，"文学部"兼含文典修词学、读本、尺牍、诗歌、戏曲、外国语、字帖、小说，皆细化了类目的内涵和层次。同样，《广西图书馆分类法》分十九部，部下多分子目。如"哲学部"下分杂类、心理学类、论理学类，门类分合亦属合理。

最后，社会科学和人文科学独立为类。在以《西学书目表》为代表的

---

① 佚名：《新辑经济时务策论初二编广告》，《中外日报》1901 年 11 月 25 日。

② 刘广京、周启荣：《皇朝经世文编关于"经世之学"的理论》，台北：《中研院近代史研究所集刊》第 15 期（1985 年 6 月），第 33~88 页。

西书独立编目体系中，人文科学基本不被收罗，而社会科学则在"见诸行事"的政部而未获独立。但在新旧并行制中，社会科学和人文科学文献都得到了补充，且大多数类别都被列为独立的类目。例如，《浙江藏书楼书目》乙编中的"新书"16 类有宗教、文学、文学、美术、生理。《河南图书馆分类法》新书"通俗部"包括神怪、侦探、言情。《广西图书馆分类法》所分十九部包括修身部（下分修身总类、修身教科书类、修身教授书类）、体操部、图画部、乐歌部、小说部。《安徽图书馆分类法》的新书分为六部，其中"文科部"又分文学类、音乐类、美术类、小说类。《云南图书馆分类法》中的"科学部"，包括乐歌、体操、图画、手工等二十类。《上海格致书院藏书楼书目》新书 39 类则包括了"女学"。显然，这些类目的设置，已经从《西学书目表》强调制度层面的"庶政"内涵，发展为强调个人品德、能力和情操的培养，实际上是"新民"理念在书目文献上的反映。

第三节 新旧并列式书目中的中西学术关系

如上所述，新旧并列书目产生的背景是兼收新旧图书的近代图书馆的兴起，以及传统四部体系和西书独立编目体系的不敷所需。而从学术层面上看，则是空间意义上的中西学术转换为时间意义上的新旧学术。本节拟就新旧并列式书目所反映的学术的中西、新旧关系试作分析。

一 背景

光绪二十四年（1898）4 月 29 日，康有为等上《请废八股试帖楷法试士改用策论折》，[①] 同年 6 月 23 日光绪下诏："著自下科为始，乡、会试及生、童岁、科各试，向用四书文者，一律改试策问。"[②] 变法失败后，废八股的诏令本身一度被废，但 1901 年清廷实施"新政"，同年 8 月 29 日正式废除八股，代之以改试策论，将废除八股与讲求实学联系起来。"盖八股既废而科举不停，策问所及，必为时务。时务不能空言，彼发策之人与对

① 康有为等：《请废八股试帖楷法试士改用策论折》，朱有瓛：《中国近代学制史料》（第一辑下册），华东师范大学出版社，1986，第 76~77 页。
② 曹振镛等：《德宗实录》，《清实录》（册 57），中华书局，1986，第 491 页。

策之人，均必有所取材之地。此取材之地无过读译本书耳""国家既存科举，则广办译书一事刻不容缓矣"。① 改试策论，为广泛输入西学开启了门径。"当今之时，处今之世，废八股而崇策论，且尤必以西学为先"。②

相应地，改科举与设学堂同步，成为学堂全面取代科举之前的重要过渡方案。早在光绪十年（1884），国子监司业潘衍桐上《奏请开艺学科折》，具体拟出 12 条开办艺学科的章程，其中第一条将学习中学与西学作为两种途径，培养不同的人才，委以不同的职位，反映了对西学在培养维新人才中的认可。他建议："宜分途取进也。此科之役，宜略分数场，以制造为主，而算学舆图次之。其能制造而兼通文字者，作为东学，其但能制造而不娴文字者，作为西学。考校时不分东西学，但以制器精良为上。将来由东学者用文职，由西学者用武职，庶有裨实际。"③ 这种"学堂科举，新旧并行"④ 的教育体制，一直延续到 1905 年正式废科举而告终绝。而教育制度中的中西并行，正是新旧并列式书目的语境背景。一方面，废八股改策论导致西学知识门类和数量的激增，西书成"雨后春笋"之势；另一方面，废八股以及后续的 1905 年废科举意味着以儒家经典为代表的中学已经成为历史——即成为不能因应当下现实的"旧学"。降及 20 世纪初年，"新学之兴，以能洋人之学为高，凡守孔孟之道者目之曰顽固之党""近年来为学之士，竟分两途，一曰守旧，一曰维新。守旧者惟恃孔孟之道，维新者独求西法之法"。⑤ 这里，中西二学已经分别意味着"一曰守旧，一曰维新"。

二 从中西到新旧

新旧并列式书目是从新与旧（而不是中与西）的角度界定两种学术之间关系的。因此，所谓并列式，不是中西并列而是新旧并列，也就是姚名达所谓"收新书于旧书录之后，自成一部"⑥ 的书目类型。所以，《涵芬

---

① 《论译书亟宜推广》，《中外日报》1903 年 8 月 30 日。
② 姚肇瀛：《序》，秦荣光《中西经济策论通考》深柳读书堂印，光绪二十八年（1902）。
③ 潘衍桐：《奏请开艺学科折》，朱有瓛：《中国近代学制史料》（第一辑下册），华东师范大学出版社，1986，第 22 页。
④ 蔡镇藩：《请审官定职以成新政折》，中国史学会编《戊戌变法》（二），上海人民出版社，2000，第 384 页。
⑤ 刘大鹏：《退想斋日记》，山西人民出版社，1990，第 140、143 页。
⑥ 姚名达：《中国目录学史》，上海书店出版社，1984，第 144 页。

楼新书分类目录》题名注明"新书",而"旧书亦兼用《答问》及四库法",① 也强调新旧之别,而非中西之分。《江苏省立第二图书馆分类法》之旧书分五部,新书则分为文学、政事、实业三类,合名"新部";《浙江藏书楼书目》"甲编收旧学之书,分四部,设有子目……乙编为新译书,分十六类,附日文书"② 等等,都说明并列为 A/B 的两个部分,不是中西而是新旧。因此,如果说西书独立编目,表明西学已经具有独立于中学的体系性;那么,新旧并列式的书目,表面上将新旧处理为 A/B 之间不相闻问的凑泊,但事实上是确认一种关于中西学术关系的时间化认知:中学被划分为新旧两个着眼于时间维度的领域。其中,旧学是指中国传统的知识形态;新学既包括中国人生产的西学知识,也包括源自西方(或包括日本人在内的"东人")的西学知识。

第一,中学分新旧。

在新旧并列式的书目中,旧学实际上就是传统的经史子集四部知识。唯其如此,它们都以《四库总目》或张之洞《书目答问》为分类框架。1909 年《河南图书馆书目》六卷首一卷,著录中外新旧典籍 1600 余种。首一卷为圣训,收录清朝历代帝王圣训 10 种,继以"御选、御纂、钦定"之书,其余图书分为经史子集丛和时务六部。这里的"清朝历代帝王圣训"居首,透露出的也是浓郁的旧学气息。新旧并列书目,一方面固然宣布了传统四部体系对于西学新书的无效,另一方面也意味着旧学仍然必须遵循四部体系而非近代化的新式分类。因此,四部体系虽曰繁华退却,不能容纳新学,但古籍亦不能纳入近代分类体系而必须以四部为原则。也正因为如此,并行制书目普遍认为用《西学书目表》或者西方式的 DDC 或 EC 分类旧籍有"貌合神离""削足适履之嫌",所谓旧籍以"酌变四部之目"分类;新书"暂依杜威氏之十进分类法"。③ 因此,新旧并列的书目类型,本质上是在西学日趋走强的情势之下,以书目形态对传统文明的坚守和对自我价值的重新确认。这与西书独立编目旨在确认西学的独立性适成对照,表明中西二学的地位已呈此消彼长之势。

① 姚名达:《中国目录学史》,上海书店出版社,1984,第 145 页。
② 〔日〕长泽规矩也著,梅宪华等译《中国版本目录学书籍解题》,书目文献出版社,1990,第 84 页。
③ 俞君立:《中国文献分类法百年发展与展望》,武汉大学出版社,2002,第 27 页。

而新学固然主要是西学，但也包含中国人"新近"撰写的关于传统旧学的文献。如上所述，当经世致用成为知识的标准，中国人一方面"不断试图向'过去'寻找资源，藉着重新组构过去，发掘中学的现实意义，同时也在中学的过去里，探索西学的价值，中西二学因致用而获得勾连。"例如，汉初弛商贾论，成了今日重商的依据。① 拿康有为来说，"化西为中，以西释中，是康有为对于宇宙、社会、人生新的理解体系中的基本方式，故而在康有为的认识中，西学与中国传统之学，同样构成了他新的中学体系的历史依据或思想资料"。② 反映在新旧并列式的书目中，《涵芬楼新书分类目录》的历地部兼含"本国史"，政法部兼有"本国法制"；《广西图书馆分类法》所分19部中的"国文部"，下分文学类、尺牍类、字帖类、国语类，都是中国本土的学术。"历史部"包括本国历史类，"地理部"包括中国地理类，"算学部"包括珠算类，尤其是19部中还包含"经学部"（经学教科书类），都是典型的"中国"传统学术，但它们又都获得了近代形态，从而与中国古代学术分途并鹜。换言之，本来属于中国传统学术的"经学"之类，被"新近"解读或为迎合"新近"读者而作的适应时代的解读乃至版式改变（如横排、标点）之后，都成了"新书"。同样，文学类、尺牍类、字帖类等等亦然，它们作为"旧籍"已经获得了近代化的"新"形态。又如，孙毓修着眼的是新旧而不是中西，其分类法中的所谓"新书"，基本上也都是根据近代学术原则而撰著的文献。所以，"历史地理部"包括本国史类、本国地志两个二级类目，"法律部"包括古代法制类这个二级类目，"医学部"的总计类下，包括针灸按摩三级类目，"美术及诸艺部"的游戏艺术类下包括煮茶、种花、盆栽、博弈等三级类目。

尤其值得一提的是，《山东全省官书局书目》分两部分，前一部分按四部分类；后一部分分经学、史鉴、史事论、普通各国历史、兵书战史、地理、地图、财政、各国公宪法、律例、教育、算学、农务化学、医学、各国语言文字、政治艺学、各国日记、图画、尺牍、字帖画谱、奏议策论丛书、教科书、杂学23类。可以肯定，前一部分的"经"和后一部分的

① 章清：《"策问"与科举体制下对"西学"的接引——以〈中外策问大观〉为中心》，台北：《中研院近代史研究所集刊》第58期（2007年12月），第53~103页。
② 王先明：《近代新学：中国传统学术文化的嬗变与重构》，商务印书馆，2005，第151~152页。

"经学"，前一部分的"史"与后一部分的"史鉴、史事论"等等，皆已呈现出新旧之别。《浙江公立图书馆分类法》分"保存""通常"二部，"保存"仍分经史子集四部；"通常"又分甲乙丙丁四部，而其中的甲部仍为经、史、子、集、丛。这里，作为同一对象的经、史、子、集，事实上被划分出了两个部分，一是传统意义上的旧学，它以"保存"的名目，暗示其不再具有现代意义；二是以"通常"的名目，暗示其已经获得了近代形态。

但是，从中学中挖掘的经世知识，当与学科化的西学相比较时，其经世效用是值得怀疑的，因而往往并不能应对时需。严复《救亡决论》尝云："夫科举之事，为国求才也，劝人为学也。求才为学二者，皆必以有用为宗。而有用之效，征之富强；富强之基，本诸格致。不本格致，将无所往而不荒虚。"而八股取士"上不足以辅国家，下不足以资事畜。"[1] 所以，新旧并列式书目中的"新书"虽然包括传统四部中"崭新"的学术形态，但主要是直接由西方输入的西学文献（无论国人所著，还是东西人所著）。相应地，"新书"也被称为"时务""通俗"（《河南图书馆分类法》）、"通常"（《浙江公立图书馆分类法》）、"科学"（《黄岩九峰图书馆书目》）、"东西学"（《上海格致书院藏书楼书目》）等等；与之对应的是，旧学则获得了"保存""保守""国粹"等名目。又如，《浙江藏书楼书目》以甲乙标识新旧，"编者杨复、胡焕既以甲编依《书目答问》之法，'为国粹之保存'，复'循附录外编之例'，将新书编为乙编"。[2] 由此赋予"新学"的核心本质有二：首先，西学是科学的；其次，西学是"新"的学术，能够反映和解决当下的"新问题"。相应地，与之对应（或对立）的中学则不是科学的，因而不能纳入具有学科化元素的近代分类体系。它暗示了传统学术已经是只供"保存"的"国粹"，成为仅仅作为史料而存在的历史形态，在当下的现实中既不再"经世"也不再"穷理"。而"复'循附录外编之例'"的乙编，虽处"附录外编"的地位，但已是经世和穷理的主要承担者，意味着包括被西方学科化改造而获得近代形态的中国旧学在内的"新书"已经与固守传统形态的"旧学"构成了彼此独立，乃至对立的二分存在。

---

① 严复：《救亡决论》，王栻主编《严复集》（第一册），中华书局，1986，第40~41页。

② 姚名达：《中国目录学史》，上海书店出版社，1984，第145页。

第二，中西学术关系。

新旧并列式书目固然是出于编目的苟简，但本质上则反映了"新旧异学"的理念。所以，A/B 两者的名目，往往具有对立、对比的性质，从而将新旧书籍分封划界为两个不相闻问的独立领域。其学理意义在于：一是将中学划分为新旧，新学包括西学以及经过西学化洗礼的传统学术；二是以书目的形式否认了"中学西源""中体西用"等理念赋予中学的光环。这不仅突出了西学相对于中学而言的独立性，也表明传统学术如果不接受西方学术的改造，则只能沦为"旧学"，以"国粹"的面目而被"保存"。因此，中学只有两种选择。其一，保持自身的学术形态从而被判定为"旧学"，不能反映和解决当下的"新问题"，因而只有"保存"的意义。其二，接受西方学术的改造从而改变自身的学术形态，才能获得时代价值。就前者而言，并列式书目强调中学内部的新旧之别；就后者而言，强调中西学术之间的会通。

三 新旧并列书目的局限与改造

1909 年《河南图书馆书目》将图书分为经史子集丛和时务六部，其卷六"时务部"小序云："时务诸书，日月增益，别体新裁，例多创造。苟取以散隶四部，势必繁碎。"应该说，新旧并列编目和西书独立编目的书目类型，都渊源于四部（及其改良版）不能分类西书。意味着，正如传统学术只能用四部分类一样，西学也是自成系统的学术类型，必须以西方学科化的方式整理。但新旧并列式的书目，强调新旧之"异"，也带来了若干问题。"在斯制中，新旧之书，标准难定，类分多无所依据，管理上亦多有困难，犹不及四部旧制统一运用为方便"①；"新旧二字，并无绝对界限；且平行之制，管理上颇多不便，此则以上诸法之根本缺点耳"②；"然新书目录与旧书目录分为二册，则同类之书，散见各处，集中研究，势不可能，对于学术之进步，妨碍殊大。故混合新旧，统一部类，使同一学科之书，不问新旧，庋藏一处，以便于检寻研究，实为至紧要之事功"。③ 这里的核心问题有以下三点。

---

① 刘简：《中文古籍整理分类研究》，台北：文史哲出版社，1981，第 203 页。
② 金敏甫：《中国现代图书馆概况》，广州图书馆协会，1929，第 37 页。
③ 姚名达：《中国目录学史》，上海书店出版社，1984，第 145~146 页。

首先，新旧之书不易界定。

本来，新旧之别，是考虑到"中西文字性质及学术性质互异，装订式样亦各有不同；故主张中西书籍分藏，各自成系统"。① 然而，新旧之界往往是从时间和版式上区别的。例如，齐鲁书社 2003 年版张宗茹、王恒柱所编《山东师范大学图书馆馆藏古籍书目》，"著录山东师范大学图书馆所藏 1911 年以前写、刻、抄、印各类版本的古籍，并附录 1949 年以前反映中国古代学术文化、采用传统著述方式及古典装帧形式的书籍，以及 1949 年以后线装形式的古籍印本"。② 就是主要从时间和装帧上区别新旧的。但从本质上说，新旧应该是就学术内容和学术形态上的差异而言的。一方面，特定时间（如 1911 年）之前，也有中国人撰写的西学著作，如上引张之洞《书目答问》"天文算法第七"著录的《新法算书》《天学初函器编》等文献都是中国人著述的"西法"新书；另一方面，特定时间之后，亦不乏叶德辉、章太炎之伦从事旧学书籍的撰写。

其次，新旧并列式的书目强调旧学与新学（包括变换形成的传统中学）的区别，这是不便于两者沟通的。事实上，学界亦极不满于新旧两者的各自为师、两不相闻。所谓"统新故而视其通，苞中外而计其全"③；"各国通商，尤贵博通中外"，④ 都强调中西、新旧的沟通。简言之，中西、新旧两者之间固然有"异"，但亦有"同"。两者之间的有效沟通才是学术的应然取向。

最后，旧式藏书楼发展为新兴图书馆后，兼收中西、新旧图书成为常态，而并列式书目人为地将两者划分为不相闻问的畛域，不利于图书馆对文献的统一管理。

因此，并列式书目只能是一种求其简便的临时性方案，"适当其时，因新旧并行制，弊端百出，正感无以处置，而欲有所改革者，亦争仿效"。⑤ 而

① 蒋复璁：《中国图书分类问题之商榷》，俞君立：《中国文献分类法百年发展与展望》，武汉大学出版社，2002，第 160 页。
② 郝润华、侯富芳：《二十世纪以来中国古籍目录提要》，华东师范大学出版社，2012，第 43 页。
③ 严复：《严复集》（第一册），中华书局，1986，第 50 页。
④ 《光绪二十七年七月十六日上谕》，朱有瓛：《中国近代学制史料》（第一辑下册），华东师范大学出版社，1986，第 129 页。
⑤ 刘简：《中文古籍整理分类研究》，台北：文史哲出版社，1981，第 203 页。

改革的主要方向即是向中西（新旧）混合编目的方向发展。

中西关系问题，因中学被划分为新旧而变成传统中学（旧学）与西学以其经过西方学术改造而获得近代形态的传统中学（新学）之间的关系问题，传统学术的近代形态被纳入西学体系，成为"新学"的一部分。因此，混合编目本质上是混合新旧，从而也将中西关系问题转向旧学（传统中学）与新学（西学及其获得近代形态的中学）之间关系的探讨。

第五章
中学为主的统一编目

混合制书目是超越中西、新旧，将中西、新旧图书根据内容统一分类而形成的目录。这种混合，将并列式书目中 A+B 的凑泊，糅合为 A 和 B 的融合。正如第四章所云，随着新旧图书纳入图书馆的庋藏系统，旧有四库分类和西书独立编目皆不能应付裕如，从而产生了并列式的书目。但新旧并列式的目录，只是一种求其简便的临时性方案，不仅新旧标准难以界定，也不便于兼收新旧典籍的新兴图书馆统一管理馆藏文献的需要。"新旧之书，标准难定，类分多无所依据，管理上亦多有困难"，[①] "新旧并行制，窒碍殊多，而统一制则较为便利"，[②] 并列式书目的弱点日益显现。在此背景下，又产生了混合制的编目体系。就此而言，混合编目是随着近代公共图书馆的兴起，由并列式书目发展而来的。

如果说，西书独立编目以及新旧并列书目象征着中西或新旧的对立，中西混合编目则象征着两者的对峙并非不可克服。因此，从西书独立编目和新旧并列式编目到混合制书目的演进过程，意味着中西或新旧二元对立的文化认知已经被中西一致、新旧同归的一元论认知所取代。反过来，混合制书目从"中西异学"的不相闻问，发展为"学无中西"的主动寻绎二者关联，也促成了"会通中西"的对话欲望与张力。而混合制编目又包括以中学为主和以西学为主两种基本类型。一是仍持守传统体系，以旧学为主体。本质上是旧学在明道的基础上，增加了经世的诉求，强调以旧学为主体统摄新学。二是以西学为主体。借由经世指向的新学的反向推动，最

---

① 刘简：《中文古籍整理分类研究》，台北：文史哲出版社，1981，第 203 页。

② 俞君立：《中国文献分类法百年发展与展望》，武汉大学出版社，2002，第 28 页。

后颠覆旧学的明道诉求，完成书目体系的西方化，从而完成新学对旧学的统摄。本章拟对以中学为主的混合书目试作分析。

第一节 书目概况

总体上，以中学为主的混合型书目大致可分为两大基本类型。一是增订四部法，即以传统四部分类为主而稍事增订。该法"较之四库旧制，虽多有增删，略有改善，然其大体上仍未摆脱四部之范围，故其类目排列，难免牵强附会，露襟见肘……根本在四库法则上，已失功效，则势有不得不别创新制之必要"。二是革新法，即打破四部结构而另创新规，但基本类目和类名仍以传统中学为主。"革除旧制另立新法，以容纳新旧图书者，首推古越藏书楼，南洋中学继后而起。此二家之分类法，尚不足言符合科学标准；然能别开生面，不受四库法之约束，标立新制，实亦难能可贵"。① 但需要指出的是，《南洋中学图书馆分类目录》实际上只针对旧籍而不收新书，因而并不属于中西混合制书目，而属于本书第二章"传统目录"的范畴。另外，无论是增订法还是革新法，其源头都可以上溯到四部体系对西学图书的有限容纳。从学术史的角度来看，以中学为主的统一编目体系，其基本思路可以借用谭嗣同的话来表达："无论何种新学，何种新理，俱不能出其（中学）范围。"②

一 四部法

中国传统书目分类肇端于《七略》的六分体系，但以魏晋以来形成的四分体系为主要体式。传统书目分类整理的对象无疑主要是中国古代典籍，但明末清初"限于天算"的"欧籍"，③ 亦被著录于《明史·艺文志》《四库总目》等官修的权威书目，成为四部法兼融西书的先导。邓实曾经指出："诸子之书，其所含义理，于西人心理，伦理，名学，社会历史，政法，一切声光化电之学，无所不包。"④ 这一认识并不符合事实，但中国

---

① 刘简：《中文古籍整理分类研究》，台北：文史哲出版社，1981，第177页。
② 谭嗣同：《谭嗣同全集》（下），中华书局，1981，第399页。
③ 梁启超：《清代学术概论》，朱维铮校订，中华书局，2011，第145页。
④ 邓实：《古学复兴论》，刘东、文韬编《审问与明辨：晚清民国的"国学论争"》（上册），北京大学出版社，2012，第143页。

子学对于西学的"无所不包"，与传统书目将有限西书纳入四部体系共享一致的认知。在私家目录中，钱谦益《绛云楼书目》设"天主教类"，"当系我国最早把天主教图书列为书目者"。① 朱彝尊《竹垞行笈书目》也著录了 43 本"西洋书"。② 黄虞稷（1629~1691）《千顷堂书目》集部别集类以朝代科分为先后，无科分者酌附各朝之末，另附有外国、土司、中官等七门。金檀（约 1660~1730）嘉庆四年（1799）《文瑞楼书目》分经史子集四部，其中的史部设有"外夷类"。③ 钱曾《述古堂藏书目》卷三亦设有"外夷"类目。④ 赵魏（1746~1825）编于乾隆时期的《竹崦庵传抄书目》收录了《人身图说》《对数比例》《空际格致》《地震解》等明末传入我国的西洋图书。莫友芝（1811~1871）《郘亭知见传本书目》是在邵懿辰《四库全书目简明目录标注》各条下所作的笔记，作为后者的补充，该目收录了一些外国人撰写的学术著作，如卷八"子部天文算法类"之《筹算》一书，即为西方传教士罗雅谷所撰。晚清丁申、丁丙兄弟的藏书目录《八千卷楼书目》亦收少量外文图书，如卷八英国人麦士尼为能所撰《越南辑略》，著录为"西文印本"。1893 年熙元（1864~?）所编《艮轩藏书目录》以四部分类，收书 1450 种，内容偏重于杂家、小品、诗词、艺术以及史地、目录等项，还有部分洋务运动前后所译西洋科技书籍。又如，1917 年《陕西图书馆书目》，实际收书"大致可分为四类：一为古籍，分经、史、子、集之类；二为当时名人著述之类；三为各国新书；四为鼎彝碑版之类"，但"全书分经、史、子、集四部 47 类，96 属"，同年的《续编》、1922 年的《三编》亦依四部分类；1919 年楼藜然编《诸暨图书馆目录初编》，"分为经、史、子、集四部，共 49 类"，⑤ 有 1920 年诸暨图书馆石印本。

随着学堂教学改革的兴起，学校的课程教育多兼及中西，书院藏书亦包括西书，但书院藏书目录仍主要以四部分类为主，将中西书籍混编于一目，成为探讨中西学术关系的重要材料。例如，彭懋谦《关中书院志学斋

---

① 来新夏：《清代目录提要》，齐鲁书社，1997，第 4 页。
② 来新夏：《清代目录提要》，齐鲁书社，1997，第 16 页。
③ 来新夏：《清代目录提要》，齐鲁书社，1997，第 46 页。
④ 来新夏：《清代目录提要》，齐鲁书社，1997，第 24 页。
⑤ 郝润华、侯富芳：《二十世纪以来中国古籍目录提要》，华东师范大学出版社，2012，第 11、14 页。

藏书总目》（一作《志学斋储书目》）于1891年编撰并刻印。该目分经史子集和"丛类"（丛书和类书）五部，前有章程，规定藏书的收购、保管、编目及借阅规则。收书以提供授业讲学的教材为主，经部以儒家经典的注疏、直解、集注、释文为主体，以文字、韵书作为工具，是学院教学的核心内容。史部收藏陕西省大部分州县地志及亚欧国家的史地书籍。子部包含西洋数理、生物、军事等新学文献。

张炽（？～1899）1895年官龙游知县，购常用之书310余部，所编《龙游凤梧书院藏书目》分钦定、丛书、经、史、子、集六部。管作霖《邻水县玉屏精舍藏书目》一卷附《章程》，刊于1897年，收书197部，按四部排列。顾璜《大梁书院藏书总目》（附《藏书收藏章程》）不分卷，按经史子集丛五部分类，共收书402种，有光绪间刻本。1900年杨溶《固始诂经精舍章程并书目》不分卷，前有光绪二十六年（1900）整顿学校、提倡正学、重才兴邦治国之谕旨，并责成地方官吏认真贯彻执行。杨氏为固始县知县，该书包括《月课章程》《看书章程》等5种院规及书目。书目收书总计约800部，以正经、正史、文字、韵书、舆地、水利、医学等为主。朱鼎甫（字一新，1845～1894）、廖廷相（1848～1898）编《广雅书院藏书目录》七卷，有1901年广雅书局刊本，分御制敕撰、经、史、子、集、杂著、丛书七类，收书403种。这批书院目录基本上都以四部体系为分类原则，但又兼收西方科学技术图书。例如，《广雅书院藏书目录》所收403种图书中，即包括了介绍西洋新学及清政府对外条约等文献。同样，谭新嘉、韩梯云编撰于1909～1911年的《天津直隶图书馆书目》三十二卷附《丛书目录》，收书12755种，其中不乏西学文献，但作者仍按四部分类，丛书类附后。朱正色编《无锡县立第一高等小学校图书馆目录甲编》1920年铅印本，"全书大体依照《四库全书总目》分类法编排，但稍有异同，将少许非古籍图书亦按四库类别进行归类"。①

此外，营业书目中也有不少以四部分类为框架而兼收译出西书的情况。例如，1899年刊行的江苏书坊编《江苏书坊各种书核实价目》一卷，

---

① 郝润华、侯富芳：《二十世纪以来中国古籍目录提要》，华东师范大学出版社，2012，第35页。

是书价重新核定后重编的售书目录，按四部分类。《直隶运售各省官刻书籍总目》不分卷，是各省官书局（包括江南局、江苏局、湖北局、江西局、浙江局、淮南局、上海局）所刻书汇集河北直隶销售而编的总目，共收书462种，按四部排列。1902年《直隶官书局运售各省官刻书籍总目》一卷，前有1902年直隶官书局启，是各省官书局所刻书汇集直隶官书局销售而编的总目，收书500余种。这批具有近代化气象的官书局，其营业目录的编撰亦以四部为圭臬但又兼收西学文献。

总体上，四部法作为传统书目的分类方法，既是一种文献整理的技术，也是在西学大量输入之际，对传统学术理念的坚守及其对传统学术背后封建政权的确认。

二　增订四部法

随着"戊戌变法，继以庚子拳祸，清室衰微益暴露"，[①] 不限于"天算"的各门类"欧籍"广泛输入中国。刘简指出："清末时期，西学输入，新政倡兴，民智由是顿开。私家藏书之风，特转为公立图书馆之创设，益难部勒中外各典；然而草创改革，又未能尽满人意，反多贻人之议。处此情况之下，革新似不可能，新书又必须容纳；因之不得不作临时变通之法——仍沿用四库旧制，略加增订——以维持。如无锡图书馆及江苏省立国学图书馆两法即是。再因往昔公私书库，多在典藏，迄至改为图书馆，一反旧习，重在流动，于是对于图书出纳、编排、入库诸手续，又不得不力求改良。故斯派中，亦有仿西洋标志符号之法，以为辅助之用。如清华学校及江西两图书馆法即是。"[②] 增订四部法既坚守传统四部知识体系，但又明确认识到四部分类并不能应对品种和数量日益增多的西学新书。在此前提下，不得不对四部法予以"增订"。

（一）《江南图书馆——江苏省立国学图书馆分类法》

江南图书馆由两江总督端方创办于1907年，缪荃孙出任总办，宣统二年（1910）落成并正式对外借阅。民国8年（1919）改为江苏省立第一图书馆，18年（1929）后改称江苏省立国学图书馆。馆编《江南图书馆书

---

① 梁启超：《清代学术概论》，朱维铮校订，中华书局，2011，第146页。

② 刘简：《中文古籍整理分类研究》，台北：文史哲出版社，1981，第157页。

目》是供读者查阅的书本目录，"其分类法，大体仍依四库，另尽量增添科学门类"，① 实际是将图书分为经史子集丛五部。但为了更好地容纳西书，该书目对二、三级类目进行了大量的改造，其具体分类体系为：

经部：

易类（白文读本、传记、图书、筮法、文字音义、古易、谶纬、沿革）；

书类（白文读本、传记、文字音义、逸书、谶纬、沿革）；

诗类（白文读本、传记、文字音义、三家逸诗、谶纬、沿革）；

礼类［周礼（白文读本、传说、文字音义）、仪礼（白文读本、传记、图说、文字音义、目录索引）、礼记（白文读本、传说、文字音义、大戴记）、三礼总义、图说、通礼、杂礼、谶纬］；

乐类（乐理、律吕、乐器、谶纬）；

春秋类［左传（白文读本、传说、文字音义、史评）、公羊传（白文读本、传说、文字音义）、谷梁传（白文读本、传说、文字音义）、总义（白文读本、传说、文字音义）、谶纬］；

四书类［论语（白文读本、传说、文字音义、齐古逸、谶纬）、孟子（白文读本、传说、文字音义、逸文）、四书（白文读本、传说、文字音义）］；

孝经类（白文读本、传说、文字音义、谶纬）；

小学类［训诂（尔雅、群雅、方言、字诂、释文）、字书（说文、古契文、字典、字体杂说、训蒙）、韵书（集韵、图说、字母拼音）］；

经总类（石经、传说、图说、文字音义、师承沿革、目录索引）。

史部：

正史类；

编年类；

纪事本末类；

别史类；

---

① 刘简：《中文古籍整理分类研究》，台北：文史哲出版社，1981，第157页。

杂史类；

专史类；

史钞类（节钞、类钞、摘句、启蒙）；

传记类［事状、年谱、志录、图赞、家谱（谱牒表系、杂录）、总录（通代、通录、断代、郡邑、专录、儒林、文苑、忠义、孝友、循吏、奸逆、隐逸艺术、释道、杂品、烈女）、人表、杂录］；

载记类；

地理类［水道（总录、河、江淮、海、郡邑、通论）、山川（山、川）、专志（宫殿、古迹、寺观、祠庙、陆墓、园亭、书院、杂录）、杂记（总录、唐至明、清代、近代、游西欧美诸国、外国人著述）、边防（北徼、江淮、东南、西徼）、外纪、总录］；

外国史类；

时令类；

政书类［通制、仪制（通礼、祭祀、万寿、大婚、临幸、谥讳、纪元、科举、宫闱、杂仪）、职官（官制、官箴）、邦计（理财、全国财政、各省财政、关榷、漕赋、海运、盐法、捐税、货币、荒政、杂录）、邦交（总录、中日、中俄、各国租界及领事裁判权、商约、国联）、军政、律例、章则、奏议、实业、交通、教育、党务、公报（中央、省府、县市）、杂录］；

目录学（解题考订、史志、方志、族志、类录、题识赏鉴、家藏总目、公藏书目、特编、丛录）；

金石类［总类（目录、图像、文字、通考、题跋、杂著、传记）、金（目录、图像、文字、杂著）、钱币（图像、文字、题跋、杂著）、玺玉（文字、通考）、石（目录、图像、文字、石经、通考、题跋、义例）、玉（图像、通考）、甲骨（文字、字书）、陶（图像、文字）、竹木、郡邑（目录、图像、文字、题跋、杂著）］；

史评类（史法、考订、论事、咏史）；

史总类（总录、专录、杂录）。

子部（不详）：

集部：

别集类［秦周汉诗文、魏晋诗文、南北朝隋诗文、唐代（诗文、词）、五代（诗文、词）、宋代（诗文、词）、金代（诗文、词）、元代（诗文、词、曲、散曲、杂剧、传奇）、明代（诗文、词、曲、散曲、杂剧、传奇、制艺）、清代（诗文、词、曲、散曲、杂剧、传奇、制艺、楹联）、现代（诗文、词、曲、制艺、楹联、新文艺）、外国]；

总集类 [赋编（楚辞、古赋、律赋、清律赋）、诗编（断代、通代、郡邑、氏族、杂录）、文编（同诗编）、词编（同诗编）、曲编]；

文评类 [通论、文学史、体制源流、文法、律谱（文、诗、词、曲）、评论（文、诗、词、制艺、试贴、公文、楹联、新文艺）]；

集业类（诗文、词、曲、文评）。

（二）《南通图书馆分类法》

南通图书馆成立于民国元年（1912），其分类法多抄袭张之洞《书目答问》之成例，略加更变，[1] 其具体分类体系为：

经部

正经正法

诸经合刻本

诸经分刻本

列朝经注经说经本考证

易类

书类

诗类

礼类（周礼、仪礼、礼记、五礼总义）

乐类

春秋类

四书类（论语、孟子、论孟总义、四书总义）

孝经类

---

① 刘简：《中文古籍整理分类研究》，台北：文史哲出版社，1981，第161页。

  尔雅类

  诸经总义类

  诸经目录文字音义类

  石经

 小学

  说文类

  文字类

  音韵类

  训诂类

  小学总义类

史部

 正史

  正史合刻类

  正史分刻类

  正史注补表谱考证

 编年

  纪事本末

  古史

  别史

  杂史

  载记

  传记（圣贤、名人、烈女）

 诏令奏议（诏令、奏议）

 岁时

 地理

  古地志

  今地志（总论、一统志及通志、郡县志、别志及杂记杂论）

  水道

  山川（山志、湖志）

  边防

  外纪

职官（官制、官箴）

政书（历代通制、古代会要、近代典制、民国新制）

谱录（书目、年谱、掌故、名物、章程及报告）

金石（目录、图像、文字、篆隶）

史评

子部

诸子

诸子合刻本

诸子分刻本

儒家（理学、考订、议论经济、教育、杂志及汇报）

兵家

法家

农家

医家

天文算法（天文家、算法家）

术数（占候占卜、命书相书、相宅相墓）

艺术

杂家

小说家

释道家（释学、道家）

类书类

集部

楚辞

别集

总集（文选、古文、骈文、经世文、书牍、课艺、诗赋、词曲）

诗文评

科举文

丛书

古今合刻丛书

一人自著丛书

三 革新四部法

与增订四部法维持四部体系而致力于二、三级类目的增订相比，革新四部法虽然也有二、三级类目的变化，但一级类目亦有革新。吴引孙（1851~1921）1893 年写本《有福读书堂书目》分经、史、子、集、艺（伎艺）、丛、试（科举试帖）、小说、教（佛、道）十部，旧书、残缺不全待访者另为一部，共十一部，计收书 9912 种。1904 年吴引孙仿《广雅书院书目》重编《扬州吴氏测海楼书目》十二卷，1910 年刊印，分御制书籍、经、史、子、集、杂著、丛书七部 47 类，以求备不求精为原则，共得图书 8020 种，试帖、试律、乡闱墨笔、农书、医书、释道经典、堪舆术数皆有收罗，另有大量郡县志乘、明季野史、官箴法规、中外条约以及史地、外交、国防、船舰、工程等新译西书。其中有关西书，吴引孙亦纳入中学体系，如史部地理类设"边防外纪"目，收西洋相关文献 237 种。

传统四部体系"因书设类"，根据收书的实际情况而设计分类方案。随着西学新书的品种和数量的日益增多，将其强"就"中国传统书目体系之"范"，逐渐受到了学者们的普遍质疑："《四库》的分类法在现代之所以行不通，一方面却固然是因为其本身的分类不精密，而其大部分的原因则在乎西洋许多新进来的学术，非《四库》所能包得住的缘故。"[①] 说明书目体系与它所整序的文献以及文献背后所记录的文化是一致的，"《四库》的分类法"（包括正统的四部体系和维持四部大类的增订四部法）与传统典籍及其古代文明共享一致的话语体系和精神结构；相应地，"西洋许多新进来的学术"记录在"新书"之中，只能适应"非《四库》"的书目系统。这样，在仍然持守四部体系的情况下，就产生了革新派。历史上，"对于中外新旧之学术综合条理而分为若干类者，据吾所如，以袁昶为最先"。[②]

（一）《中江书院书目》

1895 年，袁昶（1846~1900）主讲中江书院时编撰了《中江书院书目》。袁昶"分科设目，计十有五。每目之中，再分子目。曰经学，小学、

---

① 姚名达：《目录学》，商务印书馆，1934，第 147 页。
② 姚名达：《中国目录学史》，上海书店出版社，1984，第 142 页。

韵学附焉。曰通礼学，乐律附焉。曰理学。曰九流学。曰通鉴、三通、政典之学，历代正史，则系传分代，史志分门，部居散隶，以便检阅善败起讫与夫因革损益之迹焉。曰舆地学。宜详于图表。曰掌故学，宜详于国朝，以为根柢，渐推上溯，以至于近代。曰词章学，金石碑版附焉。曰兵家学，宜有图。仍略仿班《志》形势、技巧、权谋、阴阳四目，宜添制造一门。曰测算学。曰边务学。曰律令学，吏治书分类附焉。曰医方学。曰考工学。曰农家学。此十五目皆有益国故政要，民生日用"。姚名达评价指出："（《中江书院书目》）规模之阔大，实一扫往古专治制艺帖括之积弊，而畅开新目录学之机运。盖当日袁昶所讲授之学，实际仍不离本书，故其所分之学科，实际亦即书目之分类也。"①

（二）《杭州藏书楼书目》

邵寅（约1860~1934）刊行于1902年的《杭州藏书楼书目》，是成立于1901年的杭州藏书楼（浙江省图书馆前身）馆藏目录。作者"就开办第一年已有之书，按原章所分门类，依次排列，取便借阅"。书目计收书700余种，报章14种，共分九个部类。姚名达指出："追溯近代，首先混合庋藏，统一分类者实为光绪二十八年（1902）由邵寅署名之《杭州藏书楼书目》。编者何人，未及考出。计其数目：（1）经学，小学附；（2）史学，掌故、舆地附；（3）性理，哲学家言附；（4）辞章；（5）时务；（6）格致，医学附；（7）通学，即丛书；（8）报章；（9）图表。虽书少目略，要亦自辟门户，不蹈昔人蹊径者。"② 但需要指出的是，上述袁昶1895年所编《中江书院书目》才是"混合庋藏"的先导，《杭州藏书楼书目》已晚其7年之后。该目是杭州藏书楼的馆藏目录，所藏文献中有不少是上海广学会、作新书社、金粟斋、商务印书馆、江南制造局、广智书局、著易堂以及天津北洋官书局、湖南新学书局等铅印或石印的新学著作。

（三）《古越藏书楼书目》

姚名达认为，上述《杭州藏书楼书目》"其规模完备，不若《古越藏书楼书目》"。古越藏书楼由徐树兰（1837~1902）创办，于光绪二十九年（1903）建成，次年对外开放，成为我国历史上第一家最早对公众开

---

① 姚名达：《中国目录学史》，上海书店出版社，1984，第142页。
② 姚名达：《中国目录学史》，上海书店出版社，1984，第146~147页。

放、具有近代公共图书馆特征的藏书楼。《古越藏书楼书目》"先分学、政二部，学部再分易学、书学、诗学、礼学、春秋学、四书学、孝经学、尔雅学、群经总义学、性理学、生理学、物理学、天文算学、黄老哲学、释迦哲学、墨翟哲学、中外各派哲学、名学、法学、纵横学、考证学、小学、文学（上下）二十三类。政部再分正史兼补表补志考证、编年史、纪事本末、古史、别史、杂史、载记、传纪、诏令奏议、谱录、金石、掌故曲礼、乐律、舆地、外史、外交、教育、军政、法律、农业、工业、美术、稗史二十四类。每类之下，各分若干子目。系统分明，在此派中可谓登峰造极者。惜学、政二部不足以包摄各类耳"。①

　　刘简评价指出："（《古越藏书楼书目》）各类目，新旧书籍，皆能有所安插，不似其他各法，多陷入四部之范畴；亦足见其计划周详。然细究其内容，学、政两部，由何而分，漫无准则；类目编排，次序多有失当；既有法学、纵横学，复有法律、外交两类，亦似嫌重复；四书另成一类，名之为四书学，尤属勉强……诸如此类，不妥之外，仍难免贻识者之讥。但于当时能毅然改革，推翻所谓金科玉律之四部法，则其创造之勇气，亦值得后人予以钦佩者。"② 应该说，《古越藏书楼书目》的最大特点在于革新传统四部体系从而容纳"新书"（包括"国人自著"的西学图书）。他的"学、政两部"是仿拟梁启超《西学书目表》以"明道"的学理和"见诸行事"的"实用"为标准而作出的类目划分。尤其值得肯定的是，徐树兰在"学部"中广泛涉及"伦理、政治、教育诸说"等社会科学门类，既超越了梁氏之"学"以格致（自然科学）为主的局限，也为"政部"的外交、教育、军政、法律提供了"所从出"之学理的直接渊源，从而修正了梁启超"凡一切政皆出于"格致之"学"的错误认识。另外，学部中的黄老哲学、释迦哲学、墨翟哲学、中外各派哲学、名学、文学等类目，也补充了《西学书目表》所缺失的人文科学内涵，因而并不能衡以"漫无准则"。事实上，明白了徐氏的学政二分，也就明白了"既有法学、纵横学，复有法律、外交两类"，并非"亦似嫌重复"。大致而言，法学、纵横学类目缀以"学"字，是相关学理；法律、外交不以"学"名目而入

---

　① 姚名达：《中国目录学史》，上海书店出版社，1984，第147页。
　② 刘简：《中文古籍整理分类研究》，台北：文史哲出版社，1981，第178页。

之"政",是法律、外交等方面的具体实务。另外,"四书另成一类",在宋元目录中已然,"名之为四书学"正是要表达其归之"学"部,属于"明道之书"的学理,今天正有"《四书》学""《孟子》学"等名目。可以肯定,刘简先生对《古越藏书楼书目》类目的评骘并不准确。笔者认为,《古越藏书楼书目》分类最不合理者为"史学",并不在以"见诸行事"为特征的"政部",说见本书第三章。

第二节　以中学为主统一编目的特点

以中学为主的统一编目,既有书目编制上的特点,也反映了学术理念上的独特认知,而两者又是密切相关的。

一　书目特点

以中学为主的统一编目,都是某具体藏书机构(图书馆)的馆藏目录,这从《江南图书馆书目》《南通图书馆分类法》之类的名称上亦可读见,说明该类书目是因应近代图书馆的兴起而产生的书目类型。近代图书馆的一个重要特征是其公开性和开放性,相关书目特别重视有关借阅的制度性建设。例如,沈秉成(1823~1896)《榕湖经舍藏书目录》是沈氏巡抚广西时,庋藏经史图书于榕湖经舍(今桂林中学)以供士子阅读的书目,个中有时任山长、桐城派古文广西五家之一的王拯(1815~1876)所作《榕湖经舍藏书章程》四则,交代收藏图书的范围(以经史为要)、借书细则和图书管理细则等内容。黄彭年(1823~1890)"主持江苏学政时,筹建学古堂书院及其藏书楼,晚年任莲池书院(在河北保定)院长,均以私人藏书大量捐献,以充实院藏。同时还广泛收购海内图书,其中包括大量丛书,贮于'万卷楼'中,供书院阅读使用"。① 另外,光绪十九年(1893)《九峰书院藏书志》也附有《官书借管章程》。

再从历史渊源来看,以中学为主的统一编目,主要有两个来源。

第一,渊源于传统经史子集四部体系。

具体而言,主要是渊源于清代《四库全书目总目》或张之洞《书目答

---

① 来新夏:《清代目录提要》,齐鲁书社,1997,第178页。

问》。这两部堪称经典的书目不仅类目体系完备，而且也兼收明末清初以来以"天算"为主要内容的"欧籍"，具有启迪后世书目如何分类西学新书的价值。然而，以中学为主的统一编目虽源自四部法，但又以增订和革新为主体类型。

增订法基本保留四部框架，但多改造和增益二、三级乃至四级细目以应对日益增长的"新书"。例如，《江南图书馆书目》经部的易类、书类、诗类以及礼类下面复分的周礼、仪礼、礼记等小类，都有"白文读本"小类；礼类的仪礼、经总类有"目录索引"小类；小学的韵书类有"字母拼音"小类，都是关于旧学的新类型——对象仍然是传统旧籍，但却表现出了"新"的学术形态。同样，史部所分10小类中有"公藏书目"小类；史部金石类下再总类、金、钱币、玺玉、石、玉、甲骨（文字、字书）、陶、竹木，其中的"甲骨""竹木"两小类，都是因应新近出土的文献类型而增加的类目。在《南通图书馆分类法》中，史部地理类首先区别"古地志"和"今地志"；"边防""外纪"也是地理类下得到突出的两个三级类目；政书类下不仅有历代通制、古代会要，还包括"近代典制"和"民国新制"两个四级类目；谱录类下除了传统的书目、年谱等之外，另设"章程及报告"；儒家也从学术分科的角度区分出理学、考订、议论经济、教育、杂志及汇报等类目；集部的总集除了传统的文选、古文、骈文等类目之外，另外专门列出"经世文"。然而，《江南图书馆书目》四部体系主要是仿《四库全书目总目》而来，而《南通图书馆分类法》五部体系则主要是仿《书目答问》而来。

相对于"增订法"而言，"革新法"不仅在二、三级乃至四级类目上有所改变和增益（这与"增订法"一致）；更为关键的是，其一级类目直接突破了四部框架（这与"增订法"不一致）。例如，在袁氏《中江书院书目》15大类中，经学、通礼学、理学三类是由传统四部中的经部分化而来，其突出特点是将通礼学和理学独立出来，而这两类也是经学在晚清发展的主要门类；九流学、兵家学、测算学、医方学、考工学、农家学六类是由子部分化而来，其中的九流是子部的正宗，另五家则是旨在突出其现实效用。通鉴三通政典之学、舆地学、掌故学、边务学、律令学五类是由史部分化而来，但它突破了传统史部根据体裁（如正史、编年）分类的常规，改从内容的角度分类，尤其强调类目的现实性。例如，舆地学、掌故学、边务学、律令学，都是近代"经世"的内容。其中，掌故学小注曰："宜详于国朝，以为根柢，渐推上溯，以至于近代"，更是结合"国朝""近代"之当下，力求应对现实危机的反映。辞章学一类即是四部中的集部，但作者"金石碑版附焉"，即将原本四部体系归属于经部小学类的"金石碑版"，附于辞章学，既突出了其文学性，也是出于平衡四部各类文献数量的考虑。因为，传统四部中的集部，实际只包括辞章学一个类目。

此外，无论是增订法还是革新法，又都是以四部体系为基本框架的。例如，袁氏书目的十五个类目明显是从经史子集四部框架拓展而来。如《中江书院书目》首三类"经学""通礼学"和"理学"，实即传统四部中"经部"的细化。而史子集三部，也以通鉴三通政典之学、九流学、辞章学的名目得到了保留。可见，传统经史子集仍是袁氏书目的渊薮和根本。《杭州藏书楼书目》因"书少"而"目略"，但仍可看出其九个部类是从传统四部体系脱化而来。其中，经学、辞章主要是传统四部体系中的经、集两部，史学类目也得到了保留。

第二，并列式书目也是该类型书目的一个重要缘起。

如第四章所云，并列式书目是新旧并列，包括旧学新形态的"新书"事实上已经与"西学"合为一类。它表面上的并列，意味着两者的不相闻问。但旧学新形态的"新书"实际上是"化西为中，以西释中"的结果，正表明中西或新旧有相济之功。因此，并列式书目也是该类型书目的一个重要缘起，《古越藏书楼书目》就是典型的例证。该目正是从最初的新旧并列式书目（分经、史、子、集和时务五部）发展而来。诚如刘简指出："斯时新学书籍，日有所见；故其创设之宗旨，即别为二：一曰存古，一曰开新。其分类法初分经、史、子、集、时务五部，嗣又混经史子集及新学之书为学、政两部。意在融合新旧于一辙。"① 相应地，在学术理念上，也由"一曰存古，一曰开新"的新旧二元论，转向"融合新旧于一辙"的一元论。同样，在《杭州藏书楼书目》九个类目中，前四类经学、史学、性理和辞章，实即传统经史子集四部；后五类中，"时务""格致"两个新设类目，是针对西学新书而言的。另外三个类目——通学（即丛书）、报章和图表，则主要是从文献外部形态角度着眼而划分的。大致来说，除了

---

① 刘简：《中文古籍整理分类研究》，台北：文史哲出版社，1981，第178页。

后三类以文献类型分类之外，《杭州藏书楼书目》实际包括经学、史学、性理和辞章（所谓"旧"）和时务、格致（所谓"新"）两大部分。

二　中西学术一元论

以中学为主的统一编目，其核心理念是传统四部体系能够（或稍事更张即能够）容纳西书新书。而从中西二学的关系来看，它事实上包含这样的原则隐含：中西学术是"合于一辙"的一元论。

西书独立编目确认了广义"西学"已经成为一个自成体系的独立学术系统。新旧并列式书目，则进一步确认了中学已经裂变为新旧，并且，中学中的新学和西学一起，与中学中的旧学形成了分镳并鹜之势。然而，作为彼（others）的西学，自其输入中国之始就存在着与作为此（ours）的中学之间关系的定位问题。从历史演进的角度来看，这种定位基本是从"西学中源"起步的，由此形成了"以中释西"的认知。林乐知（Young John Allen）在 1876 年出版的《中西关系略论》一书的《序》中指出："夫当务非他，格致而已矣。《大学》一书，治平之道，基于格致，今之数学、化学、制造学、植物学等，皆格致也。西国首事格致，国由是富，民由是强。"[①] 林乐知作为西人，也借用中国的"格致"话语言说"西学"，反映了中国本土"采西学"的特殊性；"西学格物之说，不背于吾儒"，也成为"西学中源"的重要认知。然而，这里的"格致"主要是指西方的自然科学技术，"其论形上之理"（主要是西方社会科学和人文科学），则"与汉宋诸儒不同"。

为了顾及西方的"形上之理"，"西学中源"的理念也为"中本西末"的认知所取代。"中本西末"强调中西二学之间不再是源流关系，而是本末关系。"从 1861 年到 1894 年的三十余年间，洋务派政治家和思想家在论及中学与西学关系时，曾有过'中本西辅''中本西末''中体西用''中道西器''中道西艺'等等不同提法。但是，在大多数情况下，他们是用'本末'这对概念来表达中学与西学的关系的"。[②]"中本西末"的核心是强调：中国的出路在固守中学之本、学习西方之末，达到"本末合

---

① 林乐知：《中西关系略论·序》，光绪二年（1876），第 1~3 页。
② 戚其章：《从"中本西末"到"中体西用"》，《中国社会科学》1995 年第 1 期，第 186~198 页。

一"——传统人文社会科学和西方自然技术及部分自然科学的结合。但是，国人"采西学"以为经世之"用"，本末、主辅只表达中西的主次地位，而不能揭示西学内部的本体与功用、原则与方法、原理与应用。因此，随着"西用"的范围从格致（以求富强）到庶政（以求社会改良），再到人文科学（以求新民）的发展演进，西学本身也被区分出体用。于是，"中本西末"的理念又为"中体西用"所取代。1901年的《论中西学术本末考》曰："方今士大夫皆重西学，十余年来风气为之一变。不知中学有本末，西学亦有本末，中学西学又可分其本末。德行为本，文艺为末，中学之本末也。算学艺事为本，文字为末，西学之本末也。中学为本，西学为末，又中西学之本末也。"① 中西各有体用，分属不同的文化。但又不断交融，形成中体西用。"西学西法非不可用，但当与我相辅而行之可也……故治民，本也；仿效西法，其末也"。② 以中体中用（旧学）为基础，引入"西体西用"（西学），最终形成兼具中西的"中体西用"（新学）。

沈康涛1895年首先明确表述："夫中西学问，本身互有得失，为华人计，宜以中学为体，西学为用"。③ 梁启超指出："甲午丧师，举国震动。年少气盛之士，疾首扼腕言'维新变法'。而疆吏若李鸿章、张之洞辈，亦稍稍和之。而其流行语，则有所谓'中学为体，西学为用'者，张之洞最乐道之，而举国以为至言。"④ 张之洞最早提出"中体西用"，是在1898年的《会奏广设学堂筹备经费折》中，其云："大旨以中学为体，西学为用，既免迂陋无用之讥，亦杜离经叛道之弊。"⑤ 并认为，强调"中体"的一个重要措施即在于突出四书五经在新学制中的地位。薛福成《强邻环伺谨陈愚计疏》亦曰："时方多事，则以宏济艰难为先。夫道德之蕴，忠孝之怀，诗书之味，此其体也。而论致用于今日，则必求洞达时势之英才，研精器数之通才，练习水陆之将才，联络中外之译才。"⑥ 这实际上也是

---

① 《论中西学术本末考》，中西译书会《分类各国艺学策》（卷6），中西译书会，1901，第11~12页。
② 王韬：《上当路论时务书》，中国史学会编《戊戌变法》（一），上海人民出版社，2000，第149页。
③ 沈康涛：《救时论》，《万国公报》光绪二十一年（1895）三月。
④ 梁启超：《清代学术概论》，朱维铮校订，中华书局，2011，第146页。
⑤ 张之洞：《会奏广设学堂筹备经费折》，《张之洞全集》（第二册），宛书义、孙华峰、李秉新编，河北人民出版社，1998，第1291页。
⑥ 陈学恂、陈景磐：《清代后期教育论著选》（上册），人民教育出版社，1997，第460页。

"中体西用"的表述。

显然，中体西用的本质是将西用延及西方社会科学及其庶政改良的制度性层面，并将其纳入"中体"的轨道。因此，如果说"中本西末"是要采西学格致和庶政以补救中学之"用"的不足，"中体西用"则是因"西学"在庶政层面上与中国现实相结合而谋求其会通的必然结果。而中西会通，又进一步导致了"学无中西"的认知。早在1890年，薛福成即指出："格致之学，在中国为治平之始基，在西国为富强之先导，此其根源非有殊也。"基于这一认识，薛福成又表达了"蕲使古今中西之学，会而为一，是则余之所默企也夫"① 的旨在和会中西的欲望。1896年李端棻"合中外学术相与讲习"② 的吁求，则反映了通过教育体制和会中西的思路。康有为也相信，"中国人才衰弱之由，皆缘中西两学不能会通之故。故由科举出身者，于西学辄无所闻知；由学堂出身者，于中学亦茫然不解……推原其故，殆颇由取士之法歧而二之也"。③ 由此产生了从整体关联的高度看待中西学术及其新旧关系的思想，并导致了学术并无中西之别和新旧之分的认知。

中西或新旧，已经不是区别"世界学问"或"天下学术"的关键。这正是中西、新旧书目统一分编的思想前提。正如《古越藏书楼书目》倡言："自学理及实用二义分部，而中外学术，则归于平等，实较前人或勉强列入四部，或新旧分目较为进步。"作者徐树兰曰："学问必求贯通。何以谓之贯通？博求之古今中外是也。往者士夫之弊，在详古略今；现在士夫之弊，渐趋于尚今蔑古。其实，不谈古籍，无从考政治、学术之沿革；不得今籍，无以启借鉴、变通之途径。故本楼特阐明此旨，各归乎平等，而杜偏驳之弊。"④ 学术之别不在新旧之分，而在理论（徐氏称为"明道"）和实用（徐氏称为"实用"）之分。所以，《古越藏书楼章程》分学政二部，平等著录古今中外图书，"新旧一贯，而分为学政二大部，学政〔部〕收理论方面的典籍，政部则收史学及有关实用的著作"。⑤

---

① 薛福成：《出使英法义比四国日记》，岳麓书社，1985，第71~73页。
② 李端棻：《请推广学校折》，舒新城编《近代中国教育史料》，中国人民大学出版社，2012，第1页。
③ 康有为（代宋伯鲁拟）：《奏请经济岁举归并正科并各省岁科试迅即改试策论试论》，汤志钧编《康有为政论集》（上册），中华书局，1981，第294页。
④ 昌彼得、潘美月：《中国目录学》，台北：文史哲出版社，1986，第229页。
⑤ 昌彼得、潘美月：《中国目录学》，台北：文史哲出版社，1991，第226~227页。

三 中西学术一元之"元"统一于中学

在某种意义上，近代书目面临的一个重要问题是如何处理中西（或新旧）关系问题。以中学为主的统一编目，不仅从中西一元、新旧"合于一辙"的角度处理中西（新旧）关系；而且还将这种一元论统一于中学。"今之论西学格致者，每谓与《大学》之格致不相合，盖一则仅虚拟其理，一则必臻之于实学者，未有究源流，辄以中西二学而歧视之，非确论也……要之物有本末，尤贵知所先后。古昔大儒，以格致为开物之资，故形上为道，而务求其本。西人以格致为阐物之源，故形下为器，而但求其末，如欲本末兼赅，则当以中学为纲，而以西学为目，二者兼资而并用之，庶几无逐末之讥与。"① 可见，当中西异同作为一个问题需要讨论时，学者们往往首先选择捍卫本土学术的价值。"中学之大，经纬万端，以格致为入门之阶；西学之精，机变百出，亦以格致为进步之矩""西学之利在一时，中学之利在万世。西学之益在物力，中学之益在人心。西人尝云，百年后西艺当盛于亚陆，五百年后，孔教必遍于地球，是在吾辈同种之志士"。② 反映在书目中，增订法和革新法都是在保持经史子集四部（或增益丛书为五部）大类框架下进行的，中学统摄西学的理念在书目上得到了落实。诚然，所谓"新书"主要包括两大部分，一是直接关乎西方或直接源自西方的学术类型，二是传统学术的近代形态。从书目的角度来看，这两类"新书"是分别从属于中学或旧学的。

首先，以西学从属于中学，以新学从属于旧学。

《古越藏书楼书目》作者指出："明道之书，经为之首，凡伦理、政治、教育诸说悉该焉。包涵甚广，故不得已而括之曰学部。诸子，六经之支流，文章则所以载道，而骈文词曲亦关文明、觇世运，故亦不得蔑弃。至实业各书，中国此类著作甚少，附入政类中。"③ 无疑，《古越藏书楼书目》的学、政二部是仿梁启超《西学书目表》而来，"学部"收"明道之书"，但以中国的经史子集为主，在收易学、书学、诗学等典型中学类目的同时，西方式的"凡伦理、政治、教育诸说悉该焉"。另外，生理学、

---

① 雷瑨：《中外策问大观》（卷19），砚耕山庄石印本，1903，第1~2页。
② 雷瑨：《中外策问大观》（卷19），砚耕山庄石印本，1903，第44~46页。
③ 昌彼得、潘美月：《中国目录学》，台北：文史哲出版社，1986，第229页。

物理学等典型的西学类目也入之学部。所以，尊经重道仍然是其思想的根柢。"政部"收"实业各书"，以西学文献为主，"中国此类著作甚少"，而表面上呈现为中学附入西学的面貌。但事实上，政部之中，从第一类正史到第十五类舆地，以及第二十四类稗史，其类目名称仍然主要来自传统类目。

在《江南图书馆书目》四部体系中，史部的外国史类；地理类杂记之属下所分的总录、唐至明、清代、近代、游西欧美诸国、外国人著述；集部的别集类按时代从"秦周汉诗文""魏晋诗文"到"现代"，再加上"外国"，其中的"外国史类""外国人著述"和"外国（别集类）"，这些针对西学的类目，都被安排到了相应的中学类目之下。

《中江书院书目》十五个类目主要是通过扩展四部体系而生成，即将原本归属于经史子集的二、三级类目调整为一级类目，如"通礼学""理学"就是从原来经部下面的二级类目上升为一级大类的。这些源自中学的类目，有不少是针对西学而言的，典型的如"兵家学，宜有图。仍略仿班《志》形势、技巧、权谋、阴阳四目，宜添制造一门"，说明西学意义上的"制造一门"被纳入了书目范围，而它又"略仿班《志》"的"兵家学"，从而意味着中国传统"兵家学"对西学"制造一门"的统摄。同样，源自传统子部的"测算学""边务学""律令学""医方学""考工学""农家学"，这些"皆有益国故政要，民生日用"的类目，固然也为了容纳传统旧学的近代形态（新学），但更多的是针对西学而独立出来的。

在《杭州藏书楼书目》中，"掌故舆地附"类目突出了兼收西书的性质，但它只是四部体系中"史部"的一个下位类目。同样，"性理"以收宋明理学书籍为主但又兼收西方哲学、宗教、心理学、美学和逻辑学类文献。所以，作者以"哲学家言附"的形式，特别指出了西学之"哲学家言"被"附"在了"性理"这个传统中学的类目之下。

显然，针对西学（或主要针对西学）的不少类目，都是从属于传统中学的，这种类目上的等级层次关系，显示了在学术上以西学从属于中学的事实。而与西学从属于中学相得益彰的是以新学从属于旧学。例如，《江南图书馆书目》史部的专史类；史部地理类下面的边防（北徼、江淮、东南、西徼）和外纪；政书类邦计下面的理财、全国财政、各省财政、关权、漕赋、海运、盐法、捐税、货币、荒政和杂录；邦交下面的总录、中日、中俄、各国租界及领事裁判权、商约、国联、军政、律例、章则、奏议、实业、交通、教育、党务、公报（中央、省府、县市）；集部的别集类按时代从"秦周汉诗文""魏晋诗文"到"现代"，而"现代"再分出包括传统类目的诗文、词、曲、制艺、楹联，以及非传统类目的"新文艺"；集部文评类中的"通论""文学史"，集部评论类下面的"新文艺"——这些类目都是针对旧学受到西学影响后而产生的新学。例如，史部的专史类，其内容虽然是中国古代的历史，但却接受了西学的影响朝着专科史的方向发展了。然而，这些旨在安插（或主旨在安插）新学的类目，都是从属于旧学类目的。同样，《中江书院书目》从四部扩展为十五类，也有不少类目是针对新学的，如原属于史部的"通鉴三通政典之学""舆地学"即是，但它们基本都是传统旧学类目的下位类。这种新旧类目之间的等级关系，正是新学从属于旧学的书目反映。

其次，西学从属于中学，就是新学从属于旧学。

大致而言，西学是源自西方的学术，而新学既包括西学（源自西方的学术）也包括中国旧学接受西方学术改造而形成的新形态，就此而言，新学的根柢正是西学。相应地，旧学则主要是源自中国且未受西方"玷污"的学术。因此，西学从属于中学，往往就是新学从属于旧学。所谓"以中学为主的中西统一的编目"差可视为"以旧学为主的新旧统一的编目"。例如，《杭州藏书楼书目》经学类"小学附"，史学类"掌故、舆地附"，都是要突出经史中的小学、掌故、舆地等内涵，而它们（尤其掌故、舆地）正是晚清以来"经世"之学（新学）的主要内容之一，但同时西方的相关文献（西学）亦得以附益其中。同样，作者将子部易名为"性理"，且"哲学家言附"，首先是为了将西学（哲学家言）附入中学（性理），但"哲学家言"亦包括先秦诸子学术的近代形态——诸子学说的哲学解读，从而形成以"新学"（诸子学术的哲学解读）附益旧学的格局。《古越藏书楼书目》分学、政二部。其中的学部，主要由传统四部中的经部和子部分化而来，而最值得强调的是子部的细分。一方面，子部分化出性理学、天文算学、黄老哲学、墨翟哲学、名学、法学、纵横学等类目，既反映了传统旧学正在接受西方学科化的重新审视，也体现了这部分"旧学"已经或正在改变学术形态而成为"新学"，这些新类名正是针对由旧学移易为新学而生成的。另一方面，子部还佐以生理学、物理学、释迦哲学、中外各派哲学、考证学等类目，这些无疑主要是直接针对西学而言的。而这部分"西学"是被安排在传统子部（隐性的）类目之下的。同样，集部被改称为文学，是传统集部接受西学影响而生成的类名，既反映了中西关系，也反映了旧学接受西学影响而成为新学的事实。政部主要由四部中的经部和史部的相关二、三级类目分化而来。其中，掌故曲礼、乐律，都是源自经部的细分类目。源自传统史部的类目，除了正史、编年史等，另外加上外史、外交、教育、军政、法律、农业、工业、美术、稗史等类目。这些类目也同样既反映了中西之间的空间关系，也反映了新旧之间的时间关系。

袁氏《中江书院书目》兼顾容纳西学图书，努力打通中西二学的界限。诸如测算学、边务学、律令学乃至考工学、农家学，虽都可视为传统书目所固有的类目，但也方便容纳西学书籍。另外，这些新增类目的"会通中西""一泯新旧"，又在中学之"体"的规约之下，堪称用心良苦的书目创新。例如，"兵家学"类目，作者指出"仍略仿班《志》形势、技巧、权谋、阴阳四目，宜添制造一门"，说明该类目主要仍是收罗中国传统的军事学文献，所以"仍略仿班《志》"，但作者又"添制造一门"，显然是针对西书而设的小类类目。

显见，中国人往往从中学领悟西学，努力将外来知识纳入其所熟悉的知识架构。这种"纳入"决定了中学相对于西学、旧学相对于新学的统摄地位。也说明，西学或新学知识只经世不穷理，并不构成批判儒家伦理的工具。相反，当西学或新学与儒家伦理矛盾时，还要接受儒家伦理的批判。《湘学例言》所谓："本报专从讲求实学起见，不谈朝政，不议官常。盖为学术为致治之本，学术明，斯人才出。故大旨区为六门：曰史学，曰掌故之学，曰舆地之学，曰算学，曰商学，曰交涉之学。"[1] 这也说明，知识的价值仍然操控在权力者手中，因而只能在国家主流意识形态的框架下言说。这种以中学统摄西学（或以旧学统摄新学）的认知，在教育教学体制中也得到了一定程度的落实。梁启超1896年《变法通议·论科举》指出，变革科举之上策为"远法三代，近采泰西，合科举于学校"。[2] 如果说，"合科举于学校"象征着中西一元，"远法三代"则意味着对于"近采泰西"的前提地位。因此，"东西政艺之书新旧移译，卷累千百，然其

---

① 《湘学例言》，谭嗣同、唐才常、熊希龄主编《湘学新报》，台北：华联出版社，1966，第7~11页。
② 梁启超：《变法通议·论科举》，《饮冰室合集》（文集之一），中华书局，1989，第27页。

中有立说偏宕不合中国之情势者，有新说盛行旧说已成筌蹄者……为学人导其门径策"。① "东西政艺" 既要接受 "中国之情势" 的审核，也面临针对时势变迁而是否成为 "筌蹄" 的选择。

四 以中学为主体的统一编目所反映的总体知识结构

以中学为主体的混合编目，强调以中学统摄西学，并将中西二学统一到以四部为框架的体系之中。在中国近代的学校教育中，"西学内容进入科举考试始于'算学科'的开设，'经济特科'的举办更使西学内容广泛纳入科举考试中，涉及内政、外交、理财、经武、格致、考工等内容"。② 李端棻 1896 年《请推广学校折》，建言广设学堂，分府州县学、省学和京师大学三个层次，中学以外辅以各国语言文字以及算学、天文、舆地、格致、制造、农商、兵矿、时事、交涉等各种西学。这些史料都显示了在教育制度上将西学（新学）纳入中学（旧学）体系的努力。另外，虽然中学（旧学）统摄西学（新学），但西学（新学）的价值得到了突出。如上所举例证，"外国史类""游西欧美诸国""外国人著述""党务""各国租界及领事裁判权""商约""国联""专史类""新文艺""近代典制"和"民国新制"等等，这些为传统中学（旧学）所不具备的类目都得到了突出，而突出这些类目正是要强调它们所体现的学术的崭新形态。总之，以中学为主体的混合编目，既强调西学（新学）统一于中学（旧学），但又突出了西学（新学）的价值。

这一认知与张之洞所规划的变革科学考试方案具有高度的一致性。张氏《劝学篇·变科举》曰："窃谓今日科举之制，宜存其大体而斟酌修改之……拟将今日三场先后之序互易之，而又层递取之，大率如府县覆试之法。第一场试以中国史事、本朝政治论五道，此为中国经济……二场试以时务策五道，专问五洲各国之政、专门之艺。政如各国地理、官制、学校、财赋、兵制、商务等类，艺如格致、制造、声、光、化、电等类，此为西学经济。其虽解西法，而支离狂怪显悖圣教者，斥不取……三场试四书文两篇，五经文一篇。四书题禁纤巧者。合校三场均优者，始中式发榜如额。如是则取入二

---

① 陈曾矩：《湖北乡试录》，光绪二十八年（1902）壬寅补行庚子辛丑恩正科，第 54 页。
② 许倬云：《中国现代学术科目的发展》，台北：《中研院近代史研究所集刊》第 52 期（2006 年 6 月），第 1~8 页。

场者，必其博涉古今、明习内政者也。然恐其明于治内而暗于治外，于是更以西政西艺考之。其取入三场者，必其通达时务、研求新学者也。然又恐其学虽博、才虽通，而理解未纯，趋向未正，于是更以四书文、五经文考之。其三场可观而中式者，必其宗法圣贤、见理纯正者也。大抵首场先取博学，二场于博学中求通才，三场于通才中求纯正。先博后约，先粗后精，既无迂暗庸陋之才，亦无偏驳狂妄之弊。"① 这一建议，后来以《光绪二十四年五月十六日（1898 年 7 月 4 日）张之洞陈宝箴妥议科举新章折》② 的名义正式提出；并反映在光绪二十七年（1901）《废八股改试经义论策之谕旨》中。谕旨曰："着自明年为始，嗣后乡会试，头场试中国政治史事论五篇，二场试各国政治、艺学策五道……进士朝考论疏，殿试策问，均以中国政治史事及各国政治艺学命题……自此次降旨之后，皆当争濯磨，务以四书五经为根本，究心经济，力戒浮嚣，明体达用，足备器使。"③ 山东大学堂"以四书五经为体，以历代史鉴及中外政治艺学为用，务各实事求是，力戒虚浮，储为明体达用之才"，④ 正是对这一知识结构的践行。1902 年张之洞《钦定学堂规模次第兴办折》八门学科也体现了中西合一于中学的特征，"经学、中外史学、中外地理、算学、道德学和文学均附于经学之内，国朝掌故学附于史学之内，测绘学附于地理学之内，天文学附于算学之内，此四门为中西公共之学"，完全标明为西学的另四门是"理化学、法律学、财政学、兵事学"。⑤ 改八股为策论后的 1903 年，"凡各省科岁考以迄乡会殿廷诸试，皆崇尚四书五义及各种策论，以求实学有用之才……本斋广延名宿，按照功令所重，编辑是集。共分四门，一为中国政治策论，一为各国政治策论，旁及西艺格致诸论说，一为四书五经义，一为历朝掌故论"。⑥

综上，以中学为主的混合编目大致反映了 1898 年倡议、1901 年以后执行的八股既废而科举犹存之际的中西学术结构。这与始自 1880 年傅兰雅

① 张之洞：《变科举》，《劝学篇》（外篇第八），李忠兴评注，中州古籍出版社，1998，第 138 页。
② 朱有瓛：《中国近代学制史料》（第一辑下册），华东师范大学出版社，1983，第 88~89 页。
③ 光绪皇帝：《废八股改试经义、论、策之谕旨》，杨为学编《中国考试制度史资料选编》，黄山书社，1992，第 426 页。
④ 朱有瓛：《中国近代学制史料》（第一辑上册），华东师范大学出版社，1983，第 793 页。
⑤ 张之洞：《钦定学堂规模次第兴办折》，《张文襄公全集》（第一册，奏议五十七），中国书店，1990，第 980 页。
⑥ 《新印〈策论讲义渊海〉出售广告》，《申报》光绪二十九年五月三日。

《译书事略》而截至 1904 年的西书独立编目体系在时间上大致吻合。因此，就当时的西学而言，主要对应于西书独立编目时期以政、学二分为框架的学术结构；而就中西关系来说，则体现了以中学（旧学）统摄西学（新学）的一元论，但西学（新学）的价值也得到了突出。由此形成了中西（新旧）学术的三分结构：一是以"四书五经"为主体的意识形态内容；二是"中国经济"，三是"西学经济"。

1. 以"四书五经"为内容的"纲常伦纪"

无论是民间知识分子的维新变法还是政府层面上的"新政"，都是在既有权力框架内进行的。康梁"出发点并不是要用西学、西政来彻底改造中国政治，而是借用它们的有用成分以达到迅速自强的目的。儒家学说仍是他们治国的基本手段，这是由当时的皇权结构所决定的。因而也受到了高层的支持，愿意把在野的维新势力吸收到权力体系中以折冲极端保守守旧的势力。康有为等人在变法期间也确实没有直接提出民权制度"。① 在这种基于现实君权框架内的戊戌变法和新政改革中，儒家传统学术在知识体系中仍处于"体"的地位，西政西艺只能在本体巩固之后才能讲求。梁启超《湖南时务学堂学约》所谓曰："今设学之意，以宗法孔子为主义。"② 山西乡试答题曰："不患无所得于西学，而患尽弃其所学，置纲常伦纪于不讲，而徒诩诩然曰：'吾精天文学、地理学、算学，及一切声光化电之学。'恐其心术既失，则所谓学术亦有无足轻重者矣。"③ 这实际上是强调本土意义上的精神信仰的重要。正如陈曾矩指出，立国唯恃"志气"，"恃工艺，物有见绌之时；恃商贾，财有受亏之候；恃轮船铁路，有被夺之虞"。④ 相应地，平权、平等、自由、自主等"异域方言，报馆琐语，一切离经叛道之言，悉当严加屏黜"。⑤ "今日将求西学，兼采西政，乃取彼所长救吾之短，非习其教从其俗也。此中大防不容或溃"。⑥

---

① 邵志择：《近代中国报刊思想的起源与转折》，浙江大学出版社，2011，第 236 页。

② 梁启超：《湖南时务学堂学约》，《饮冰室合集》（文集第 2 册），中华书局，1989，第 26 页。

③ 《山西乡试题名录》，光绪壬寅补行庚子恩正并科，光绪二十八年，第 14～15 页。

④ 陈曾矩：《湖北乡试录》，光绪壬寅补行庚子辛丑恩天并科，光绪二十八年，第 54 页。

⑤ 光绪二十七年十一月初一日（1901 年 12 月 11 日）《礼部政务处会奏变通科举事宜折（附章程）》，朱有瓛编《中国近代学制史料》（第一辑下册），华东师范大学出版社，1983，第 131 页。

⑥ 刘广京、周启荣：《皇朝经世文编关于"经世之学"的理论》，台北：《中研院近代史研究所集刊》第 15 期（1985 年 6 月），第 33～88 页。

　　总之，以中学为主的统一编目，反映的仍然是传统士大夫阶层"得君行道"的理想，希望依附于既定的皇权以推进改革，而改革的指向又以维护皇权为最终目标。这一最终目的在学术上的反映就是极力维护以"四书五经"为主要内容的中学之"体"。

　　2. 以"中国史事、本朝政治论"为内容的"中国经济"

　　以中学为主的统一编目，通过对四部体系的增订或革新而生成的新类目，有不少是直接服务于从传统旧学改造而来的新学的。1897年贵州学政严修《奏请设经济专科折》，分为内政、外交、理财、经武、格物、考工六个科目，其云："新科宜设专名也。词科之目，稽古为荣。而目前所需则尤以变今为切要，或周知天下郡国利病，或熟谙中外交涉事件，或算学律学，擅绝专门，或格致制造，能创新法，或堪游历之选，或工测绘之长，统立'经济'之专名词，以别旧时之科举。"① 1901年"新政"之后，涉及内政、外交、理财、经武、格物、考工诸领域的以"有裨于世用"为标准的所谓"实学"得到了空前的重视。"上以实求，下以实应"，② 讲求实学一时蔚为风气。何松龄《论实学》曰："务实学者，以忠信廉耻为甲胄，以士农工商为卒伍，以穷理格致为韬钤，以奇法新艺为糗粮。以旧习宿弊为痞结，屏却身外而不惜，以丧师失地为药石，铭箴座右而不讳。务虚文者，以农工商贾为鄙琐，以八股制艺为尊圣，以八韵卷折储卿贰，以弓刀矢石作干城，以夸毗揖让为驯厚，以荡轶不羁为高节，以钻营奔竞为通方。"③ 显然，所谓"实学"，固然主要源自西学，但也有不少是以传统旧学为资源的。清儒章学诚《清漳书院留别条训》尝曰："经济贵于引古证今，推陈指画，要使卓然近于可用，不徒纸上谈兵已也。"④ 学者相信，八股为虚文，废八股即得实学。"将使天下之为士者，置空疏无用之时文，勉乎经世有用之实学而已矣。"⑤

　　从书目上看，中学中的实学，主要源自传统四部体系中的史部和子部。例如，《南通图书馆分类法》史部地理类和政书类都是作者刻意突出

① 严修：《奏请设经济专科折》，《知新报》第四十六册，光绪二十四年二月二十一日。
② 顾印愚：《湖北乡试录后序·湖北乡试录》，光绪癸卯恩科，光绪二十九年，第63页。
③ 何松龄：《论实学》，《知新报》光绪二十三年七月十五日。
④ 章学诚：《清漳书院留别条训》，《章学诚遗书》，文物出版社，1985，第663页。
⑤ 《论科举改用策论后情形》，洪德榜编《中外文献策论汇海》（卷31，科举），鸿宝斋刊本，1904，第13页。

和强调的、旨在安插传统"实学"文献的类目。如地理类下所分的古地志、今地志、水道、山川（山志、湖志）、边防、外纪；其中的"今地志"又分总论、一统志及通志、郡县志、别志及杂记杂论等次级小类；史部政书类下所分的历代通制、古代会要、近代典制、民国新制等小类类目，都是旨在挖掘传统中学中的经世资源。同样，史部的谱录下有"章程及报告"小类，子部儒家类下有"议论经济""教育""杂志及汇报"诸小类，总集之下有"经世文"等等，都是要通过转换旧学，使其获得新型的学术形态，从而肩负经世的使命。《江南图书馆书目》史部地理类下面的边防（北徽、江淮、东南、西徽）、外纪；史部政书类下面的邦计（理财、全国财政、各省财政、关権、漕赋、海运、盐法、捐税、货币、荒政、杂录）、邦交（总录、中日、中俄、各国租界及领事裁判权、商约、国联）、军政、律例、章则、奏议、实业、交通、教育等类目；《古越藏书楼书目》政部二十四类中除了外交、教育、军政、法律、农业、工业、美术等有限的类目之外的其他十多个类目，都是来自传统史部而又突出其经世内涵的设置。

值得强调的是，传统儒学也有经世传统。然而，"论及晚清实学，其最值得注意者，是在此学术总纲之中，未见列有经学……明清实学，主要在儒家门系统之内，以经学为核心主体"，[①] 这是经世与穷理分途的典型象征。换言之，儒学的价值已经局限于"穷理"之一端，这也是中西、新旧统一于中学（旧学）之一元的根据。它不仅与经世的西"用"分离，也不再具有经世之中"用"的性质。相对而言，其价值主要是充当"纲常伦纪"的中"体"。

3. 以"五洲各国之政、专门之艺"为内容的"西学经济"

以中学为主的统一编目，强调中学在意识形态（穷理）层面上对西学经世学术的统摄。然而，经世的实用指向，不仅突出了西学的优长，也使得由中学中的旧学发展而来的新学在实用性上显得相形见绌。因此，统一于中学穷理之"一元"，又是以承认西学经世之价值为前提的，正如张之洞《劝学篇·循序第七》指出："今欲强中国，存中学，则不得不讲西学。然不先以中学固其根柢，端其识趣，则强者为乱首，弱者为人奴。其祸更

---

① 王尔敏：《晚清实学所表现的学术转型之过渡》，台北：《中研院近代史研究所集刊》第52期（2006年6月），第19~51页。

烈于不通西学者矣。"张氏又曰:"今日学者,必先通经以明我中国先圣先师立教之旨,考史以识我中国历代之治乱、九州之风土,涉猎子集以通我中国学术文章,然后择西学之可以补吾缺者用之,西政之可以起吾疾者取之。"① 这里,"今欲强中国,存中学,则不得不讲西学"的"西学"是广义的,它实际上包括学(狭义)、政二类。尽管,两者都处于"补""起"之"用"的地位,但又是不可或缺的。相比于梁启超《西学书目表》的学、政二部而言,以中学为主的统一编目体系中的学、政有了进一步的发展。首先,"西学"已经从格致意义上的自然科学扩大到了社会科学乃至人文科学。例如,《古越藏书楼书目》有法学、考证学、小学(语言文字学)等社会科学类目,也有性理学、释迦哲学、中外各派哲学、名学、文学等人文科学等类目。《中江书院书目》中的"理学"和《杭州藏书楼书目》的"性理,哲学家言附",也属于人文科学的范畴。其次,"西政"仍然主要包括科技工艺和庶政意义上的制度性内容,与"西学"相比,两者都具有"见诸行事"的直接现实性。例如,在《古越藏书楼书目》的政部中,既有外交、教育、军政、法律等制度性的内容,也有农业、工业等涉及工艺的类目,基本对应于"包括振兴商务、农务、工业、劝募工艺、奖励创新、开矿筑路、举办邮政、废漕运、裁厘金等许多保护和促进民族资本主义发展的措施"。②

显然,西学的经世内容,已经从技术革新走向制度革新。"知识分子吸取西方政治家的一些学说,想改变一些说法,想改变全盘旧有的制度"。③ 梁启超《论变法不知本原之害》亦云:"日人之游欧洲者,讨论学业,讲求官制,归而行之;中国人之游欧洲者,询某厂船炮之利,某厂价值之廉,购而用之。强弱之原,其在乎此。"在中日对比的意义上,梁启超提出学习西方应该坚持"以政学为主义,艺学为附庸"。马建忠 1894 年反思洋务运动以来的译书也指出:"仅为一事一艺之用,未有将其政令治教之本原条贯译为成书,使人人得以观其会通者。"④ 基本上,1895 年甲

---

① 张之洞:《循序》,《劝学篇》(内篇第七),李忠兴评注,中州古籍出版社,1998,第90 页。

② 刘绍春:《晚清科举制的废除与新教育的兴起》,中国社会科学出版社,2015,第 60 页。

③ 张朋园:《知识分子与近代中国的现代化》,百花洲文艺出版社,2002,第 9 页。

④ 马建忠:《拟翻译书院议》,麦仲华辑《皇朝经世文新编》(卷 5 下 5 学校 6)》,大同译书局,1898,第 7 页。

午战争以后的中国学者普遍认识到，洋务时期只重视西方科学和技术，"于治国之道，富强之原，一切要书，多未肄及"①；"中国西书太少，傅兰雅所译西书，皆兵医不切之学，其政书甚要，西学甚多新理，皆中国所无，宜开局译之，为最要事"②；"吾中国之治西学者固微矣，其译出各书，偏重于兵学艺学，而政治资生等本原之学，几无一书焉。"③ 显然，局限于自然科学与技术（即广义的格致）的"兵医不切之学"，既没有思想的负载，更不具有襄赞制度改良和社会革新的价值参考。而"西政"中庶政意义上的制度性内涵的引入，正是上述对洋务时期西学输入内容的反思的结果。

五 学科化视域下的中学观照

从穷理和经世的角度来看，以中学为主的统一编目将中西学术统一于中学，实际上就是将经世的西学统一于穷理的中学。西学因其具有现实实用性而虽统一于中学，但又"不得不讲"。这种矛盾，可借用梁启超的话来表述："非彼倡之者，固非必尽蔑旧学也，以旧学之简单而不适应于时势也，而思所以补助之，且广陈众义，促思想自由之发达，以求学者之自择。"④ 而当统摄于中学的西学的现实效用日益凸显之际，与之相对的中学之"不实"便益见暴露。

首先，中国实学的不实。

自 19 世纪初，尤其洋务运动以来，为了应对内忧外患的社会现实，中国人以经世致用为诉求，不断挖掘传统四部中的实学资源。同时，又不断吸收西学以为己用，"以实用为特征的西学，成了中国士人更新学术、重建体系的主要资源"。⑤ 这两部分经世资源，被放置于以中学为主的统一编目中，既意味着它们都统摄于儒家经学的"穷理"体系；又意味着经史子集体系已经不能因应学术的时代需要，因而必须做出增订或革新。

---

① 朱寿朋：《光绪朝东华录》（第 4 册），中华书局，1958，第 3791 页。
② 康有为：《康南海自编年谱》，中国史学会编《戊戌变法》（四），上海人民出版社，2000，第 119 页。
③ 梁启超：《论学日本文之益》，《饮冰室合集》（文集之四第 1 册），中华书局，1989，第 80 页。
④ 梁启超：《梁启超选集》，上海人民出版社，1984，第 257 页。
⑤ 王先明：《近代新学：中国传统学术文化的嬗变与重构》，商务印书馆，2005，第 209 页。

就中国实学而言，它并不是指实证科学之"实"，而是指针对现实之"实"，这集中反映在《经世文编》系列中。换言之，实学诉求追问的是学术回应现实问题的能力，而不是学术本身的学科体系建设。从中国传统中挖掘出来的经世实学，并不是在现代科学意义上运思的，因而没有发展出类似西方实证科学那样的政治学、经济学、社会学、军事学、历史学等门类。尤其在中西比较时，中国实学的"不实"，愈加凸显。正如左宗棠所云："中国之睿知运于虚，外国之聪明寄于实。中国以义礼为本，艺事为末；外国以艺事为重，义理为轻。"① 甚至，因过分追问实学的经世效用，而将实学局限在实业的领域，学理转而不被重视。"实学的前瞻，很自然导出实业这一事功领域，也就是非学术领域……实业之出现，带来中国自救的希望，有了振兴实业的方向，逐渐推动农、工、商、矿的经营发展"。② 例如，张謇即"将农工商之学视为实学，将政治、哲学、名法、文艺之学视为虚学"。③

究其根本原因，端在中国学术本质上是道艺不分的。正如同治元年（1862）《穆宗毅皇帝圣训》曰："凡校阅试艺固亦恪遵功令，悉以程朱讲义为宗，尤应将性理诸书随时阐扬，使躬列胶庠者咸知探濂洛关闽之渊源，以格致诚正为本务，身体力行，务求实践，不徒以空语灵明流为伪学……于应课诗文外，兼课论策，以经史、性理诸书命题，用观实学。"④ 彭瑞熙在1887年的上海格致书院考题中亦认为："中国之格致，兼道与艺言之也。西人之格致，专以艺言，而亦未尝非道也。"⑤ 显见，"兼道与艺言之"导致体用不分，是中国学术的核心特点。"不论是在实体与功用意义上还是本质与现实意义上，皆具有体用一源、体用不二的特点"。⑥ 而"体用不分"，要求"用"必须以"体"为圭臬因而不能获得独立存在的价值。易言之，"用"实际上只系乎性理而不系乎天地万物。正如慕维廉

① 左宗棠：《拟购机器雇洋匠试造轮船先陈大概情形折》，陈学恂、陈景磐编《清代后期教育论著选》（上册），人民教育出版社，1997，第102页。
② 王尔敏：《晚清实学所表现的学术转型之过渡》，台北：《中研院近代史研究所集刊》第52期（2006年6月），第19~51页。
③ 王尔敏：《晚清实学所表现的学术转型之过渡》，台北：《中研院近代史研究所集刊》第52期（2006年6月），第19~51页。
④ 《穆宗毅皇帝圣训（卷13）》，《清圣训》光绪五年（1879），第2974页。
⑤ 王韬：《格致书院课艺（丁亥年春）》，图书集成印书局，1898，第1~4页。
⑥ 曹跃明：《梁漱溟思想研究》，天津人民出版社，1995，第88页。

介绍培根《格致新法》时所指出，《大学》之"格物致知"对于天地文物，"华士素所心究者鲜矣"。①

从学科化的角度来看，西学之"实"，是建立在近代学术分科原则基础之上的，学科的含义之一是"学术的分类"，指"科学领域或一门科学的分类"。② 而中国"旧时士夫之学，动称经史词章。此其所谓统系乃经籍之统系，非科学之统系也。惟其不明于科学之统系，故鄙视比较会合之事，以为浅人之见，各守其家学之壁垒而不肯察事物之会通。"③ 中国"旧时士夫之学"，正是因为"用"与"体"（或者"艺"与"道"）的密不可分，而成为"非科学之统系"的学术。这样的学术"不肯察事物之会通"而"不实"，从"实"的意义上看，"中国无学"。

其次，中国无学。

林乐知指出："古今来之大学问有三：一曰天道之学，即天地万物本原之谓也；一曰人生当然之理，即诚正修齐治平之谓也；一曰物理之学，即致知格物之谓也。""三者并行不悖，缺一不足为士也"，然今之中国士人，"天道固不知矣，即格致亦存其名而已，所伪为知者，诚正修齐治平之事耳，言大而夸，问其何为诚正，何为修齐，何为治平，则茫乎莫解，与未学者等。"④ 林乐知将"古今来之大学问"划分为三大类别，三者的次第也暗示各自的价值层次。其中，中国人视为"穷理"学术的"修齐治平"，在他的等级序列中，只排在第二。不仅如此，这个最值得中国人骄傲的"修齐治平"，实际上只是"伪知"。至于第一层次的"天道之学"和第三层次的"物理之学"，前者"固不知矣"，后者"亦存其名而已"。林乐知进一步论述中西格致之学的区别指出："吾西国力学之士，每即物穷理，实事求是。自夫天文、地舆，以迄一草一木之微，皆郑重详审焉而不敢忽。"肯定西人"诸有益于宇内者皆从格致中来，非如中国之奇方幻术，托于鬼神虚诞，令人茫乎莫凭，

---

① 慕维廉：《培根格致新法》，李天纲编校《万国公报文选》，生活·读书·新知三联书店，1998，第460页。

② 张应强：《高等教育学的学科范式冲突与超越之路——兼谈高等教育学的再学科化问题》，《教育研究》2014年第12期，第13~23、53页。

③ 顾颉刚：《古史辨·自序》，《古史辨》（第一册），上海古籍出版社，1982，第31~32页。

④ 林乐知：《中西关系略论》，李天纲编校《万国公报文选》，生活·读书·新知三联书店，1998，第15~16页。

杳乎难索矣"。①

林乐知的观点可以简单地概括为"中国无学"。而"中国无学"的结论很快就得到了中国人士的回应。严复曰："学之为言，探赜索隐，合异离同，道通为一之事也。是故西人举一端而号之曰'学'者……必其部居群分，层累枝叶，确乎可证，涣然大同，无一语游移，无一事违反……首尾赅备，因应蔏然，夫而后得谓之为'学'……故取西学之规矩法戒以绳吾学，则凡中国之所有，举不得以'学'名。吾所有者，以彼法观之，特阅历知解，积而存焉，如散钱，如委积。此非仅形名象数已也，即所谓道德、政治、礼乐，吾人所举为大道，而诮西人为无所知者，质而方乎，亦仅如是而已矣。"② 中国各项学问都不过是"散见错出、引而未申者"。相比而言，"西学格致，则其道与是适相反。一理之明，一法之立，必验之物物事事而皆然，而后定之为不易""其究极也，必道通为一，左右逢原，故高明"。③

"中国无学"，不仅局限于"形名象数"，"即所谓道德、政治、礼乐，吾人所举为大道"者亦然。既然"中国无学"，以中学为主的统一编目就存在学术上的合法性问题。由此，主动向化，在统一编目理念不变的情况下转为以西学为主的统一编目，从而达成以西学为基准的"道通为一"，也就成为历史发展的必然。而西学从经世到兼及穷理，也加持了以西学为主统一编目的合法性。

六　中西知识的经世与穷理

本来，西学的讲述空间只在经世之"用"的层面，西学对于"闻道"即"认识道德是什么"无关，因而并没有成为判断伦理道德是否合理的终极标准。反过来说，传统以儒学为中心的学术所建构的以纲常名教为核心的伦理道德系统，仍然是穷理的唯一资源。就此而言，中西二学仍呈现为二元关系，西方知识只有经世意义，而不具穷理性质。

但是，随着"中国无学"理念的深入人心，中学不仅不再经世，甚至也不再穷理。1905 年，观云发表《平等说与中国旧伦理之冲突》一文，其

① 林乐知：《记上海创设格致书院》，李天纲编校《万国公报文选》，生活·读书·新知三联书店，1998，第 441 页。
② 严复：《救亡决论》，王栻主编《严复集》（第 1 册），中华书局，1986，第 52~53 页。
③ 严复：《救亡决论》，王栻主编《严复集》（第 1 册），中华书局，1986，第 45 页。

曰："近日有唱中国一切学问，皆当学于西洋，惟伦理为中国所固有，不必用新说者。是言也，其为投中国人之时好而言与？……夫今日中国之待新伦理学，实与他种学科，其需用有同等之急。"① 这里，作为中学最后底线的"伦理"，也濒临颠覆的边缘。从知识结构来说，此前的西学并不构成批判儒家伦理的工具，相反，当两者矛盾时，科学知识还接受儒家伦理的批判。但降及民国初期，"中体西用"的二元结构，转进为以西学为主导的一元论话语。西方知识从只经世不穷理，转进为既经世又穷理，从而侵夺了中学作为穷理功能的最后价值防线。中学从知识下降为史料，从而进入西方式的学科视域；而西学则以学科化的理念，从知识上升为信仰，建构出一套新的意识形态。于是，"中学日益成为旧学的代名词，被视为无用之物"。②"国家取士以通洋务、西学者为超特科，而孔孟之学不闻郑重焉"。③

　　与中学的境遇适成对照，西学不仅经世，甚至也穷理。1902年严复发表旨在批判洋务派人士"中学为体，西学为用"的《与外交报主人书》，建言只在小学中侧重"旧学"，占十之九；中学阶段，旧学只占十之三；到了高等学堂，则要以"分治专门之业"的西学为主，旧学则"听学者以余力自治之"。同样，1903年制定、1904年1月公布的《奏定学堂章程》中的《学务纲要》规定："中小学堂宜注重读经以存圣教"，但"科学较繁，晷刻有限。若概令全读《十三经》，则精力日力断断不给，必致读而不能记，记而不能解，有何益处。且泛滥无实，亦非治经家法"。这些论述都是要提高西学地位而降低中学的权重，西学在经世的同时，客观上非意图地获得了穷理功能，并生产出独立的思想意识。例如，"公法之学，悉本性理而出，读之大足发人智慧，不独有神交涉也"。④ 即反映了"公法之学"在现实效用之外的思想认知价值。章炳麟《实学报叙》曰："世言地球以上之野马，谓之空气。然而轻、养、淡、绿（按：即氢、氧、氮、氯）各负其质，无往而非实也。必并与其空气而涤除之，则爝火不燃，喘蝡不生，而大块或几乎息矣。由是观之，空不足持世，惟实乃可以持世。微生之物，细若蛮触，游息尘埃，自相战斗，是惟有实，故相遇而触……

① 观云：《平等说与中国旧伦理之冲突》，《新民丛报》1905年12月11日。
② 桑兵：《晚清民国时期的国学研究与西学》，《历史研究》1996年第5期，第30~45页。
③ 刘大鹏：《退想斋日记》，山西人民出版社，1990，第102页。
④ 黄庆澄：《中西普通书目表》，算学报馆光绪二十四年（1898），第11页。

而况职志六籍实事求是之学乎?"① 章炳麟提倡实学，虽不涉封建伦理和纲常，但已经展示出与"六籍实事求是之学"相异的旨趣。胡适《四十自述》则曰："水无上无下，只保持他的水平，却又可上可下，正像人性本无善无恶，却又可善可恶。"② 这是以自然物理知识为依据重新反思价值观意义上的人性之善恶问题。梁启超《湖南时务学堂学约》曰："瓦特因沸水悟汽机之理，奈端因苹果落地而悟巨体吸力之理……西人一切格致制造之学，衣被五洲，震轹万国，及推原其起点，大率由目前至粗极浅之理，偶然触悟，遂出新机。"③ 梁氏的格致仍是狭义物理学的，但他已赋予其穷理的功能。

当西学从经世走向兼具穷理功能，必然引发对儒家伦理是否代表天道的怀疑。我们知道，传统知识是一种以现世道德伦理为核心价值的知识体系。"吾国儒生，往往以道德为不可变易之物，故有天不变道亦不变之言。而不知道德与良知不同。良知者，吾心本有之元知，不假推理之作用，而自显其功能，此谓之不变，可说也。道德则包元知推知二作用而同有之。有本心所自有者，谓之元知。有习惯所养成者，谓之推知。故道德之为物……自他方面观之，则又为一群演进之大法"。④ 伦理道德是发展的，因而不能以良知为基础，也不能像程朱理学那样从宇宙普遍之理中推出。新道德的重构，需要从中国传统之天理向中西共同之公理、公例转向。这里，西学之穷理，虽仍然依遵于理学的道德推导模式（由常识到宇宙论到人伦道德），但却建构了符合现代科学知识系统（现代常识）的宇宙论。进一步，再从该宇宙普遍之理中推出社会发展规律，并根据社会发展规律推出新道德。

西学从经世到穷理的转变，固然是西学自身可能性的结果；但更是国人从主体必要性角度思考的结果。20世纪20年代"科学与人生观"的讨论，集中反映了这种认知需要。以胡适来说，他积极参与讨论，并曾提出了著名的"胡适十戒"，其核心是以科学作为人生观的基础。其中，"十戒"的1~3戒是从天文学和地质学推出时间和空间无限，以论证万物运行演变皆出于自然；4~5戒从生物学归纳出物竞天择，从而否认上天有好生

① 章炳麟：《实学报叙》，实学报社辑《实学报：第一册至第六册（光绪廿三年八月至九月）》，台北：文海出版社有限公司，1996，第3~5页。
② 胡适：《四十自述》，台北：远流出版事业股份有限公司，1988，第60页。
③ 梁启超：《湖南时务学堂学约》，《饮冰室合集》（文集第2册），中华书局，1989，第26~27页。
④ 常乃德、陈独秀：《记陈独秀君演讲辞》，《新青年》卷3号3（1917年5月），第1~3页。

之德，人只是动物的一种；6~8 戒认为一切社会、历史的变化和心理、道德原则均可以从科学中得到解释；9 戒认为物质是运动的，可以有生命；10 戒认为"小我"会死，"大我"不朽。总体上，"胡适十戒"的核心观点是：包括人生观在内，都应该是"科学"的。正如胡适指出，"大多数人都赞同人生观应是科学的，但都没有指出科学的人生观应该是什么"。新道德的建构必须以科学为基础，对科学技术的崇拜，成为代替孔孟之道的新的信仰。这既是对古典道德秩序的颠覆，也将西学从单纯的经世转向了穷理。

综上，以中学为主的统一编目，本质上是"体用一源、体用不二"思想的反映。即以儒家"穷理"的学术为体，以四部中刻意挖掘的实学以及西学为"用"。但是，"穷理"的中学一方面不是学科化的理论知识，"当道德意识形态重构时，穷理需求空前高涨，它便主要指向理论知识；而一旦道德目标明确，展开经世时，就主要引进实用技术……对道德基础的探求，使得穷理即体悟何为天理，得到普遍注重"①；另外，从四部中刻意挖掘的"实学"也不符合经世的实用导向。相反，西学是以学科化为指向的，不仅具有经世的实用价值，也获得了穷理的意义。在此背景下，学者们相信："近世学术，侧重专门，故西方之图书分类亦主精详。中土学风，素尊赅博。故图书类部，常厌繁琐。窥测将来之学术界，则分工研究，殆为不二之途。"② 而美国杜威十进分类法，既面向世界（从而也超越中西、新旧之别），又以学科化为原则分类知识和图书，成为中国人普遍仿效的对象。由此，中国近代的书目，也进入了以仿杜威书目为代表的、以西学为主的统一编目时代。刘国钧认为："新旧并行制，往往因新旧标准之无定，以致牵强附会，进退失据；故采新旧统一之原则……其编造之大纲，虽多仿西法，然为避免新旧并行之弊；以统一为原则，四库所部，亦皆能容纳，而为专用于中国图书者，以斯法为嚆矢；亦可见其书名之由来也。"③ 因此，他的《中国图书分类法》新旧统一编目，而又"多仿西法"，成为一部典型的以西学为主的统一编目体系。

① 金观涛、刘青峰：《从"格物致知"到"科学"、"生产力"——知识体系和文化关系的思想史研究》，台北：《中研院近代史研究所集刊》第 46 期（2004 年 12 月），第 105~157 页。

② 刘国钧：《中国图书分类法·导言》，《刘国钧图书馆学论文选集》，书目文献出版社，1983，第 55 页。

③ 刘简：《中文古籍整理分类研究》，台北：文史哲出版社，1981，第 245 页。

第六章
以西学为主的中西统一编目

大致而言，新旧并列式书目意味着新旧二学的各自独立、不相闻问，但也意味着中学已经被肢解为新旧，其中的"新"已经被纳入西学的畛域，而旧学作为新学的对立面，已经失去经世和穷理的价值。"旧"，正像其名称显示的那样，已经变成"国故"意义上的传统珍玩。在中西混合编目的目录类型中，以中学为主的书目虽承绪传统四部体系，但又以增订法和革新法为主，意味着只有变换传统四部结构才能包含新学。因此，容纳新学的已经不是中学的旧式结构，而是中学的新式结构。而所谓"新学"，根据梁启超的意见，既包括西学，也包括经过西学濡染而获得西学化形态的旧学。这样，统一编目体系从以中学为主过渡到以西学为主，也就水到渠成了。西学为主的统一编目承绪了中学为主统一编目的一元论认知，但将一元论从归宗于中学转为归宗于西学，不仅将中国的新学纳入西学体系，而且"强旧籍以附新法"，传统典籍亦被纳入了西方体系，从而意味着：传统中学中没有获得近代西学形态的旧学，也被纳入了西方式的学科化体系之中。

早在 1909 年京师创设广东学堂，捐献图书者的社会贤达姓名及所捐图书被编撰为《京师广东学堂书藏捐书目录》，一次捐书较多者酌予分类。"如第六次蔡乃煌所捐 70 本图书，被分为史志、政治、交涉、兵制、兵学、船政、学务、工程 8 类，第七次蔡乃煌所捐 83 种图书则被分为农学、矿学、工艺、商学、格致、算学、电学、化学、声学、光学、天学、地学12 类"。① 蔡乃煌的这两次捐赠广涉中西、新旧，但所分类目全部使用西

① 来新夏：《清代目录提要》，齐鲁书社，1997，第 385 页。

学学科化的类名，是典型的将包括"旧籍"在内的中西图书统一于西方书目体系的反映。1931年《宁波市立图书馆目录》，是"将宁波市立图书馆所藏新旧书籍统一编成目录，包括了原四部古籍。共分两大部分：丛书及类书部、分类部。类书附于丛书门下，丛书详列子目，止著录册数或著者。分类部目录按中外图书馆统一分类法为序，分为总类、哲学类、宗教类、社会科学类、语文类、自然科学类、应用技术类、美术类、文学类、史地类。每类下列小类。"① 然而，中国近代史上以西学为主体的统一编目，主要是以仿杜威十进分类法为代表的，正如昌彼得指出："到西洋杜威十进法传入我国，经过改良以使适合部次我国典籍后，这些过渡时期所创订的分类，遂归于淘汰，没有人再沿用它们。"②

第一节　DDC 及其仿杜威书目概况

DDC 即 *Dewey Decimal Classification*（《杜威十进分类法》），是美国人麦维尔·杜威1876年创制的以十进为原则、以小数制为标记的分类体系，它是"全世界使用最广泛、历史最悠久的第一部图书分类法，对后世的各种分类法产生了重要影响"。人们相信："1876年问世的 DDC 将整个图书分类法史划分成两个时期。之前可称为前杜威时期，之后可称为杜威时期。"③

一　杜威十进法的特点

DDC 是一个兼及技术、知识和信念的统一性整体，它在 20 世纪初入主中土并成为主流书目分类体系，是由多重因素决定的。

（一）体系结构完整而严谨，囊括所有的知识领域

DDC 从人类知识总体体系（而不是从文献总体状况）的高度规划类别体系，不仅超越了某个具体图书馆的所藏图书，也超越了现实社会中实际

---

① 郝润华、侯富芳：《二十世纪以来中国古籍目录提要》，华东师范大学出版社，2012，第19页。

② 昌彼得、潘美月：《中国目录学》，台北：文史哲出版社，1986，第232页。

③ 侯汉清、王荣授：《图书馆分类工作手册》，中国科学技术文献出版社，1992，第205、121页。

所存图书的局限。由此，根据图书现实而编制的图书分类，也发展为根据
人类文化现实而编制的知识分类。

1. 从哲学本体论的高度演绎知识体系

"17 世纪英国著名的唯物主义哲学家培根将人类知识分为记忆（历
史）、想象（文艺）和理性（哲学，即科学）三大部分，杜威受美国圣路
易斯市图书馆采用的哈利斯分类法的影响，采用倒培根知识分类体系，将
DDC 分为 10 大类",① 其具体类目为：

000 总论

100 哲学

200 宗教

300 社会科学

400 语言学

500 自然科学

600 应用科学

700 艺术

800 文学

900 史地

这是一个将培根的"历史（记忆的）、诗歌（想象的）、哲学（理性
的）"的知识体系"倒转"为"哲学—诗歌—历史"的知识体系，其最
大的特点是站到了哲学本体论的高度俯视全人类的知识框架。王国维尝
云："世界学问，不出科学、史学、文学。故中国之学，西国类皆有之；
西国之学，我国亦类皆有之。所异者，广狭疏密耳……学问之事，本无中
西。"② 可以肯定，无论是培根还是杜威，其知识三分的结论与王国维都是
一致的，区别只在三者的次第各异。这也意味着，DDC 的知识体系是超越
中西（新旧）的、关于世界知识的普遍性认知。

2. "天下"图书合于一辙

杜威书目致力于对全世界知识图谱的完整勾勒，其知识体系是面向
"天下"的，因而也包括中国学术在内。《图书馆分类法陈子彝氏序》曰：

---

① 侯汉清、王荣授：《图书馆分类工作手册》，中国科学技术文献出版社，1992，第 126 ~
127 页。

② 王国维：《王国维全集》（第四卷），中国文史出版社，1997，第 367 页。

"杜威十进法，虽简繁合宜，伸缩自如，然震旦载籍宏博，杜氏仅于东方诸小国中列一席地，其背于我国国情良甚。因爰撮众长，参以臆见，辑为是编。"① 陈子彝对 DDC 有关中学的态度深致不满，但可以肯定的是，DDC 是立足于包括中国学术在内的世界知识体系的。

杜威书目不仅在空间上面向"世界"，在时间上亦兼及古今并放眼未来。我们知道，传统四部分类本质上是文献体系而不是知识体系，它是以现实中的文献为关注焦点的。事实上，中国 1917 年之前的书目，诸如《四库全书总目》《书目答问》《西学书目表》等也都是结合具体文献的书目体系。而 DDC 则主张："不能依书的多寡来设置类目，而应是从宏观上来设置类目。"② 杜威致力于超越文献体系而建构宏观的知识分类体系，具有"超越时空"的特点，亦可堪称关于人类文明的宏大叙事，无疑有助于实现"书可佚而学不可亡"的学术理想。

（二）类目详细，层次清楚，等级分明，易于掌握和使用

DDC 从哲学的高度，以演绎的逻辑规划类目，形成了类别详明、层次清晰的知识体系。它从学科化的高度，以"论理的关系"组织类目。正如刘国钧指出："分类法的基本原则是知识的系统性，根据学科领域划分门类。在同一领域内，再按照形式逻辑的划分规则，层层划分，形成一个体系。这样它就把千差万别的主题组织成一个系统。它所表达的是主题之间在学科体系内的关系。每一主题都有自己的对上、对下和对同等概念的关系——从属关系和并列关系。"③ 显然，除了分类的学科化，刘国钧还强调分类的逻辑性。而 DDC 的逻辑等级关系和体系性特征，正显示了知识的学科化建构原则。而"建立分类体系除要以学科分类为基础外，还要求用逻辑的方法来建立类目之间的联系，用从总到分，从简单到复杂的原则来序列类目，并要求统一分类标准，不能体（体裁）、义（学科内容）相参"，④ 由此形成的体系，甚至"小类之毗连亦有密切之学术关系"。⑤

---

① 刘简：《中文古籍整理分类研究》，台北：文史哲出版社，1981，第 259 页。
② 侯汉清、王荣授：《图书馆分类工作手册》，中国科学技术文献出版社，1992，第 65 页。
③ 刘国钧：《刘国钧图书馆学论文选集》，书目文献出版社，1983，第 301 页。
④ 侯汉清、王荣授：《图书馆分类工作手册》，中国科学技术文献出版社，1992，第 64~65 页。
⑤ 姚名达：《中国目录学史》，上海书店，1984，第 150 页。

（三）首创代码标识，辅助分类与检索

姚名达曰："图书之插架，其法有二。一曰固定排列法：或标部类名称于厨架，俾与目录适合，如东观藏书'并依《七略》而为书部'是也。或标字号于厨架，而注其字号于目录，如《开元释教录略出》《道藏目录》，及《文渊阁书目》之以《千字文》编号是也。无论依照部类或字号以排列图书，图书之位置皆已固定，不能任意移动……《脉望馆书目》及《文瑞楼书目》之所以凌乱无序，殆即此因。欲除其患，惟有以数目字之号码代表部类之名称，标记于图书之上，按次排列，不必限定某类书永列某架，如此则目录既可免登记架号之烦，而新书复无无架可插之患，此之谓活动排列法。然必有赖于分类之用号码始得如意。向来我国目录学家从未注意及此，故部类之增减虽层出不穷，而求其最便于庋藏检寻者，迄未之见也。直到近十余年，始有西洋分类法之输入，然后靡然从风，率相采用焉。西法之中，尤以美国人杜威之十进法为最流行。故述现代中国之分类法，不可不略知西洋近代分类法之大致情形。西洋古代之分类法亦不知以号码代部类，其弊正与我国目录相同。直至十九世纪，因受工业革命之影响，新书出版之速度日增，旧法之类目不能收容，近代化之图书馆到处兴起，新目录学之研究渐精。为适应活动排列法而创制之《编号分类法》，始见于1870年美国人哈利斯之《路易斯中学图书馆》。哈氏分图书为一百类，每类各代以号码，自一号 science 至一〇〇号 periodical，类号比次，各有一定。同类中如再分类，则加 abc 等字母以别之，此种方法，发表未久，即为各地图书馆所采用。次年，又有美国人雪华尔兹另发表一种《助记忆分类法》。先分学术为二十三大类，各代以 A 至 W 之字母，然后各附以号码。其代替大类之字母，除 Language 之代符为 K，不合原字外，余皆适与各类原字之第一字母。例如以 A 代 Arts，以 B 代 Biography，以 H 代 History，颇便记忆检索。每大类中，又分为九中类，各冠以 1 至 9 之数字。每中类中又可再分小类，各冠以一字母。以上两法流行不久，即为杜威之新法所代替。杜威以1876年，取两法之精神，参以己意，制为完全使用号码，适合活动排列之《十进分类表》。先将一切图书分为十部：（1）总部，（2）哲学，（3）宗教，（4）社会科学，（5）言语学，（6）自然科学，（7）应用技术，（8）美术，（9）文学，（10）历史。每部各分十类，每类各分十目，每目仍可再各十分，直可分至无穷。以0代总部，以1代哲学，

顺推至以 9 代历史。无论其为单位，十位、百位，各号码所代表之意义均有一定。以百位代部，十位代类，单位代目，隔以小数点，尽可增加号码以代表各项小科目。如用二位小数，即有包含十万科目。以之应付日出翻新之科学，略无拥挤慌乱之苦。将分类号码登记于书皮，依其算学顺序，排列厨架。苟能熟知某号即某类目，检之即得。如中间某类新增之书太多，即可将以下各类之书往后推移，架上既无须号码，可免改易之烦。目录中及书皮上之号码既非随时变动之书架，则一成不变。亦无时时涂写之劳。且号码次序，略有连带关系。如 500 为自然科学，510 为数学，511 为算术，512 为代数，513 为几何，大部既可包含小类，小类之毗连亦有密切之学术关系。非但便于记忆，便于寻找，即在学术研究时亦可收触类旁通之效。在过去分类法中，实以此法最具灵活性，故能流行一时，对于目录学界发生相当影响。虽然，各种学术之领域，或宽或窄，极非一致，杜威纯用十进之例，瓜分每种学术为十类，俨若学术皆循算学之级数而进展者，其不合理可知。且社会科学与历史关系甚深，言语学与文学尤相表里。而杜威竟分隔于悬远之地，不使相邻，无怪传入我国之后，起而变更其部次者多过于恪守不动者也。"①

"美国杜威十进分类法，符号整齐，便于运用与记忆；自行于世后，各国争相仿用"，具有技术层面上的分类编码和检索解码的现实可操作性，非常有利于重在流通的新兴图书馆的"图书出纳、编排、入库诸手续"。②另外，类号的逻辑代码性也强化了类目之间的逻辑等级关系。

（四）从图书分类到知识分类

根据不同的分类标准，可以将书目分为不同的类型。例如，1920 年刊刻的周贞亮、李之鼎《书目举要》将所见图书目录分为 11 类：部录之属、编目之属、补志之属、题跋之属、考订之属、校补之属、引书之属、未刊书之属、藏书之属、释目之属、道目之属。

与此前的书目相比，DDC 的一个重要特点是由图书分类目录发展为知识分类目录。图书分类目录是针对现实图书而编撰的目录，总体上又分为藏书目录和非藏书目录。藏书目录是针对某具体藏书机构、某具体丛书而编目

---

① 姚名达：《中国目录学史》，上海书店，1984，第 148~151 页。
② 刘简：《中文古籍整理分类研究》，台北：文史哲出版社，1981，第 203、156 页。

的，如《铁琴铜剑楼藏书目录》《皕宋楼藏书志》以及清代著名的《四库全书总目》。近代以来，公藏取向的近代藏书，一般皆兼收中西图书，如《古越藏书楼书目》《南洋中学藏书目录》。尽管，馆藏目录收藏什么是有主观预判的，但藏书的特定现状决定了目录的规划方案。作为目录，主要是由文献前提性决定的，是一种被动的整序形态，具有明确的从图书到目录的指向。另外，藏书直接为当下的文献整理服务，是对学术现实的被动回应，因而更多的是为目录学本身起见，而较少学术抱负。非藏书目录以社会上现实存在或曾经存在（即所谓"古有今亡"）的图书为对象。历史上，萧梁之际的阮孝绪《七录》是广泛参考此前的"名簿"而"更为新录"形成的，是首部兼及"亡书"、从书目到书目而形成的非藏书目录。非馆藏目录的最大特点是针对当下文献世界的现实而求全责备（如《七录》、郑樵《通志·艺文略》；或选择性地针对部分文献而编目（如张之洞的《书目答问》），因而面临收录什么和不收录什么的问题。它是广义的文化选择过程，既刻意吸取一部分，又努力排抵另一部分。文献不再是既定的客观前提，而是由编目者自我定夺。这种主体选择性决定了非藏书目录往往都是推荐目录，存在一个主体性的逻辑起点，随之而来的左右着逻辑运行的价值取向、知识结构和操作策略也套路各异。近代非藏书目录大量涌现，《书目答问》《西学书目表》等是其代表。如果说，藏书目录大多是以目录自身为本位，直接为文献管理服务；非藏书目录重在建构文献秩序从而规范文化秩序。前者是被动回应文献管理，后者则是主动伸张学术意志。

然而，无论是藏书目录还是非藏书目录，都是以图书为对象而建构书目体系的，区别只在所据图书是某藏书机构实有，还是针对社会实有而有针对性地选择其中的某些部分而编目。但 DDC 则完全脱离了现实图书的羁绊，直接面向人类的知识总体而编制，形成的是知识分类体系。和图书分类相比，知识分类的核心特点在于，形成了独立于具体文献的分类表。因为不受现实图书的制约，知识分类体系至少在理念上，具有时间上兼及古今、空间上兼及中外的面向"全人类"知识谱系的用意。此外，无论藏书目录还是非藏书目录，由于都是结合具体图书而编制的，从文献到分类表的建构以及根据类表分类具体图书的过程是一致的。而知识分类存在一个从知识出发建构分类表，以及运用分类表分类具体文献的二分过程。基本上，类表的建构是由分类学家完成的，而根据类表对具体文献进行分类和编目，则是一般馆员的职责。在这一意义上，书目在中国近代的发展，可以简单地概括为：藏书目录承绪传统而有所发展；非藏书目录成为近代书目的主流类型；无论藏书目录还是非藏书目录，最终都进化为脱离具体文献的知识分类目录。

综上，DDC 的特点主要包括：第一，超越图书分类体系，建构知识分类体系，即从知识的高度规划类别而不是从现实图书的角度规划类别；第二，作为知识体系，着眼于"全人类""天下"或"世界"，东西、新旧、民族国度等等，不再是区分类别或形态的主要依据；第三，具体类目的规划与分析，主要以学科化和逻辑化为依据；第四，配套使用逻辑代码化的分类标识，既强化了类别的逻辑性，也赢得了图书排架、书目组织和读者检索的便利。而这些基本特点，又是密切相关的。例如，在代码标识的辅助下，知识的类别结构可以多层扩展，并能够通过代码符号的层层套叠而清晰地表达出来，如"四百八十三又点一为海关税"即达到了四级类目。而缺乏代码标识的传统书目，类目等级多以二级为主，三级类目已属难得。不仅如此，在 DDC 中，类名与类名之间，以及文献与文献之间的逻辑层次也能够通过代码符号表现出来。相比而言，传统书目的类名并不辅助使用代码化的类号，因而文献主题并不随着类名而作形式逻辑类项上的划分。进一步，传统分类没有代码标识，亦与分类标准的非学科化和非逻辑化密切相关。1917 年《仿杜威书目十类法》之前的中国近代书目，基本上都是基于现实图书而形成的图书分类（而不是基于知识分类形成独立的类表）、类目等级多超不出三级、都不使用代码化的分类标识等等，见证了它们"仍受四库分类影响"。[①]

诚然，代码标识意味着类名的逻辑代码性，它是和西方逻辑分类相统一的；相反，1917 年《仿杜威书目十类法》之前的中国目录不使用代码标识，也意味着分类的非逻辑化。正是在技术意义上，DDC 成为现代图书分类学上的专业性分类体系，"标志着图书分类法新时期——杜威时期的开始"。[②] 这也就意味着，只有掌握书目编制的一般理论、方法和原则的专门人才才能从事书目工作，从而也杜绝了那些没有经过专业训练的人从事编

---

① 昌彼得、潘美月：《中国目录学》，台北：文史哲出版社，1986，第 229 页。

② 侯汉清、王荣授：《图书馆分类工作手册》，中国科学技术文献出版社，1992，第 122 页。

目的可能性。事实上，中国仿杜威书目的作者，几乎都是留学归国的图书馆学专业人士，或有在武昌文华图书专科学校等国内专门学校求学的经历，图书馆学或目录学的专业教育背景是其身份标签。相较而言，1917 年之前的中国书目是没有类似阿拉伯数字/拉丁字母等代码标识的，类似张之洞、梁启超等学者虽堪称学界泰斗，但他们只是以业余或兼职的身份从事编目工作的。"专业化"编目的诉求还决定了书目只是文献整序工作，应该回归书目本身，书目对下启民智或向上建言乃至转移风教的"崇高理想"也失去了存在的理由。建言资政等"出位之思"，更多地让位给了报刊、国会等专业化的表达渠道。

二 中国的仿杜威书目

DDC 于 1909 年被孙毓修首次介绍到中国，1917 年沈祖荣、胡庆生有见于"欧亚交通，新学发明"，反映新学科的书籍大增，原分类体系无法容纳，故"创立新法，包罗中外之书"，"并求检阅便利"而编著《仿杜威书目十类法》，同年由武昌文华公书林、圣教书局印行。正如其书名所示，《仿杜威书目十类法》是仿拟杜威 DDC 而编制的，也是"国内以十进类分中国图书之第一法"。[1] 它采用了反映了新学科的哲学、社会学、经济学、教育学、数学、物理等新名词，第一次用标记符号代表类目，采用纯数字小数制的编号方法，类号整齐简洁。该目共分十大类，"每类分十部，每部分十项，例如五百为科学类，五百一十为算学部，五百一十一为珠算项，余以此类推；如某项书多，十数不能容纳，则于十数之后，以小数志点之法代之以济，例如四百为政治类，四百八十为财政部，四百八十三为租税项，四百八十三又点一为海关税，余亦以此类推。据此编法，所有书籍均以类、部、项三者依次分别，以某数目，代表某书名，开明某数，取阅某书，较为简便"。[2] 其具体类目为：

000 经部类书

010 经解类

020 图书科

---

① 刘简：《中文古籍整理分类研究》，台北：文史哲出版社，1981，第 204 页。

② 沈祖荣、胡庆生：《自序》，《仿杜威书目十类法》，汉口圣教书局，1917，第 1~2 页。

030 百科全书

040 丛书

050 类书

060 杂志

070 抄本善本

080 目录

090 统计学

100 哲学宗教

100 哲学总论

110 东方哲学

120 泰西哲学

130 哲学类别

140 哲学派别

150 宗教总论

160 孔教

170 基督教

180 佛教

190 其它宗教

200 社会学教育

200 社会学

210 家庭

220 风俗及礼教

230 教育

240 教育行政

250 教授法、管理法、教员

260 学校教育

270 校外教育

280 课程及教科书

290 学校卫生建筑

300 政法经济

300 政治学

310 立法

320 司法

330 行政

340 法律

350 军政

360 经济

370 财政

380 商业学

390 交通

400 医学

400 医学总论

410 中国医学

420 组织学（解剖学）胎生学

430 生理学

440 病理学

450 外科

460 妇科产科小儿科

470 卫生学

480 药类制药学

490 兽医学

500 科学

500 科学总论

510 数学

520 天文学

530 物理学

540 化学

550 地质学

560 博物学

570 农林学

580 牧畜

590 水产

600 工艺

600 工艺

610 机械工程

620 电学工程

630 采矿工程冶金学

640 陆海军建筑工程

650 卫生工程

660 化学工艺

670 制造（工厂制造）手工

680 空中工学轮车制造

690 土木工程

700 美术

700 美术

710 书画

720 磁器

730 雕刻篆刻印玺

740 布置

750 油漆画

760 图案印刷

770 照相幻灯

780 音乐

790 游戏运动

800 文学语言学

800 文学

810 文派及文体

820 诗文

830 辞赋戏曲

840 诏令及奏议

850 小说

860 公文尺牍

870 幼年文学及读本

880 语言学

890 外国语

900 历史

900 历史

910 泰西史

920 东洋史

930 中国史

940 年表年谱姓氏

950 传记

960 地理游记

970 省府县志

980 地图

990 考古学

总体而言，《仿杜威书目十类法》继承了 DDC 的几乎所有特点，在中国书目分类史上具有极其重要的地位。正如侯汉清评价：该分类法"成为我国第一部脱离书目形式从宏观上编制的图书分类法，是适合各图书馆整理图书的分类法，是按图书内容归入一定体系的分类法，而不是按书的学科内容及藏书多寡建立的分类目录体系。从这个意义上说，它是我国等级列举式分类法的开始，是引进先进技术编制的第一部分类法"。① 然而，尽管《仿杜威书目十类法》"目的在为中籍而设，但结果仍多不能为中籍所适用，形成中籍凑入西籍之内。至于其所列类目：首类为'经部类书'，意在保持四部之经部，但其中所收之书，名实不相符。其余如'哲学'与'宗教'，'文学'与'语言学'各并为一类，后之师此法例者，则大有人在。总之，斯法对于国内图书分类法之改进，多有贡献"。② 《仿杜威书目十类法》以迄于今，中国书目分类大多是根据 DDC 的一般理论、原则和方法而编制的，"中国图书馆现行之分类法，已受杜威之潜移默化，趋势

---

① 侯汉清、王荣授：《图书馆分类工作手册》，中国科学技术文献出版社，1992，第 77～78 页。

② 刘简：《中文古籍整理分类研究》，台北：文史哲出版社，1981，第 211 页。

所向，必归于十进原理之一途"。① 大陆具有国标地位的《中图法》以及"台湾目前较通行的赖永祥所制十进法"，② 本质上仍属于仿杜威十进书目性质的分类体系。

据刘简《中文古籍整理分类研究》一书的统计，1917 年《仿杜威书目十类法》以后中国出现的仿杜威书目主要包括如下。

（1）1922 年杜定友《世界图书分类法》

（2）1924 年查修《杜威书目十进法补编》

（3）1925 年杜定友《图书分类法》（杜定友编第二法）

（4）1925 年桂质柏《杜威书目十类法》

（5）1926 年应修人《S. T. T 图书分类法》（即《上海通信图书馆图书分类法》）

（6）1926 年陈天鸿《中外一贯实用图书分类法》

（7）1926 年洪有丰《洪有丰氏图书分类法》

（8）1928 年王云五《中外图书统一分类法》

（9）1929 年刘国钧《中国图书分类法》（1936 年增订）

（10）1929 年陈子彝《陈子彝氏图书分类法》

（11）1929 年安徽省立图书馆编《安徽省立图书馆中文书目十类法》

（12）1931 年洪有丰、施廷镛《清华大学图书馆中文图书分类法》

（13）1932 年杜定友《杜定友氏图书分类法》（杜定友编第二法）

（14）1933 裘开明《燕京哈佛大学图书馆中文图书分类法》（1946 年改名《汉和图书分类法》）

（15）1934 年皮高品《中国十进分类法》

（16）1934 年何日章、袁涌进《中国图书十进法》

（17）1935 年桂质柏《分类大全法》（亦称《国立中央大学图书馆分类大全》）

（18）1935 年杜定友《杜氏图书分类法》（杜定友编第三法）

（19）1935 年尹文治《广东勷勤大学师范学院图书馆图书分类法》

（20）1943 年杜定友《三民主义化图书分类法》（杜定友编第四法），

① 朱家治：《杜威及其十进分类法》，《图书馆学季刊》1926 年第 1、2 期合刊，第 265～308 页。

② 昌彼得、潘美月：《中国目录学》，台北：文史哲出版社，1986，第 250 页。

1948 年改称《三民主义中心图书分类法》

而据姚名达《中国目录学史》，"我国接受其（杜威）法而加以修正者"，[①] 可补充另外两部：

（1）1926 年王文山《南开大学中文书籍目录分类法》

（2）1936 年金天游《浙江省立图书馆图书表》

三 仿杜威书目的特点

1917 年《仿杜威书目十类法》以来的仿杜威书目，秉承了 DDC 的一般理论、方法和原则，具有下述一些共同特点。

（一）建构相对完整的"天下"知识体系

上述 20 余部仿杜威书目乃至今天的《中图法》，都超越了中西、新旧，努力建构一个面向"全世界"的宏观知识体系。在其中，知识或图书的分类以学科属性为原则，而不是以时间（新旧）或空间（中西）为圭臬。学者们普遍"主张中西书籍应集中管理，不必因文字之不同而有所区分"。[②] 例如，1925 年杜定友《图书分类法》"本世界主义，合并中西书籍"，"以中西书籍，合并庋藏，而归纳于同一分类之下"。[③] 姚名达 1933 年初版于商务印书馆的著作《目录学》则从理论的高度提出了理想的分类法的可能形态，"不但能适用在中国，并且能适用到美国，甚至全宇宙"。姚先生指出："在学术世界化的现在，一方面应求其学术之本身世界化，一方面应求已有的学术的贯通。一方面应该发扬固有的学术，一方面并应研究新兴的学术。在这种观念下，目录学的世界性，尤其显得切要——分类法就是目录学中最先应世界性的先决问题。"[④]

1922 年杜定友《世界图书分类法》以"世界"命名，正是基于"世界"理念的体现，而 1926 年陈天鸿和 1928 年王云五的分类体系都冠以"中外"，也"系为解决中外图书统一分类而作"。[⑤] 从学术史的角度来看，超越中西二元对立而转进为"道通为一"，反映的是"学无中西"的理念。

---

① 姚名达：《中国目录学史》，上海书店出版社，1984，第 156 页。

② 刘简：《中文古籍整理分类研究》，台北：文史哲出版社，1981，第 204 页。

③ 杜定友：《世界图书分类法》，上海图书馆协会，1925，凡例。

④ 姚名达：《中国目录学史》，上海书店出版社，1984，第 18、19 页。

⑤ 侯汉清、王荣授：《图书馆分类工作手册》，中国科学技术文献出版社，1992，第 78 页。

谭嗣同《仁学》提出，"仁以通为第一义"，"通"之义又"以'道通为一'为最浑括"；"通"的四义之一即是"中外通"，最终要实现"有天下而无国"的"地球之治"。盖"无国则畛域化，战争息，猜忌绝，权谋弃，彼我亡，平等出"，则"虽有天下，若无天下"。如此，就能出现一个"西书中百年一觉"或"《礼运》大同之象"的理想世界。① 仿杜威书目的中西学术统一观，直接跟国无中西、追求世界大同的认知有关，反映了"今则万国交通，一切趋于尚同"，② 努力将民族国家融入全球化的理想。亦如钱锺书所云："东海西海，心理攸同；南学北学，道术未裂。"③

（二）基于学科化标准建构类别详明、层次清晰的知识体系

DDC 以学科属性和逻辑类项为依据建构清晰的类目体系，这对中国的仿杜威书目的编制影响很大。"以学科分类为准"或"以学科为经，书籍为纬"，④ 也成为仿杜威书目的主要分类原则。例如，1929 年刘国钧《中国图书分类法》的编制原则之一是"宜以学科分类为准绳……参以体裁的分别""应根据学科之发展、变迁，设立新类目"。事实上，刘氏分类法也是"明确提出以学科分类为准设立类目体系的分类方法，类目安排比较合理"。⑤ 1922 年杜定友《世界图书分类法》则是"我国第一部从理论上阐述大纲序列的分类法"，⑥ 杜先生重点强调了以学科属性为标准的分类原则。该书目共分十类，以"总论"为首；哲学为概括宇宙万物、探讨人生之源、造化之始，故次以"哲理科学"；教育为树人之本，故次"教育科学"；有教育而后有人群，有人群即有社会，故次以"社会科学"；人群立就得以天然美境颐养其心，技艺美术陶冶其情，故次以"艺术"；人类生活日繁，生存竞争，不得不依赖于科学，故次以"自然科学"；有了自然科学才有应用科学，故次以"应用科学"；以科学为实力，于是身心即安，乃抒其情，故分别次以"语文学"和"文学"；史地为总结，故次以"史

① 谭嗣同：《仁学》，蔡尚思、方行编《谭嗣同全集》（增订本），中华书局，1981，第367 页。
② 康有为：《请断发易服改元折》，汤志钧编《康有为政论集》，中华书局，1981，第369 页。
③ 钱锺书：《谈艺录·序》，中华书局，1984，第 1 页。
④ 侯汉清、王荣授：《图书馆分类工作手册》，中国科学技术文献出版社，1992，第 64 页。
⑤ 侯汉清、王荣授：《图书馆分类工作手册》，中国科学技术文献出版社，1992，第 82 页。
⑥ 侯汉清、王荣授：《图书馆分类工作手册》，中国科学技术文献出版社，1992，第 79 页。

地学"。尽管，杜氏上述次序安排多扦格不通，如"有教育而后有人群"即颠倒了教育与人群的先后关系；"以科学为实力，于是身心即安，乃抒其情"而后续的"语文学"和"文学"也没有说服力，但基本遵循了学科化的分类原则。其十大类中除"总论"之外的其余九类皆冠以"学"，如"哲理科学""语文学""史地学"等等，也是学科化原则的体现。

（三）技术制度不断完善

DDC 既有理念（如面向"世界"、超越现实图书等等），也有相对完善的技术，而理论和技术又是相得益彰的。同样，中国的仿杜威书目也十分重视编目制度的完善。以 1926 年应修人《S. T. T 图书分类法》为例，"该法结构比较完善，有大纲、详表、助记表（小类表、分国表、朝代表、时代表）。使用了当时比较流行的十分法，参照法等技术。还根据上海通信图书馆（STT）所编印的书本式目录与日常分类编目的需要，绘制了纵横度坐标的分类码纲目简表，具有一定的助记作用。应修人等还创造性地编纂了国语罗马拼音著者号码表。其方法是：以三个罗马字母作成书次号，取著者姓及名的罗马拼音的第一字母，加名的最后字母组成（如郭沫若为 Gmh）。这是我国图书馆较早采用的拼号式著者号码表"。①

1928 年王云五的《中外图书统一分类法》在技术层面上也很有特色。该表首次使用"+""++"和"±"三个符号以突出中国图书。例如，DDC 的 323.1 为民族运动，+323.1 则为中国民族运动，排在 323.1 前面。"该法还总结归纳出四个活用表：①九小类活用表（相当于总论复分表），并规定用'0'作总论复分符号；②国别活用表，分两种：一是给文化事业发达国家使用的国别表，比较简单。另一是按历史而分的国别表，较为详细；③时代活用表，分三种，第一种只适用于全世界的历史，第二种只适用于欧洲各国，第三种适用于中国史（按朝代分）；④类别活用表，引用'：'号，在于以一种类名说明另一种类名，如教育心理学的类号为370：15，并规定可以轮排，适用于新学科、增加新类号。并规定使用活用表的次序，先小类，次国别，再次为时代。该分类法规定中国著者使用王云五四角号码法取号，外国著者使用罗马拼音取号，毋须另编著者号码表，即可解决同类书排列问题。此外，还编有中、英文类目索引，附有标

---

① 侯汉清、王荣授：《图书馆分类工作手册》，中国科学技术文献出版社，1992，第 80 页。

题法规则，包含分类标题、著者标题、书名标题的规则"。①

综上，中国近代的仿杜书目基本承绪了 DDC 的编制理论、原则和具体方法。在吸收、消化 DDC 的同时，尽管注意到中国古籍及其背后学术的特点，并做出了不懈的"中国化"努力，但总体上并没有脱离 DDC 的思想认知和编制技术。如果说，DDC 是针对西书及其西方学术的一种自足体系；中国的仿杜威书目也满足于中国近代以来学术更新为"新学"、古籍进化为"新籍"的需要。然而，中国"旧学"（没有更新为近代形态的传统学术）也在"世界"与"中外一贯"的思路下，被纳入了仿杜威书目体系，从而也意味着传统学术学科化在书目上的最终完成。

第二节　仿杜威书目中的古籍学科化及其反思

中国学者编制的仿杜威书目不乏中国化的努力。例如，1934 年皮高品《中国十进分类法》，作者在"自序"中指出："采杜补杜固有不然，至若仿杜，亦未见可也。盖我国之学术，自有其特性，不容偏废苟简。世之作者，必悉加编纂，详制类目，庶云有济。"因此，《中国十进分类法》"古籍仍沿用四库分类法的类目，照顾了古籍的特点"。② 但作者只是在类名上仍使用四库旧称，类别体系的规划和设置仍以学科化为原则，以十进十退为方案。例如，国学、经学等归入"000 总类"，传统小学归入"400 语言文字学"，四库中的集部基本都归入"800 文学"，史部基本都归入"900 历史"。同样，查修认识到"中西学术范围不同之处亦太多；倘全部采用，实难适合"，但他 1924 年所编《杜威书目十进法补编》仍然"勉强摹仿，置四库之经部，补塞杜法首端'000~009'之空缺；将四库之史、子、集三部，依原杜法子目上，杂凑其间，致多有削足适履之嫌"。③ 总体而言，中国仿杜威书目的最大问题即在于以西方学科化为原则处理"旧籍"，从而曲解了"旧籍"背后的传统"旧学"。

---

① 侯汉清、王荣授：《图书馆分类工作手册》，中国科学技术文献出版社，1992，第 81 页。
② 侯汉清、王荣授：《图书馆分类工作手册》，中国科学技术文献出版社，1992，第 83 ~ 84 页。
③ 刘简：《中文古籍整理分类研究》，台北：文史哲出版社，1981，第 216 页。

一　传统学术的学科化

在 DDC 的诸多特点中，最重要的一点是文献分类与组织的学科化。中国近代仿杜威书目的类表建构、类目设计以及具体的图书分类乃至代码化的标识制度，正是迎合西方学术分科思想的结果。中国古籍也以"根据新法，混合中西"的名义，进入了学科化的"十进"体系，说明古典知识只有进入世界视野和当下语境，才能确认自身的合理性。正如刘国钧指出："近世学术，侧重专门，故西方之图书分类亦主精详。中土学风，素尊赅博。故图书类部，常厌繁琐。窥测将来之学术界，则分工研究，殆为不二之途。"① 与此相得益彰，教育教学体制上的"吸纳世界知识，研究专门学问"，② 也成为人们的共同认知。早在 1898 年，"北京大学成立后，实际上文、法、理、工、医、农等学科逐渐出现"；并"不断在寻求新的学科分野，企图容纳更多不同的知识范围。等到民初蔡元培主政北大，专设文、理两院，成为大学主体，将其他学科放在实用科目，才确立了核心知识的内容"。③ 这些以西学为参照的分科思想，对传统中学的分科影响日甚。

（一）经学的学科化

经学堪称中国文明的渊薮，能否根据西方学科原则配隶传统经部图书，也是"聚讼纷纭，莫衷一是"。④ 总体上，中国的仿杜威书目大致采用了两种处理传统经部文献的方式。一是以杜定友《世界图书分类法》为代表，将经部文献拆散，完全根据西方的学科化原则归类。二是以刘国钧《中国图书分类法为》为代表，"将群经归入总部，而单经则按学科归类，原四库法中有关封建迷信的书籍，归入宗教类下，是解决我国古代文化典籍分类问题较好的分类法"。⑤ 今天的《中图法》即参考了刘国钧的意见，一方面把经部分散列类，另一方面通论群经之书又列为专类。

至此，至少在图书分类上，经学只有两种存在面目：一是将经部分散

① 刘国钧：《刘国钧图书馆学论文选集》，书目文献出版社，1983，第 55 页。
② 《国会请愿同志会意见书》，《国风报》1910 年第（1）9 期，第 69～98 页。
③ 许倬云：《中国现代学术科目的发展》，台北：《中研院近代史研究所集刊》第 52 期（2006 年 6 月），第 1～8 页。
④ 昌彼得、潘美月：《中国目录学》，台北：文史哲出版社，1986，第 242 页。
⑤ 侯汉清、王荣授：《图书馆分类工作手册》，中国科学技术文献出版社，1992，第 82 页。

列入各个相关的西方式学科门类；二是通论群经之书虽仍然独立存在，但却以"丛书"的形式列为专类，成为"丛书"大类中的一部而已。这两个变化的实质是，传统"经史子集"意义上独立为一部，且在群部之首的"经"，已经在现代学科谱系中下降为史料。例如，经部在 1925 年桂质柏《杜威书目十类法》以及同年杜定友《世界图书分类法》（杜定友编第一法）中已经被分入哲学部下的"中国哲学"类（其中，乐类入"音乐"，小学入"语言学"的中国语言学小类）。显然，两者的实质都是将经部处理为西方式的学科化存在，经学所承载的人伦彝常和意识形态也澌灭尽净。而这种学科化也是学界对经部文献的普遍认知。蔡元培即曾指出："是故《书》为历史学，《春秋》为政治学，《礼》为伦理学，《乐》为美术学，《诗》亦美术学。而兴观群怨，事父事君，以至多识鸟兽草木之名，则赅心理、伦理及理学，皆道学专科也。《易》如今之纯正哲学，则通科也。"[①] 吴康也认为："我以为要从最新式的分类，如分哲学、文学、社会学、博物学……等学，旧日经史子集纪中国图书馆的分类法……按照现在的分类法做来，《易经》要归哲学类，《诗经》要归文学类，《书经》《礼经》要归政治学、社会学、风俗学等。而旧日的分类，只用一'经'字括之，'简则简矣，其如不明何。'"[②] 民国时期，由于"六经皆史"命题的重提，经学研究学科化的趋向更加明显。

（二）史子集的学科化

当神圣的经典完成了学科化的近代化转型，传统史子集的学科化也就变得十分自然了。正如洪有丰指出："六经之根本要籍，既可以科学方法，分隶各类，其他更可依其性质而分，无独立一部之必要矣。"[③] 例如，传统四库体系中的子部，邓实《古学复兴论》指出："诸子之书，其所含之义理，于西人心理、伦理、名学、社会、历史、政法，一切声、光、化、电之学，无所不包，任举其一端，而皆有冥合之处，互观参考，而所得良

---

① 蔡元培：《学堂教科论》，高平叔编《蔡元培全集》（第 1 卷），中华书局，1984，第 146 页。

② 吴康：《"重编中文书目的办法"之商榷》，《北京大学日刊》（第 6 分册）1920 年 9 月 16 日。

③ 昌彼得、潘美月：《中国目录学》，台北：文史哲出版社，1986，第 243~344 页。

多。"① 邓实所谓"互观参考",以子学观西学而言,只是激起了旧学豪情;而实际上只能是以西学观子学,他列举的所谓心理、伦理等等,无一不是西方学科化的类名。而这些类名不厌其烦地罗列,正是要以学科化为视角重新审视子学。正是这种表面上虽云"互观参考",实际上只能以西学观子学的思路,决定了子部文献都进入了西方学科化的类目之中,正如刘国钧指出:"汉志诸子,本相当于今日之哲学。魏晋以降,其例始乱。今则一一衡以学术上之性质,分入各类,不复存子部之名焉。"②

再拿集部的文学来说,鲁迅《摩罗诗力说》认为,文学的本质是"兴感怡悦",文学"实利离尽,究理弗存",③ 与道德训教与利禄前途无关。闻一多指出:"汉人功利观念太深,把《三百篇》做了政治的课本;宋人稍好点,又拉着道学不放手——一股头巾气;清人较为客观,但训诂学不是诗;近人囊中满是科学方法,真厉害。无奈历史——唯物的与非唯物史观的,离诗还是很远。明明是一部歌谣集,为什么没人认真地把它当文艺看呢!"④ 上述这些认知的本质是颠覆传统"文以载道"的思路,将文学还原为学科化的文学的存在。而传统集部,在仿杜威书目中正是被纳入了"文学"类。洪有丰曾经说:"集,聚也,诗文之总聚也。集部分总、别集,而以著者时代先后为次,其义例尚明白而无窒碍,于科学分类之文学类,不过名称之异同耳。惟词、曲二体,昔以卑品视之,不与诗、赋并列,不知词曲与诗赋,在文学上实占同等之位置,殊不能有偏重也。"⑤ 洪有丰认为,传统集部实际上就是"科学分类之文学类",但"不知词曲与诗赋,在文学上实占同等之位置"而视词、曲二体为"卑品",实际上没有将"集部"当作"科学分类之文学类"。学科化以"论理的关系"为信念,而一旦"论理",诗赋为尊、词曲为卑的传统认知便失去了依据。

显然,当神圣的儒家经典突破了传统的知识框架及其背后的价值系统,史、子、集被根据学科化原则而改变其原始面貌,则不再有心理上的

---

① 邓实:《古学复兴论》,刘东、文韬编《审问与明辨:晚清民国的"国学论争"》(上册),北京大学出版社,2012,第23~27页。
② 刘国钧:《刘国钧图书馆学论文选集》,书目文献出版社,1983,第58页。
③ 鲁迅:《鲁迅全集》(第1卷),人民文学出版社,1981,第66页。
④ 闻一多:《匡斋尺牍》,《闻一多全集》(第3卷),湖北人民出版社,1994,第214页。
⑤ 洪有丰:《图书馆组织与管理》,商务印书馆,1926,第124页。

任何障碍。"以新知附益旧学"，① 也成为解读传统学术的主流方式。傅斯年云："把我国已往的学术，政治，社会等等做材料，研究出些有系统的事情来，不特有益于中国学问界，或者有补于'世界的'科学。"② 傅先生"或者有补于'世界的'科学"的愿景与邓实的"互观参考"一样迄今未得实现，但通过"用最新的科学方法，将旧学分科整治"的以西释中，已然成为传统学术近代化的主要取向。20 世纪 20 年代"科玄论战"的结果，也证明西方学科化思想已经成为学术界的主流取向。反映在仿杜威书目中，则是如 1925 年桂质柏《杜威书目十类法》"完全译自杜氏法，惟于中国旧籍经、史、子、集、丛之未能依照者，分别穿插于相当地位"。③

然而，分门别类地学科化固然有一定的合理性，也是迄今为止传统学术近代化的主要路径，但学科化并不是中国传统学术的固有面貌，它"不能在本体论上被西方知识丝丝入扣地加以代替"。④ 概而言之，学科化既有合理性，也有值得反省的余地。

二 学科化的合理性

仿杜威书目蕴含的目录学一般理论、方法和原则，直接关乎传统学术学科化的转型。它将历时性的古典文明布局在共时性的"世界"框架之下，古典知识被带到了一个新的时空之中，重新建构了关于古典知识的共识。这种"以新知附益旧学"的学科化解读，推动了古典学术的转型，拓展了古典学术的认知视野和创新空间。

学科化从清晰的定义和明确的范畴入手，重视推导过程的逻辑性，由此获得知识的明晰性、客观化、条理化，知识认读、创新和研究都不再局限于传统注疏体的形式。这一"科学"原则，改变了传统知识的生态，也促进了传统知识向广度和深度的发展。拿中国哲学的学科化建设来说，冯友兰曾经指出："我们比较和研究中国和欧洲的哲学思想，并不是为了判断孰是孰非，而是注意用一种文化来阐明另一种文化。"⑤ 这种以西"阐"

---

① 梁启超：《清代学术概论》，朱维铮校订，中华书局，2011，第 141 页。
② 毛子水：《国故和科学的精神》识语，载《傅斯年全集》（第四册），台北：联经出版事业公司，1980，第 1258 页。
③ 刘简：《中文古籍整理分类研究》，台北：文史哲出版社，1981，第 216 页。
④ 杨义：《现代中国学术方法通论》，山东教育出版社，2009，第 218 页。
⑤ 冯友兰：《三松堂学术文集》，北京大学出版社，1984，第 289 页。

中，拓宽了观察传统的视野，为古典文明提供了崭新的思路和框架，中国哲学史的学科范式有赖于此而得以建立。例如，胡适《中国哲学史大纲》就是借鉴西方哲学观念而书写的。其曰："我做这部哲学史的最大奢望，在于把各家的哲学融会贯通，要使他们各成有头绪条理的学说。我所用的比较参证的材料，便是西洋的哲学。"胡适又指出："我们若想贯通整理中国哲学史的史料，不可不借用别系的哲学，作一种解释演述的工具。"[1] 胡适承认西方哲学从思维、方法的角度为中国古典的相关知识注入了新的能量，皓首穷经的史料式的文献学研究也转向了思想的创新与创造。同样，中国传统史学的主线是政治史，近代史学则被改造为各门类的学科史，并被当作应对各种现实问题的重要资源，史学自身也从经史互观中的边缘走到了中心。又如，中国传统的舆地学属于人文地理，《天下郡国利病书》中的山川河流也是人文思考，没有涉及自然地理，更谈不上地质学。而"西人言地学者约分三类，地上之风云雷雨谓之地文学，地中之矿产石层谓之地质学，地面之山川国邑沿革形势谓之地志学"。[2] 以西方学理为观照的舆地学遂逐渐增加了地质学和自然地理的内涵。再拿文学来说。郭绍虞相信："科学方法，能把旧学讲得系统化，这对我治学就很有帮助。"[3] 而闻一多 1927 年 7 月发表在《时事新报·学灯》上的名篇《诗经的性欲观》，运用西方的文化人类学和精神分析学的方法得出了"《诗经》是一部淫诗"的结论，生发出开阔的思想空间，提供了重新解释的各种可能。

显然，借助于西方学科化的思路和方法，近代学者改变了史料注疏式的学术生产和学术理解视角，从相同的史料中看到了若干"先儒未得而闻"的结论。正如胡适反思传统研究指出："这三百年之中几乎只有经师，而无思想家；只有校史者，而无史家；只有校注，而无著作。这三句话虽然很重，但我们试除去戴震、章学诚、崔述几个人，就不能不承认这三句话的真实了。"[4] 相对于思想家、史家和著作而言，经师、校史者和校注以史料罗列和叙述为主而疏淡于分析，以"崇古精神"将是非标准诉诸先王

---

[1] 胡适：《中国哲学史大纲》，东方出版社，1996，第 7、24 页。
[2] 熊月之：《晚清新学书目提要》，上海书店出版社，2014，第 596 页。
[3] 郭绍虞：《我怎样研究中国文学批评史的》，《书林》1980 年第 1 期，第 1~3 页。
[4] 胡适：《国学季刊发刊宣言》，《胡适文集》（第 3 卷），上海亚东图书馆，1931，第 365 页。

而不是诉诸实验、观察或理性演绎，具有明显的局限于史料和先王前见的弊端。

学科化导致了学科专业的矩阵存在。矩阵中的不同节点，在学科外表现"为此一学科化的学科与彼一学科化的学科之间的关系，此一学科化的学科与整个科学学科发展的关系"，而在学科内则"表现为一定学科内部各专业（又称二级学科）之间的关系。没有一定的新兴学科的建立，就没有或无所谓这个学科的一定数量的专业。学科化总是作为后来成为一定学科的各专业或专业化的科学发现和发展的结果。被学科化的新的学科形成后它的各个专业的发展，特别是发展中的各个专业之间的关系，是该学科发展的内在的决定的因素"。① 由此导致学科内外结构的体系化和知识生产的集约化、组织化。再从知识生产、传播、消费等组织机制的角度来看，"人们按照知识分类形成不同的学术生产单位（学术共同体），遵循共同的学术生产规则从事集约化和组织化的学术生产活动。这样，知识分类和知识生产就形成了一种互动关系，知识生产产生了各类知识，而在知识生产基础上的知识分类（学科化）导致了组织化的知识生产，促进了知识发展和知识生产效率提升。因此，学科化是适应科学和教育双重发展需要的过程与事实"。② 而传统学术研究由于缺乏集约化的学术组织形态，直接影响到了它作为一门知识的普及，反证学科分类对知识生产和知识发展变得越来越重要。学科化，事实上也成为人类迄今为止最主要的推动知识增长的组织形式。

三　对传统学术学科化的反思

尽管，学科化的学术转型有力地推动了中国古典学术的发展。但是，学科化对古典学术的解构和重塑是"以今论古""据外律中"的结果，它默认学科化是知识存在的唯一形态，图书也只仅记录着客观化的学科知识。但从自然科学、社会科学、人文科学的三分类型来看，如果说自然科学因为面向自然对象而具有一般化、跨民族的普世性的共性特点；社会科

---

① 梁树发：《学科化：马克思主义与科学发展的互动》，《党政干部学刊》2010 年第 2 期，第 3~5 页。

② 梁树发：《学科化：马克思主义与科学发展的互动》，《党政干部学刊》2010 年第 2 期，第 3~5 页。

学和人文科学则因主体人的因素的介入，而存在诸如学科理论的功能与性质、研究信念和研究方法、认知立场和认知取向、认知机制和表述模式等区分。因此，以学科化为主要内容的传统学术西方化，皆因科学主义的影响而发生了质的改变，从而也彻底改变了人文社会科学的研究范式和言路。各门类学术只是客观主义的"论理"存在，不再具有求善、求美的人文情怀。

经部是指儒家以四书五经为主体的经典文献。《说文》曰："经，织从（纵）丝也。"段注云："织之从丝谓之经，必先有经而后有纬。是故三纲五常六艺，谓之天地之常经。"《玉海》卷四十一引郑玄《孝经注》曰："经者，不易之称。"经由"织从丝"（从即纵，从丝即纵丝）而演变为"天地之常经"，成为四书五经之外更无所谓"道"的封建人伦和意识形态的承担者，同时也为史、子、集提供学术典范，钱谦益《嘉定四君集·序》所谓："经经纬史为根柢。"但近代以来，康有为《新学伪经考》将六经所载古史古事斥为"伪托"。章太炎也只取"经"之"从（纵）丝"的内涵，蒋伯潜《十三经概论》引章太炎语曰："经者，编丝连缀之称，犹印度梵语之称'修罗多'也。"① 蒋氏既盛赞"章学诚谓六经皆史，真拨云雾而见青天"，又强调"经者古史，史即新经"。经部神圣性的下降，与"尊子贬孔"乃至其他群书亦可称"经"一起，将经学研究限制在史学层面，经典成为开掘知识资源的材料。降及"五四"前后，"推倒偶像""重估传统"，很大部分就是通过削离儒家"经典"的神圣性而获得的。正如朱自清所云："按从前的情形，本来就只有经学，史、子、集都是附庸；后来史、子由附庸而蔚为大国，但集部还只有笺注之学，一直在附庸的地位。民国以来，康、梁以后，时代变了，背景换了，经学已然不成其为学；经学的问题有些变成无意义，有些分别归入哲学、史学、文学。诸子学也分别划归这三者。集部大致归到史学、文学；从前有附庸和大国之分，现在一律平等，集部是升了格了。"②

与经部神圣地位的下降一致，史子集也都成为客观的史料，意味着传统学术既不能经世也不能穷理，而只是研究传统故实的冰冷的材料而已。

---

① 蒋伯潜：《十三经概论》，上海古籍出版社，1983，第2页。
② 朱自清：《朱自清全集》（2卷），江苏教育出版社，1988，第10页。

1926 年周予同在评论顾颉刚的研究成果时指出："研究孟姜女与研究禹，她的价值是一样的；研究城隍庙及赛会，与研究明堂及封禅也是一样的，或者反较为有价值。"① 这不仅透露出学科化视域下各学科或各门类学术的"平等"，也意味着曾经附加在"禹""明堂及封禅"之上的神圣光环已经不复存在，而深层次上，则宣告了"传统"已经作为"客观的"对象只供案头研究，从而与当下的社会生活脱离了关系。陈独秀认为："经史子集和科学都是一种教材，我们若是用研究科学的方法研究经史子集，我们便不能说经史子集这种教材绝对的无价值；我们若用研究学读经史子集的方法习科学，徒然死记几个数理化的公式和一些动植矿物的名称，我们不知道这种教材的价值能比经史子集高得多少？"② 胡适的《红楼梦考证》，就是根据"平等"眼光而撰写的名著，他说："这种工作是给予这些小说名著现代学术的方式；认定它们也是一项学术研究的主题，与传统的经学、史学平起平坐。"③ 当然，《红楼梦考证》也破除索隐派的附会，如认为《红楼梦》是顺治与董鄂妃（小宛）的故事。其实质是剥离附会其上的伦理和历史故实，以文还文，文不再"载道"，而是学科分类意义上的"文学类"而已。

同样，学科化的转向也赋予了中国古代文论独立的生存空间，使得中国古代文论进入学科视域，这也是近代文论区别于传统文论的主要特征。而科学思维以西方为标尺，不免造成中国传统的价值体系的遮蔽，最终导致学科化导向下中国文论话语的失落。传统文论因学科化而导致的传统价值失坠及其失坠之后的反思，是有代表性的。崇尚分科的近代化方案，导致人文价值的贬抑，传统学术日益降低其权重，以儒家经典为中心的知识图像也被转换为以科学技术为主要内容型的图像。这种以学科独立为指向、以不必"攀附六经"从而削离其所载之"道"为核心的认知，正是近代书目的基本原则。在这一意义上，仿杜威书目本质上就是以书目的形式，确认学术的这一古今之变。

当传统学术不再有经世意义和穷理价值，也就不再具有襄赞政治和道

---

① 周予同：《顾著〈古史辨〉的读后感》，顾颉刚：《古史辨》（第二册），上海古籍出版社，1982，第 328 页。
② 陈独秀：《新教育是什么》，《新青年》1921 年第 8 期，第 6 号，第 1~9 页。
③ 胡适：《胡适口述自传》，华文出版社，1992，第 258 页。

德的功能，这使得学术成为纯粹的学术，从业者也走向了职业化的道路。例如，文学不仅不再"载道"，研究者也不是出于个人的情趣和爱好，而只是作为一种谋生的职业。"文学是一种工作"，"治文学的人当以这事为他终生的事业，正同务农一样"。[①] 伴随着学者职业化的是学习者的专业化。学科化产生了众多的利益相关者，效用导向导致专业研究人员不再是关心社会荣枯的知识分子而只是掌握专门知识和技能的人员。相应地，旨在培养社会所需的各种专门人才的专业化、职业化教育出现了。传统学术的学习者接受专业教育，力求掌握专门化的一技之长。相比而言，中国古代"士子"（读书人）的目标主要是通过学习儒家经典而砥砺身心，成为封建统治人才。所谓小可"治身心"，大可"治世事"。

近代学科化的取向导致学者成为职业人士；读书人也从三纲领、八条目中的圣贤君子的理想人格被改造为"知识分子"，它们与天下国家观念被改造为民族国家观念相同步。志于道的"士"（《论语·里仁》："士志于道。"）从围绕科举的传统士绅发展为掌握专门知识和技能、服务于社会分工的新型知识人，读书为了入仕的唯一目的被打破了。相应地，《论语·为政》"君子不器"，即不应像器具一样成为专门用途的人才观，也发展成唯恐"不器"的专门人才。它直接对应于近代社会分工和社会重组所需要的从传统的"治人之学"向"治事之学"的过渡。一方面，社会催生了众多新兴谋生的手段；另一方面读书人也需要贴近社会生活，掌握解决生产、生活问题的专门化知识。传统"学而优则仕""士不习事"以儒家知识为主体、以入仕为官为取向的知识观和人才观都不再具有存在合理性。

随着中国近代化进程的加深，政治、经济、报业、教育、出版、对外交涉等门类需要专门人才，而专门人才以专业知识为标签，导致知识和人才价值的多元化。与社会分工导致的新兴产业的出现相比，科技知识、社会管理知识等等，或者古代所无或者古人所不屑的知识类型也得到了社会的承认甚至尊重。总之，社会分工和重组带来的是职业选择多元化，后者直接导致知识类型的增益和专业化知识的被认可。知识与才能联系，而不

---

① 《文学研究会宣言》，北京大学中文系现代文学教研室编《文学运动史料选》，上海教育出版社，1979，第175页。

再追问知识的道德价值。选才标准也不再是道德导向的，而是实用导向的，正如王国维所说："学之义广矣，古人所谓学，兼知行言之；今专以知言。"①

从作者的专门化到读者对学科化知识的专业要求，这种学科化取向直接对应于旧的社会秩序的解体和新的社会秩序的建立。仿杜威书目迎合了近代社会对近代知识的定位和对近代人才的要求。书目与国故运动、疑古运动、科玄论战一样，尝试用近代科学体系梳理传统学术，曾经拥有不容置疑权威性的儒家经典遭遇到了空前尖锐的挑战。例如，疑古运动通过揭示古史之"伪"和建立三代之"信史"，使黄金三代的观念无以依凭，从而达到了拆毁传统道德谱系的目标。而近代书目则通过对传统书目"卫道"观的颠覆以及客观化的学科原则的建立，既为目录本身的现代化开辟了空间，也在反思传统书目固有知识范式与规则的基础上为传播新文化搭建了一个思想平台。显然，仿杜威书目是以西学为主的统一编目，这一编目新类型表面上是书目技术的更张，实质上则是知识观、人才观乃至世界观的转变。它迎合了社会转型的需要，但也曲解了以"道"为最高追求的古典知识的本质。传统学术中的"术"突破了"道"，获得了相对独立的价值；知识分子也以掌握学科化、对象化的知识和技能为目标，而不再像传统的"士"那样追求修身治平的超越理想，人成为片面掌握知识技能的单向度的人。由此带来的认同危机和心理失衡，又引起了到底应该如何分类古籍的问题。

而古籍如何分类的本质，就是如何界定传统的价值，这是古籍分类"大势所趋"地纳入仿杜威书目体系之后，又被独立出来复归传统四部体系的根本原因。王云五曰："当此中外新旧学术尤须沟通，以资比较之时，我觉得我国旧日目录学之分类法，不仅有粗疏含混之嫌，且苦不能与新学术或世界共同之学术沟通，因于民国十四年间有《中外图书统一分类法》之创作，以美国杜威氏之十进分类法为底本，而将我国旧学书籍按照性质，分别插于相当的地位。如此，则中外图书同性质者可同列一处，性质相近者，亦列于相近之处，中外学术即可借此沟通。"② 王云五认为"我国

---

① 王国维：《园学丛刊序》，《王国维遗书（卷四）·观堂别集》，上海古籍书店，1983，第3页。

② 关鸿：《旧学新探：王云五论学文选》，学林出版社，1997，第264页。

旧日目录学之分类法"不能容纳新书无疑是正确的，但他认为仿拟杜威十进分类法的新式书目能够容纳"我国旧学书籍"则值得怀疑。事实上，用现代分类整理古籍，就像把一种语言平面地交换为另一种语言，可以做到表面上的文从字顺，但原文词语的背景和言外之意都消失了。因此，在仿杜威书目自诩能够容纳"我国旧学书籍"之际，"旧籍到底如何分类"始终作为一个问题盘旋在学界。其结果是，今日大陆《中国古籍总目》、两岸五地《中国古籍联合书目数据库》乃至一般图书馆的古籍部仍使用传统四部法（或增益丛部为五部体系）分类旧籍。

第七章
传统四部目录的近代境遇及其
古籍整理价值的重估

　　本书第二到第六章大致勾勒了在中国近代语境下，四部体系日趋式微、以仿杜威书目为代表的西方近现代科学分类日益走强的总体发展态势。古籍分类也由传统四部法过渡到以仿杜威书目为主的分类体系，新旧书目的互竞以仿杜书目的胜出而告终。与古籍进入仿杜书目相得益彰的是，传统四部书目遭受到了空前的学理批判；一些单纯以古籍为对象的书目，也不断改变着面目以求获得近代形态。另外，随着对书目与学术文化之间关系认知的逐渐清晰，包括古籍在内的图书分类"必归于十进原理之一途"的理念与操作也受到了质疑。其基本思路是：文献是文明的载体，文献的分类体系与文明之间是同质同构的。书目作为文献的总结系统和文化的反省类型，表达着对学术的理解和规划，因而不仅是文献秩序体系，更是意义体系。默许一种书目，就是默许其背后的思想内涵。因此，那种认为"古典目录不能范围今籍，而现代目录能够包容旧书"的认知，只说对了一半。古典目录固然不能范围今籍，现代目录也不能够包容旧书。

　　这样，"沛然莫之不御"的仿杜威书目能否分类古籍的问题，面临着重新检视，并导致了古籍分类重新回归传统四部体系的现实。至此，古籍分类遂形成了两套系统：大致以 1911 年为时间断限，1911 年之前的"古籍"被纳入传统的四部体系；1911 年之后出版的"古籍"及其研究性著述则以仿杜威书目分类。与此同步，一般图书馆也将"古籍部"和广义的"大书库"相区别，前者重典藏，后者重流通，从而事实上完成了对传统学术的"新""旧"划分。正如梁启超指出："社会日复杂，应治之学日多，学者断不能如清儒之专研古典；而固有之遗产，又不可蔑弃，则将来必有一派学者焉，用最新的科学方法，将旧学分科整治，撷其粹，存其真，续清儒未竟之绪，而益加以精严。"① 以此为标准，"古籍部"及其四部体系针对 1911 年之前的传统；而 1911 年之后出版的"古籍"及其研究性著述，大致是"用最新的科学方法"进行了"分科整治"，并进入了流通特征更加显著的"大书库"。这两套书目及其相应的两套庋藏和流通方案，迄今为止仍然是处理中国传统学术的主流方案，并左右着今人对该方案背后有关中西（新旧）学术关系的认知。

第一节　古典目录的近代境遇

在近代书目的诸多类型中（见本书第二至第六章），西书独立编目基本不涉传统典籍。因此，传统典籍的分类，主要经历了从四部体系到增订四部和革新四部的以中学为主的统一编目体系，再到融入仿杜威书目的以西学为主的统一编目体系。其变化演进之迹，既出于经世动机而需要挖掘四部中的实用性知识；也出于从中西对比的角度而需要对传统学术进行学科化改造。当然，在这两个学术自身的原因之外，也与从目录学角度对传统四部体系的全面反省有关。中国古代目录学"部次条别"的检索内涵尽管与西方目录学的本质最为切合，但由于跟西方以形式逻辑为原则的检索技术存在巨大的落差，导致学者们对古代目录学的检索内涵采取了"一瞑不视"的态度，甚至得出了"中国无目录学"的结论。于是，理性的西方目录学获得了普遍意义，而中国古代目录学则只具有特殊意义；西方目录学的发展程度高，中国目录学的进化水平低，中国古代目录学面临着前所未有的批判和质疑。

一　对古典目录学的批判

在中国近代史上，传统学术的荣辱得失跟西方学术的输入直接相关。但是，西方目录学的输入却起步较晚。因此，《书目答问》《西学书目表》

---

① 梁启超：《清代学术概论》，朱维铮校订，中华书局，2011，第 161~162 页。

等著名的近代书目，几乎都是在《汉志》《四库总目》的影响下编制的，基本没有受到西方目录学的影响。这种情况到了 1909 年以后才得到改观。这一年的 5 月 11 日至 9 月 11 日，王国维在《学部官报》上分 25 期连载其译著《世界图书馆小史》，成为"中国图书馆学术书籍之滥觞"。书中虽涉分类及书架排列法、目录及排列法等内容，但未曾提及《杜威十进分类法》。同年 10 月 25 日至 11 月 10 日，孙毓修在《教育杂志》上分 8 期连载其《图书馆》一文，最早将《杜威十进分类法》介绍到了中国。孙毓修认为，"新旧图书和中西图书在内容与形式上差别甚巨，应该分别分类编目"。① 孙氏"分别分类"的方案是：旧籍仍用四部法；西书用《杜威十进分类法》，而东文（汉语）新书则使用他仿《杜威十进分类法》编制的二十二大类的东方图书馆图书分类法。由此形成新旧并列式书目，其中，"新书"既包括汉译西书也包括"东文新书"，而"旧书"则是指传统四部典籍。这与 1917 年以降的仿杜威书目力求混融中西、和会新旧的统一编目体系不同。但相同的是，从《杜威十进分类法》被介绍到中国的那一刻开始，传统四部体系就被放置在了与西方 DDC 之"他者"的比较之中，并形成了传统四部日益式微的总体趋势。出于对以 DDC 为代表的西方形式主义目录之现实效用的歆羡，中国古代目录学被强行纳入西方的概念框架和理论体系之中，技术、效益及其物质层面上的实用性成为目录学的追求目标。西方现代学术是以学术分科以及研究的系统化、逻辑化为前提的，通过借鉴西方学理，古代目录学的相关史料第一次被从西方科学意义上的"目录学"的角度予以认读，有助于人们看到前人看不到的东西，也获得了刘向、郑樵、章学诚和纪昀等"先儒未得而闻"的一些认识成果。并且，"一个现代学科必须具备当代意识以及当代文化基本的精神特征、价值观念和表达方式，这也构成了我们判定一个研究课题是否有意义的基本标准"。② 然而，古代目录研究的这种"外语化"取向，其负面影响迄今并没有得到认真反思。

杜定友早年所著《校雠新义》一书，是中国近代目录学理论研究的首

① 范凡：《20 世纪早期的两部图书馆学著述》，《图书馆建设》2012 年第 1 期，第 90～93 页。

② 傅荣贤：《中国古代目录学是一门成熟的学科吗》，《图书馆杂志》2002 年第 6 期，第 3～5 页。

部著述。该书虽初版于 1930 年，但杜先生对目录学的理论建构是伴随着对传统目录学（以清代《四库总目》为中心）的批评而进行的。并且，这些批评性话语至迟在 1917 年中国首部仿杜书目《仿杜威书目十类法》始，即左右着中国的目录学界。因此，我们拟以《校雠新义》为主要材料分析传统目录学在近代遭遇的批判。

1. 目录学的学科建设

历史上，自东汉班固（32~92）作《艺文志》列为纪传体史书《汉书》中的一卷，即预设了中国古代目录学从属于历史学的宿命。近人江人度［生卒年不详，光绪十八年（1892）就读两湖书院］云："艺文一志，列于《汉书》，后世遂以目录归史部。不知班氏断代为书，秦灭以后，所存篇籍，自宜统加收纂，以纪一代之宏观，而目录家岂可援以为例？"江氏又曰："史氏可以编艺文，而目录不得登乙馆。"① 江人度认为，班固作《汉书》辟《艺文志》专篇以纪典藏，可称善举，但这和目录学在学科上的归属并没有必然联系。

《校雠新义》是较早从"图书之学，成为专门"的学科建设的角度反思中国古代目录学的著述，但杜先生的主旨是根据西方以检索见长的目录学思想为原则，对中国古代目录学进行批判。他认为："目录学为簿计之学。若商店出品之有货物目录，书籍内容之有章节目录，所以罗列诸品，第其甲乙，而求便于稽核取用也。图书馆之藏书，犹商店之货品也。苟无目录，则外人不知其内容；不第甲乙，则无从检取，故有图书目录之学。沿是以谈，则目录学之对象为图书，而其目的在致用。稽之我国目录，未有是也。"② 杜定友认为，从学科属性上看，"目录学之对象为图书，而其目的在致用"，然而，古代藏书重典守而不重致用，古代目录"于辨章学术三致意焉"，并不符合"簿计之学"的近代西方式的目录学学科定位。

2. 古典书目的著录范围

关于传统目录的著录范围，《校雠新义》指出："四部之弊有五：一曰不详尽。以九十四类类《四库全书》可也，以九十四类类今日之群籍，可乎？……二曰不该括。近人为学，新旧兼治，图书内容，中外并陈，文字

---

① 姚名达：《中国目录学史》，上海书店出版社，1984，第 141 页。

② 杜定友：《校雠新义》（下），上海书店出版社，1991，第 15~16 页。

有中外之分，学术无国别之限，有旧而无新，可乎？……三曰不合理。
释、道分割灭裂，是非颠倒，不一而足……四曰无远虑。四部之法以成书
为根据，未为将来着想，新出之书无可安搜，后起之学无所依归……五曰
无标志。分类之法，最重标记，前已具论，而四部之分，各类分配多寡异
殊，组织系统尚欠完密。"①

在杜氏指出的《四库全书》（实即《四库总目》）五弊中，除了第五
点之外，前四点内容都是针对书目著录范围而言的。对比于 DDC 及仿杜威
书目那样的知识分类体系可知，《四库总目》在著录范围上的不足概有二
端：一是作为图书分类体系，并没有将当时现实存在的图书网罗殆尽。所
谓"释、道分割灭裂"是没有收释、道经典著作，这是针对现实存在的具
体文献的著录范围的定夺问题而论的。孙楷第引黎锦熙（1890~1978）之
语亦曰："清修《四库提要》，去取未公。其存目之中，即多佳著；正书所
录，亦有具臣。又不收南北曲，仅以《顾曲杂言》《钦定曲谱》《中原音
韵》三书附诸集部。小说则贵古而贱今，唐以后俗文概不甄录，虚争阀
阅，只示偏窄。"② 这也是对《四库全书》的收书范围及其著录和存目的标
准提出质疑。二是没有面向世界和未来，所谓"有旧而无新""有中而无
外"，即只收旧书、中书，而不收新书、外书。当然，《四库总目》在子部
是酌收部分西方天文历法之书的。另外，只"类今日之群籍"和"未为将
来着想"。显然，两者的核心是《四库总目》只是针对现实存在的图书而
编制的选择性目录，而不是脱离图书而形成的知识分类体系。事实上，
《四库总目》是针对《四库全书》这部大型丛书而编制的丛书目录，确定
丛书的范围，并根据实收文献形成"有其书则立其类"的类目设置，是其
应该遵守的编目范式；杜定友以"弊"视之，实际上是根据 DDC 以来超
越具体图书的知识分类的标准而绳之的，因而并不能令人信服。

3. 古典目录的分类原则

杜定友指出："盖《（四库）提要》作者本无分类标准可言。儒、杂
之分，在乎其人，而不在乎其学。褒之贬之，本无所据，惟以孔门弟子尊
之为儒，以遂其尊圣卫道之念而已，所谓非客观之也。窃尝论之，儒为通

---

① 杜定友：《校雠新义》（下），上海书店出版社，1991，第 24 页。
② 孙楷第：《中国通俗小说书目》，人民文学出版社，1982，自序。

学之称。儒者所研，必有一得，所谓道之一端是也。儒者所论修身齐家治国平天下，以今日之分科言之，则有属于哲学者矣，有属于伦理者矣，有属于心理者矣，有属于政治者矣，有属于经济者矣。分类之司，将有以考镜源流、辨章学术，乃得为体。如桓宽之《盐铁》，黄虞稷以入史部食货，盖为知本；《四库》以《小学集注》与《朱子语类》并列，《读书分年日程》与《理学类编》《读书录》《大学衍义》《世纬》《人谱》诸书杂于儒家，直不知儒所以为儒为不儒矣。"杜先生又曰："《七略》之法在辨章学术，考镜源流，犹不失分类之本旨。而后世不察，妄分四部，学无门户而强分内外。经为弘道，史以体尊，子为杂学，集为别体，一以尊崇圣道，以图书分类为腐败之作，失其本旨远矣。"① 杜定友认为，分类应该有客观标准，而这个客观标准就是"今日之分科"。以此衡量古代分类，可知其弊主要是任情褒贬，抱持"尊圣卫道之念"，与学科化及其导致的客观主义精神相背离。

刘国钧 1926 年《四库分类法之研究》曰："文献归类时，不仅要考虑它在研究什么对象（事物，各种物质现象、社会现象和精神现象），尤其要考虑它是怎样去研究这个对象（从什么科学的观点，用什么科学的方法）。归类的标准是知识的科学性质，而不是知识的对象。由于同一对象可从不同的科学角度去研究它，因而关于同一对象的资料便被分入不同的学科、不同的类。但用同样方法、同样观点研究不同事物的资料，却可以集中在一处。"② 以学科化的客观分类衡量古代分类，其"大弊在于原理不明，分类根据不确定。既存道统之观念，复采义体之分别。循至凌乱杂沓，牵强附会。说理之书与词章并列，记载之书与立说同部。谓其将以辨章学术，则源流派别不分；谓其以体制类书，则体例相同者又多异部；谓其将以推崇圣道排斥异端，则释道之书犹在文集之前，岂谓文章之于圣教尚不如异端乎？"③ 与杜定友一致，刘国钧主张以学科化为原则，进行客观主义的分类。而古代分类并不坚守学科化的客观原则，必然导致"原理不明，分类根据不确定"，从而给"推崇圣道排斥异端"的主观能动性的发挥预留了空间。姚名达亦曰："（古代）除史部性质较近专门外，经、子与

①　杜定友：《校雠新义》（上），上海书店出版社，1991，第 45、22 页。

②　刘国钧：《刘国钧图书馆学论文选集》，书目文献出版社，1983，第 301~302 页。

③　刘国钧：《四库分类法之研究》，《图书馆学季刊》1926 年第（1）3 期，第 405~418 页。

集颇近丛书。大纲已误，细目自难准确。故类名多非学术之名而为体裁之名，其不能统摄一种专科之学术也必矣。"① 显然，姚名达也主要以能否"统摄一种专科之学术"的西方学科化的分类标准，批评古代目录在分类上的不足。

4. 古典目录的技术维度

中国古代目录是一个兼具技术、知识和信仰的统一体系，其中的"技术"因素并不具有独立的价值，它必须与"辨章学术，考镜源流"的知识以及"申明大道"的信仰相结合，因而古代目录学并不以检索文献为其擅长。

但在西方学理的观照下，"检索"在目录学中的地位被放大了。"簿记图书而便检取"成为目录学的唯一取向，"目录惟便检查，于学术源流、派别无所与焉"。② 由此引申出著录客观化和编目规范化的要求。所谓"编目之法贵有定规，记载之序贵有先后。《唐志》'集史'有卷而'正史'不计，是无定规也。《汉志》以姓氏冠书名，《四库》以著者为附注，是无先后也"。③ 此外，关于跨朝代作者的朝代判定，古代目录学遵行"陶潜书晋之例"，根据作者在新朝是否出仕为标准，进行寓含价值褒贬的朝代归属判定。相比而言，今人的著录则采取相对客观的态度。例如，柳诒徵（1880～1956）编撰于20世纪20年代的《国学图书馆图书总目》规定："以作者卒年为断，作者卒于何朝，则其书归于何朝。这就为目录学界提供了一个统一标准，改变了以往目录随意著录别集的混乱局面。"④ 当然，古代目录"随意著录的混乱局面"既非"随意"，亦不"混乱"，更不限于"别集"。以"陶潜书晋之例"为例，在新朝入仕（如跨宋元时期的人物在元朝入仕）则为新朝人物，旨在强调其违反了"忠臣不事二主"的伦理约定，没有资格再做旧朝的臣子；在新朝不仕，则仍书旧朝。

再从分类技术的角度来看。杜定友认为，古代分类"不完全，不概括，太简单，不合时，不合论理，无秩序，不普通，无标准，无远虑，无

---

① 姚名达:《中国目录学史》，上海书店出版社，1984，第427页。

② 杜定友:《校雠新义》（下），上海书店出版社，1991，第1～2页。

③ 杜定友:《校雠新义》（下），上海书店出版社，1991，第2页。

④ 全根先:《中国近代目录学家传略》，国家图书馆出版社，2011，第171页。

世界眼光，无科学思想"，① 因此，"中国无分类法"。② 与"中国无分类法"一致，杜定友亦认为"中国无目录学"，③ 对古代目录学的批评，以此为登峰造极。

5. 中国古代无目录学

杜先生曰："专门之学必有系统之法，必有分类"，所以，在类型上有"著者目录、书名目录、字典式目录、分类目录，多至数十种。而我国旧日目录学惟分类目录一种而已……单言分类目录不能称为目录学也。"④ 又曰："自来言目录者必及类例，以为类例之外无目录学也。故书目之刊布，必据《七略》《四库》编次之，序例必以人次、时次。此分类目录也，是为目录之一，而非目录之全体也。特我国目录学者未之见耳。"⑤ 他认为中国古代只有分类目录一种类型，而"单言分类目录不能称为目录学"。

"中国无目录学"，除了书目类型单一（只有分类目录一种类型）之外，杜定友认为，"编目之法必有定义，藏书目录有其书必有其目，有其目必有其书，此其一"；"目录惟便检查，于学术源流、派别无所与焉，此其二"；"目录必记明书次，庶可以即目求书，此其三"；"检查目录必用直接方法，此其四"；"编次必有规则，此其五"；"目录必用活叶，亦曰卡片，此其六"。"右之六者，为图书目录之要著而昔人编目非特无所顾及，且适得其反，此所以本章之末论中国无目录学也"。⑥

而与对古典目录的批判相同步的，则是对古典目录的学科化改造。

二　古典目录的学科化改造

总体上，以《四库总目》为代表的古代目录发展到近代，主要经历了两大反思阶段。一是针对西学新书，古代目录能否应付裕如；二是针对传统旧籍本身，古代目录能否胜任的问题也被提了出来。前者反映了分类法"与知识发展同步的原则"，其"涵义是分类法在修订中要充分反映新学科、新技术、新主题。新的知识一旦出现在文献中，分类法就应当有它的

---

①　杜定友：《图书分类法》，上海图书馆协会，1925，第28~29页。
②　杜定友：《校雠新义》（上），上海书店出版社，1991，第12页。
③　杜定友：《校雠新义》（下），上海书店出版社，1991，第15页。
④　杜定友：《校雠新义》（下），上海书店出版社，1991，第16页。
⑤　杜定友：《校雠新义》（下），上海书店出版社，1991，第3页。
⑥　杜定友：《校雠新义》（下），上海书店出版社，1991，第1~3页。

位置。必要时，根据这一原则，可以对某些大类实施全面改编"①；而就后者来说，四部体系就是针对传统古籍而编撰的，因而也是自足的，清代的《四库全书总目》更是被视为"千古著录之成法"，达到了相当成熟的水平。因此，后者的反思实质上是基于西方目录学学理和技术的反思。其结果是，针对古籍本身（不涉西学新书），古代目录也遭遇到了空前的质疑，并由此导致了对传统书目的学科化改造。

（一）类目变化

类目变化是古典目录近代化改造的重要形式。

1. 《南洋中学藏书目》

姚名达指出："入民国以后，各地图书馆纷纷设立，或强新书入旧类，或别置新书而另创部类，或以新书立科学部，与四部并列，或混合新旧书而仿杜威十进法，罕见专为旧书另创新分类表者。惟陈乃乾《南洋中学藏书目》独分为（1）周秦汉古籍，（2）历史，（3）政典，（4）地方志乘，（5）小学，（6）金石书画书目，（7）记述，（8）天文算法，（9）医药术数，（10）佛学，（11）类书，（12）诗文，（13）词曲小说，（14）汇刻，十四部，标准不一，次序无理。每部所分之学，亦不足述。此在新分类法之尝试，殆为最失败者。"② 陈乃乾 1919 年编制的《南洋中学藏书目》是"罕见专为旧书另创新分类表者"，"当时图书分类趋势，已进入并行制，故斯目多偏重于旧籍分类之改革，而与前古越藏书楼法，将新旧书，融为一贯，大不相同"。③ 其具体类目为：

周秦汉古籍

历史（尚书、春秋、杂史）

礼制

易

诸子（儒家、兵家、法家、墨家、道家、杂家、合刻）

诗文（诗、文）

古籍总义

---

① 侯汉清、王荣授：《图书馆分类工作手册》，中国科学技术文献出版社，1992，第 52 页。

② 姚名达：《中国目录学史》，上海书店出版社，1984，第 147 页。

③ 刘简：《中文古籍整理分类研究》，台北：文史哲出版社，1981，第 179 页。

古籍合刻

历史

官修史

私家撰述（编年、纪事本末、正史、杂史）

传记谱牒（列传、别传、氏族谱牒）

论述（史评、史钞）

政典

总志

礼乐

兵制屯防

刑法

盐法

农政水利

地方志乘

区域（总志、省志、府州县分志、私家记述、古代志乘、市镇）

山川（总志、分志）

古迹

居处（书院、祠庙）

小学

说文

字书

音韵

训诂

汇刻

金石书画书目

金石（目录、图谱、论辩）

书画（目录、图谱、论辩）

书目杂录

记述

读书论学（群籍分考、杂考、论述）

修身治家

游宦旅行（各家撰述、汇辑、外域）

名物

掌故

杂记

天文算法

中法

西法

中西合法

医药术数

医经

本草

术数（道家、五行占卜）

佛学

经藏（大乘）：华严、方等、般若、法华、涅槃

经藏（小乘）

论藏（大乘）：宗经论、释经论、诸论释

论藏（小乘）

杂藏（西土撰述）

杂藏（中土撰述）：净土宗、台宗、禅宗、贤首宗、慈恩宗、律宗、纂宗、传记、护教、融通

类书

诗文

各家著述（诗、文、诗文合刻、数家合刻）

选本（历代诗选、各郡邑诗选、各郡邑文选、骈文时文、尺牍、诗文合选）

评论（诗论、论文）

词曲小说

词类（词谱、词汇、词选）

曲类（曲谱、杂剧、曲选）

汇刻

一人著述

数家著述

显然，《南洋中学藏书目》在分类上的最大特点是根据西方学科化的原则，颠覆了传统的经史子集四分体系，从而"击破四库之成例，推翻六朝遗留之卫道观念"。其中，经部文献被肢解到"周秦汉古籍"类，《尚书》《春秋》为"历史"，《诗经》为"诗文"，《易》独自为类。《礼》入"礼制"类，亦非传统经部下面的礼类之旧观。子部根据时代划分，将先秦诸子列为"周秦汉古籍"类，先秦以后诸子则根据内容分入新设各类，尤其强调孔孟之儒与"老庄管墨商韩等"无别。另外，天文算法、医药术数、佛学、类书等类属于传统子部的类目都独立为部；集部之名也被取消，相关内容被分为诗文、词曲小说两类。相对不变的只有史部，但政典、地方志乘、金石书画书目则被独立出来，成为一级类目。汤济沧为《南洋中学藏书目》所作《序》云："书目之编制，亦颇费斟酌，四库之名，最不妥者为经，尚书记言，春秋记事，皆史也。毛诗为有韵之文，三礼亦史之一类，而孔孟之在当日，与老庄管墨商韩等何别。自汉武罢黜百家，尊崇儒学，后人踵事增华，经之数增十之三，今政体改革，思想家不复如前次之束缚；此等名目，必将天然淘汰，大势所趋，无可避免。如儒家者，仍列为九流之一可已。故本书目不用四部之名，区其类为十有三，如或惬心贵当，而逐渐厘正，责在后起。"① 显见，《南洋中学藏书目》打破四部成例的本质，是颠覆四部所负载的卫道思想。

2.《中文图书之管见》

傅振伦所著《中文图书之管见》曰："窃以为居今而编过渡书目，则莫如酌变四部之类目，以编吾国旧体制书籍之目录；依杜威之十进分类法，以编吾国新体制书籍之目录。"② 但傅先生的主要目的，仍在"酌变四部之类目，以编吾国旧体制书籍之目录"。其目为：

总部上：

目录类（书目，经籍）

图表类

类书类

① 刘简：《中文古籍整理分类研究》，台北：文史哲出版社，1981，第 183 页。
② 傅振伦：《编制中文书目之管见》，《北大图书部月刊》1930 年第 1、2 期合刊，第 1~86 页。

辑佚及校勘

丛书汇刻（一人著述者，古今人著述者）

总部下：

传记类（记事、类考、法鉴、言行、人物、别传、内行、名姓、谱录、家传、地方、杂事）

杂家类

小说类

经部：类目宜本朱彝尊之《经籍考》

小学部：

史部：

史家（经传体、编年体、纪事本末体）

史学（史评、史考、史论）

杂史类（别史、外纪、古史、史纂、史钞、节要、国别、载记）

政书类［典要（通制、典礼、邦计、食货、刑法、军政、训典、诏令、章奏）、吏书］

谱牒类（专家、总类、年谱、别谱）

地理部：

图经类

总载类

分载类（沿革、形势、山川、水道、名胜、古迹、陵墓、寺观、都邑、宫苑、书院、道场、风物、游记、杂记、边徼、外国）

地方志类［一统志、通志（总志附）、府州厅县等志］

考古部：

周秦诸子

儒家

释家

道家

兵家

法家

农家

医家

天文

算法

术数

艺术

诗文

词曲

傅振伦《中文图书之管见》将传统古籍分为总部（分上下）、经部、小学部、史部、地理部、考古部，虽然大体保留了传统经史子集的框架，但又有下述一些基本特点：第一，原属于经部的小学和原属于史部的地理都独立出来上升为一级类目。第二，作为一级类目的地理部以及作为二级类目的杂史类和政书类再划分为类目相对详明的次级类目，这实际上是承绪张之洞《书目答问》以来追问古籍经世致用功能的思路所致。第三，在经部之上首列总部，且分上下，其内容主要是有关文献的目录、汇编，表明古籍主要被定位在史料的角度，也就是所谓"保存"。第四，考古部主要包括传统四部体系中的子部和集部，它们被合并为"考古"，正是将古籍视为国粹仅供案头研究的表征。正如唐君毅等人指出："中国五四运动以来流行之'整理国故'之口号，亦是把中国以前之学术文化，统于一'国故'之名词之下，而不免视之如字纸篓中之物，只待整理一番，以便归档存案的。"① 第五，与《南洋中学藏书目》一致，具有明确的学科化思想，并致力于对传统四部卫道思想的颠覆。

3.《越缦堂读书记》

云龙（1877～1961）1955 年辑录李慈铭（1829～1894）《越缦堂日记》中 987 种图书的读书札记，分类汇编而成《越缦堂读书记》，所涉 987 种图书基本都是古籍（犹以史部图书为主），但云龙采取了新式分类，计分十二大类。一、哲学思想；二政治、社会经济；三、历史（1. 周秦古史，2. 周秦以后史书，3. 史学，4. 传记，5. 谱牒）；四、地理；五、科学技术；六、军事；七、语言文字（1. 文字训诂，2. 音韵）；八、文学（1. 诗经，2. 诗文总集、选集，3. 诗文别集，4. 词曲，5. 小说，6. 杂记，7. 诗话，8. 日记，9. 尺牍）；九、艺术（1. 金石，2. 书画）；十、宗教；

---

① 唐君毅：《中华文化与当今世界》，台北：学生书局，1980，第 856～929 页。

十一、综合参考（1. 类书，2. 图表索引，3. 目录题跋，4. 综合性丛书，5. 综合性笔记）；十二、札记。

4.《华南师范学院图书馆古籍目录》

华南师范学院图书馆 1957 年编《华南师范学院图书馆古籍目录》，其中有关馆藏"线装书籍原来依照'杜氏图书分类法'（1935 年出版）进行分类。在编制此目录时，根据该馆实际情况，在分类上略加变动。具体分类为：'000 总类'、'100 哲学'、'200 教育'、'300 社会科学'、'400 艺术'、'500 自然科学'、'600 应用技术'、'700 语文'、'800 文学'、'900 史地'等十部分"。[①] 不仅以"杜氏图书分类法"（DDC）的类目分类古籍，且保留了 DDC 的代码标记符号。

5.《南京大学图书馆中文旧籍分类目录初编》

1958 年铅印的南京大学图书馆编《南京大学图书馆中文旧籍分类目录初编》，"全书依刘国钧编《中国图书分类法》分类编排。分为总部、哲学部、宗教部、自然科学部、应用科学部、社会科学部、历史与地理部、世界各国史地、语言与文学部、艺术部等部分……书后附有书名索引及检字表"。[②] 针对馆藏"旧籍"而"依刘国钧编《中国图书分类法》"，而刘氏书目正是中国近代仿杜威书目系列中的一种。不仅如此，"书后附有书名索引及检字表"亦以西方的检索为取向。

综上，承绪陈乃乾《南洋中学藏书目》和傅振伦《中文图书之管见》，旨在从学科化的角度分类整理传统典籍从而彻底打破四部体系的分类法频出迭现，成为传统典籍分类法的一个重要面相，并延续到了 20 世纪 50 年代。不仅如此，为古籍目录加注分类标识和检索标识也是改造古籍书目的一个重要方向。

（二）在四部体系之上加注分类标识

诚然，由阿拉伯数字/拉丁字母结构而成的分类标识，是 DDC 以来的西方书目的核心技术，它直接指向书目的检索效率，从而迎合了公共图书馆的开放性特征。鉴于分类标识在排列分类号、图书检索和出纳等手续上

---

① 郝润华、侯富芳：《二十世纪以来中国古籍目录提要》，华东师范大学出版社，2012，第 37~38 页。

② 郝润华、侯富芳：《二十世纪以来中国古籍目录提要》，华东师范大学出版社，2012，第 39 页。

的便利，中国学者也试图在不改变四部体系的框架下，在原有类目中直接添加分类标识。

1. 《清华学校图书馆分类法》

创始于民国元年（1912）的清华学校图书馆，其所使用的《清华学校图书馆分类法》主要是针对传统典籍而编制的，该目"由戴志骞氏依据四部法例另加以十进法之标记与类名相合而成"。[①] 而仍以四部体系及四部类名但"另加以十进法之标记"，也构成了其主要特色。

经部

000 群经类

000 群经合刊

010 群经总义

100 易类

200 书类

300 诗类

400 礼类

410 周礼

420 仪礼

430 礼记

500 春秋类

510 左传

520 公羊

530 谷梁

600 四书类

610 学庸

620 论语

630 孟子

700 孝经

800 尔雅类

900 小学类

---

① 刘简：《中文古籍整理分类研究》，台北：文史哲出版社，1981，第166页。

910 说文

920 字书

930 训诂

940 韵书

史部

000 总史类

000 正史合刻类

010 正史分刻类

020 编年

030 纪事本末

040 古史

050 别史

060 载史

070 杂史

080 传记

100 诏令奏议类

110 诏令

120 奏议

200 时令类

300 地理类

300 总志（附图）

310 都会郡县志（附图）

320 河渠

330 山川

340 边防

350 外纪

360 游记

370 舆地丛记

400 政书类

410 历代通制

420 各代旧制

430 仪制

440 法令

450 军政

460 邦计

470 外交

480 考工

490 掌故杂记

500 职官类

510 官制

520 官箴

600 谱录类

610 书目

620 家乘年谱

630 姓名年龄

640 盛事题名

700 金石类

710 目录

720 文字

730 图像

740 义例

800 史钞类

900 史评类

910 论史法

920 论史事

子部

000 诸子类

000 诸子合刻本

010 诸子分刻本

020 杂家

030 类书

100 儒家类

200 兵家类

300 法家类

400 农家类

500 医家类

600 天文算法类

700 艺术类

800 释道阴阳类

810 释家

820 道家

830 术数

900 小说类

集部

000 总集类

010 文选

020 古文

030 骈文

040 经世文

050 书牍

060 课艺

070 诗赋

080 词曲

090 科举文

100 楚词类

200 先唐别集类

300 唐别集类

400 宋别集类

500 金元别集类

600 明别集类

700 清别集类

800 现代别集类

900 诗文评类

2. 《江西省立图书馆分类法》

成立于民国 9 年（1920）的江西省立图书馆所编《江西省立图书馆分类法》，其"西文书籍采用杜威分类法外，中文书籍则依《书目答问》例分为五部，抄袭四库法之经史子集全部类目，并仿清华学校图书馆图书标记之法，三者凑合而成"。① 兹列史部之目，以例其余。

100 经部（略）

200 史部

201 正史类

202 编年类

203 纪事本末类

204 别史类

205 杂史类

206 诏令奏议类

207 传记类

208 史钞类

209 载记类

210 时令类

211 地理类

212 职官类

213 政书类

214 目录类

215 史评类

300 子部（略）

400 集部（略）

500 丛书（略）

这两部分类法是典型的传统四部分类（《江西省立图书馆分类法》增加丛书部为五部），但又都在原有四部体系的基础上直接套用杜威式的阿拉伯数字标识。然而，分类标识本质上反映了类目的结构等级和层次关系，体现的是西方分类的学科信念和逻辑精神。因此，刘简认为"清华学

---

① 刘简：《中文古籍整理分类研究》，台北：文史哲出版社，1981，第 174 页。

校图书馆及江西省立图书馆之分类法，所引用之标记符号，亦多有涂鸦添足之嫌"。①

（三）表格化、索引化等其他类型的改造

由杨立诚编纂、费寅审阅，1929 年浙江省立图书馆铅印出版的《四库目略》，为了"取便检阅"而将《四库总目》所收文献，"采用表格的形式，分栏著录书名、著者、卷数、版本和书旨。其中，著者仅录朝代及姓名，不作详细介绍。书旨主要介绍某书内容、主旨方面的特色，提要较《四库全书总目》简略扼要，而版本介绍与总目所述有所不同，阅读较为方便"。②

另有不少学者为传统书目编制各种索引，目的同样是为了检索的方便。例如，1935 年奉天图书馆排印的金毓黻所编《金毓黻手定文溯阁四库全书提要》，是"辑录文溯阁藏《四库全书》书前提要而成……编纂者将文溯阁本《四库全书》书前提要与《四库全书总目》提要相互比较，并说明两者之异同。书末附有《文溯阁四库全书提要与总目表》《聚珍本提要与四库本提要异同表》以及书名索引等"。

1957 年印行的云南大学图书馆编《云南大学图书馆古籍简目初稿》，是"以 1957 年 7 月以前云南大学图书馆入藏者为限。编排方法依据《四库全书总目》分类，并结合该馆馆藏情况酌加类项。此目录为配合该校师生科研教学之用，书末附有：分类表、著者号、注考号、正史号、地域号五种附录。所收各书著录项包括分类、索书号、书名、册数、卷数、作者时代及作者、版本等"。③ 例如：

易 26-2　易经来注十卷并卷首末图像　十册
明来知德撰
道光丙午（1846）萧山来锡蕃重刻

---

① 刘简：《中文古籍整理分类研究》，台北：文史哲出版社，1981，第 177 页。
② 郝润华、侯富芳：《二十世纪以来中国古籍目录提要》，华东师范大学出版社，2012，第 399~400 页。
③ 郝润华、侯富芳：《二十世纪以来中国古籍目录提要》，华东师范大学出版社，2012，第 400、38 页。

同样，1960 年印行的台中私立东海大学图书馆编《私立东海大学图书馆中文古籍简明目录》，"全书分经、史、子、集、丛书部……书末附有《书名著者笔画索引》《分类表》及《书名著者四解号码索引》"。①

综上，如果说对古典目录学的批判主要是在理论层面上进行的，对古典目录在分类上的学科化改造以及在标识符号等制度层面上的改革则是在实践层面上进行的。需要强调的是，本书第五章以中学为主的统一编目中的四部增订法和四部革新法，虽然也是对古典目录的改造，但其改造的目标是为了适应日益增长的西学新书；而本节所云对古典目录的分类和技术等方面的改造，则是完全针对传统四库图书（所谓"旧籍"或"古籍"）而言的。说明四部体系即使针对传统典籍本身也面临着"改造"的必要。而对古典目录的分类和技术等方面的改造正是仿杜威书目的基本取向，这也是传统古籍最终被纳入仿杜威书目的根本原因。然而，值此仿杜威书目高歌猛进、传统书目在理论和实践受到双重质疑之际，古籍分类回归传统四部书目体系，仍是一个重要选择。

第二节 古籍分类的传统回归

诚然，以《四库总目》为代表的古典书目在近代的式微，首先是从西学新书日益增多而古典书目不能从容应对起步的。以 DDC 为代表的西方学科化书目输入中国之后，中国学者或者改造四部体系，或者直接将旧籍纳入仿杜威书目体系，两者的核心都是完成对古籍的学科化解读；另外，古代四部书目针对古籍的正当性也受到了质疑。而质疑的核心也主要聚焦在四部书目达不到学科化的客观标准。然后，学科化是西学的精髓，用西方式的学科化思想质疑古代书目以及用学科化的仿杜威书目分类古籍，本质上是对古籍、古代书目乃至传统学术的误读。这样，如何为古籍立本，从而为古籍背后的传统文明立本，成为抱持民族主义情怀的学者们的思考课题。

---

① 郝润华、侯富芳：《二十世纪以来中国古籍目录提要》，华东师范大学出版社，2012，第39 页。

一　分科是西方学术的特征

无论是对四部书目作学科化改造，还是"以中西书籍，合并庋藏，而归纳于同一分类之下"① 的仿杜威书目，表面上都是预设中西、新旧学术在学科化名义上的平等地位，所谓"把中文新著与西文性质相同的书籍，也可以列入相同的类号，而排在一起"。②

然而，"分门讲究实学"的分科理念，是西方学术的取径，因而学科化名义下的"平等"表象背后隐藏着极大的中西学术地位的不平等。李善兰认为，"盖其国之制，无地无学，无事非学，无人不学"，关键在于"无事非学"。③ 王韬《弢园尺牍》卷十《上当路论时务书》指出："学问一端，亦以西人为尚，化学、光学、重学、医学、植物之学，皆有专门各家，辨析毫芒，几若非此不足以言学。"王韬又曰："故所考非止一材一艺已也。历算、兵法、天文、地理、书画、音乐，又有专习各国之语言文字者，如此庶非囿于一隅者可比。故英国学问之士，俱有实际，其所习武备文艺均可见诸措施，坐而言者，可以起而行也。"④

相比而言，"我朝所以立国者，不过二帝三王之心法、周公孔子之学术""特以世变日多，故多设门类以教士，取其周知四国，博学无方……分门讲求实学；考取有据，体用兼赅，方为有裨世用"。⑤ 学科化并不是我国传统学术的本质，近代为了因应"世变日多"和出于"有裨世用"的经世要求，才开始学习西方"分门讲求"的。因此，近代以来的学习西方，主要是指学习西方的学科化知识。我国近代的教育教学改革，其总体思路也是沿着学科化的道路前行的。光绪二十八年（1902）颁布《钦定学堂章程》（壬寅学制），包括《钦定蒙学堂章程》《钦定小学堂章程》《钦定中学堂章程》《钦定高等学堂章程》《钦定京师大学堂章程》及《考选入学章程》6个文件，是中国近代由国家颁布的第一个规定学制系统的文件，但未及实行。光绪三十年（1904）一月颁行《奏定学堂章程》（癸卯学

①　杜定友：《世界图书分类法》，上海图书馆协会，1925，前言。
②　关鸿：《旧学新探：王云五论学文选》，学林出版社，1997，第237~238页。
③　李善兰：《序》，〔德〕花之安：《德国学校论略》，同治十二年刻本：1。
④　王韬：《漫游随录·画记》，山东画报出版社，2004，第117页。
⑤　《江楚会奏变法三折》（光绪二十七年五月二十七日），杨为学编《中国考试制度史资料选编》，黄山书社，1992，第147页。

制），确立了近代学校制度的基本模式，标志着我国近代教育初步进入制度化和系统化时期。《钦定学堂章程》《奏定学堂章程》已经以学科性质为分科依据而不以体用关系为依据，所设课程基本都是专门性质的。1905 年废科举后，基本执行了《癸卯学制》。1909 年的北京大学，"全校有自然科学及人文社会科学八科，学科规模始渐完备"。[①] 中国学者相信，"分之愈多，术乃愈精"，例如薛福成《庸庵海外文编》卷三即有《治术学术在专精说》的专论。然而，分科并不是中国学术的固有本质。

二　中西二学的本质差异

钱穆认为："文化异，斯学术亦异。中国重和合，西方重分别。民国以来，中国学术界分门别类，务为专家，与中国传统通人通儒之学大相违异。"[②] 钱先生重点指出：第一，中西学术存在差异；第二，用西方学科化的思想索解中国学术无由得其情实。

而近代的仿杜威书目将中国古籍纳入学科化的分类体系，就是要对中国典籍及其背后学术思想作学科意义上的解读。不仅曾经的"经""四书"等类名被改造为"经学""四书学"；更为关键的是，学科化的分类瓦解了经史中心的古典知识结构及其解读取向，最终将伦理知识化。我们知道，宋儒格物所致之"知"主要是伦理之知，以心性修养为内涵，认识自然外物（格致）只是达到伦理之知（致知）的手段而非目的。但学科化的分类运作恰恰颠倒了手段与目的的主仆关系。一方面，手段本身异化为目的，"格物"本身获得了独立存在的意义；另一方面，伦理之知在分科化的理性精神要求下反而丧失了存在的合理性。因此，学科化的改造固然有助于中西对话，并成为传统学术现代化的重要路径，但也彻底改变了传统学术"德成而上，艺成而下"的内在精神。西方式的学科化，更强调调研过程和研究结论的客观确定性，因而只以培养学有专长的专家为职志，并重视专门人才的分科治学和理性精神的培养。而书目技术与话语体系的更张，也是新思想、新观念的兴起，折射出文化信念的根本性转变。技术与话语体系的选择，就是对思想观念和文化立场的迎拒。易言之，书目学科化的

---

① 张朋园：《知识分子与近代中国的现代化》，百花洲文艺出版社，2002，第 282 页。
② 钱穆：《现代中国学术论衡》，岳麓书社，1986，序。

技术与话语体系，也导致了传统学术的学科化。

因此，当古代目录学的西方化改造在取得一定程度的成功之后，我们却不无遗憾地发现，改造后的书目背弃了其特有的人文精神而成为没有文化生命的纯粹的工具或符号。职斯之故，几乎与学科化的西方式改造同步，反思这种改造的声音也应时而起。例如，国学兴起的背景即是，"近顷悲观者流，见新学小生吐弃国学，惧国学从此而消灭"①；"欧风东渐，国学几灭，著者抱亡学亡国之惧"。② 进入民国不久，东西文化关系成为当时读书人心目中颇为值得关注的问题。梁漱溟即因拈出东西文化问题而声名鹊起。显然，即使在堪称传统学术最为暗淡之际的"五四"前后，捍卫传统学术的努力亦未曾消歇。而这也是后来"中国本位文化"提倡者的思想基础。反映在书目中，仿杜威书目（包括今天的《中图法》）是否具有分类传统典籍的正当性，成为一个值得深思的问题。仿杜威书目通过学术分科的理性原则构建知识体系，并根据具体文献的学科属性确定每一本个别文献的类别归宿。与学科化分类相得益彰的是逻辑化，即通过文献主题概念的分析与综合或者划分与概括，形成逻辑关系体系。学科化和逻辑化，体现的是客观主义的科学精神。然而，理性只是文献的内涵之一，因而只是把握文献世界的一种方式。当这个"之一"异化为"唯一"，便具有很强的排他性，从而也误读了中国传统典籍及其所负载的知识内涵。

三 古籍只能用古典目录分类整理

宣称"中国无目录学"的杜定友，也本着"了解之同情"，揭示了古代目录在"古代"时空语境下的存在合理性。他在古今对比的意义上指出："我国之有目录学垂数千年者，图书短少，故编目之法不求其详，藏书之所多在秘阁，鲜有公开。而阅者之人多积学之士，《七略》《四库》类能道之。故检查不见其艰，且书目简短，即全编反复稽检，亦未觉其费时失事。古之社会环境与夫古人为学治事之法与今日大相径庭，则吾人又焉可以期今日之目录哉？自印刷发明、传流益广，藏书之所动以百万册计，阅书之人日以千百，目录卡片千百万张，检目者惟一书一事是求，从未能

① 张之洞：《创立存古学堂折》，《张文襄公全集》（第二册），中国书店，1990，第147页。
② 邓实：《第七年政艺通报题记》，《政艺通报》第7年（1905）第1期，第1~3页。

将全部目录通核一过者。即欲为之，亦为时间所不许，则目录之法，岂有不异于昔日者哉。故曰中国无目录学者，盖言有古之目录学而无今之目录学也。"① 事实上，古代目录作为传统文化的总结系统和反省体系，是以考辨学术和弘扬圣道为职志的，检索技术只有在有利于考辨学术和弘扬圣道时才有存在的理由。但不管怎样，杜定友从时间角度区分"古之目录学"和"今之目录学"，并试图分析古代目录不重视文献检索的原因，已经显示了其"平恕"的学术态度。

而传统四部书目的学科化改造或用仿杜威书目直接将古籍纳入西方学科化体系，在本质上既割裂了文化的整体性，也将文献局限于理性知识之一途，没有认识到知（智）与善、美的联系，导致人类精神的知识化和"得一察焉而自好"的偏废。而仿杜威书目在"技术"上也强化了学科化的分类，努力"去掉一切个人的因素，说出人类集体智慧的发现"。② 总体上，分类原则的学科化和技术上的客观化，都是要将本来兼具知识论内涵（格物）和价值论内涵（所"致"之伦理之"知"）的古籍处理为单纯的知识论存在。因此，在 DDC 及其仿杜威书目成为中国书目分类的"大势所趋"之后，中国的传统典籍仍然最终选择了传统的四部分类体系。1917年《仿杜威书目十类法》以来，包括港台地区，以及美国、日本、韩国等在内的庋藏中国古籍的图书馆，其所编中国古籍普通目录和中国古籍善本目录，基本都是以回归传统四部体系为取向的。

（一）普通古籍目录

1921 年《重订浙江公立图书馆保存类目录》，首卷卷端题"浙江公立图书馆保存类目录卷一民国十年增订"，"全书按经、史、子、集四部分类法编排"，"有民国十年（1921）石印本"。《浙江公立图书馆通常类图书目录》，"是在民国十年（1921）《重订浙江公立图书馆保存类目录》基础上修订而成……全书分类依照传统四部分类法，各卷依次为经、史、子、集、丛"。③ 两者都是以"保存类"的古籍为对象而编制的四部分类目录。

《国立北平图书馆现存昆明藏书目录初编》是 1928 年改京师图书馆为

---

① 杜定友：《校雠新义》（下），上海书店出版社，1991，第 16～17 页。
② 〔英〕罗素：《人类的知识》，张金言译，商务印书馆，1983，第 9 页。
③ 郝润华、侯富芳：《二十世纪以来中国古籍目录提要》，华东师范大学出版社，2012，第8、9 页。

国立图书馆以后该馆所存昆明藏书目录。"全书分经、史、子、集四部，各部下分小类，大体依《四库全书目总目》"。《京师图书馆普通本书目》收录"该馆所藏普通古籍书目""全书按四部分类法编排，分为经、史、子、集四大部分"。1934 年《故宫普通书目》，"是故宫博物院所藏普通古籍书目……以当时故宫经、史、子、集、丛五库所藏的普通古籍为限，分类依《四库全书总目》"。① 这三部书目也是以普通古籍为对象而编制的四部分类目录。1947 年《国立南开大学图书馆中文线装书书目初编》，是该馆所藏中文线装书书目，"全书依据四部分类编排，分为经、史、子、集四部。另将汇刻书籍别立部为'丛部'一类，置于集部之后。其中经部下又分群经、语言文字两类；史部下分断代史、编年史、传记、地理、政书、目录、金石、史评等类；子部下分诸子、杂考、艺术、植物、医药、释道、类书；集部下分别集、总集、诗文评类；丛部下分类刻类一经、类刻类二史、类刻类三子、类刻类四集、汇编类、氏族类、独撰类等"。② 张宗茹、王恒柱编《山东师范大学图书馆馆藏古籍书目》，"著录山东师范大学图书馆所藏 1911 年以前写、刻、抄、印各类版本的古籍，并附录 1949 年以前反映中国古代学术文化、采用传统著述方式及古典装帧形式的书籍，以及 1949 年以后线装形式的古籍印本。该书套用传统的四部分类法，各部类目酌予增删修订，大体依经、史、子、集、丛五部排列，设部、类、属三级类目"。③ 这是两部以馆藏"中文线装书"或"古籍"为对象而编制的五部分类（在经史子集四部基础上增加"丛书"）目录。

在家藏古籍目录中，叶德辉 1927 年《观古堂藏书目》虽敢于批判《四库总目》，但仍分经史子集四部。陈乃乾 1931 年校录《测海楼旧本书目》，1933 年北平图书馆编《梁氏饮冰室藏书目录》，1935 年北平图书馆编《瞿氏补书堂寄藏书目》，1935 年徐世昌《书髓楼藏书目》，1944 年罗振堂《传忠堂藏书目》，1963 年北京图书馆编《西谛书目》都是古籍藏书目录，它们都是按照经史子集四部（或增益丛书为五部）分类的。

---

① 郝润华、侯富芳：《二十世纪以来中国古籍目录提要》，华东师范大学出版社，2012，第 3、2、20 页。

② 郝润华、侯富芳：《二十世纪以来中国古籍目录提要》，华东师范大学出版社，2012，第 36 页。

③ 郝润华、侯富芳：《二十世纪以来中国古籍目录提要》，华东师范大学出版社，2012，第 43 页。

在港台地区及国外馆藏中国古籍目录中，香港中文大学图书馆编《香港中文大学图书馆中国古籍目录》，"著录香港中文大学图书馆所藏自清嘉庆元年至宣统三年（1796~1911）的古籍4070部，按中国古籍传统方式著录，依经、史、子、集、丛五部编次"；美国《普林斯顿大学葛思德东方图书馆中文旧籍书目》，"是对该馆近2800多部，90000册中文旧籍的书目。该书目分类，大体依据《四库全书总目》"；李国庆编《美国俄亥俄州立大学图书馆中文古籍书录》（修订版），"所著录古籍以清宣统三年（1911）为下限，并将日本刊印的刊本附于卷末。全书按中国传统的古籍分类法分为经、史、子、集、丛五部分"；韩国全寅初主编《韩国所藏中国汉籍总目》，"是目前为止最全面的韩国收藏中国古籍的调查目录书，包括韩国各图书馆的28种古籍有关中国的古籍"，"其编排大致依据四部分类法"。[①] 显见，这批港台地区及国外所藏中国古籍目录，也采用了四部（或五部）分类体系。

当然，迄今有关普通古籍目录，以《中国古籍总目》规范最为宏备。该目1992年开始编纂，于2009年历时十七年告竣。全目著录现存1912年以前的中国古籍17万多种，范围广泛涉及港澳台地区及北美、西欧、日韩等地古籍稀见之书，是迄今为止中国历史上最大、最全备的汉文古籍总目录。值得一提的是，全目是按经、史、子、集、丛五部分类的。

（二）古籍善本目录

在古籍善本目录方面，1918年佚名编《清内阁旧藏书目》，民国年间南京图书馆编《国立南京图书馆善本图书目录》，民国年间国立奉天图书馆编《国立奉天图书馆殿版书目》，1933年故宫博物院图书馆编《故宫所藏殿本书目》，1933年赵万里编《国立北平图书馆善本书目》，1934年张允亮编《故宫善本书目》，都是根据传统四部体系编制的古籍善本目录。新中国成立后，1957年《上海图书馆善本书目》，1959年赵万里《北京图书馆古籍善本书目》，王重民《中国善本书提要》（上海古籍出版社1983年出版）；中国古籍善本书目编辑委员会编《中国古籍善本书目》（1989~1999年上海古籍出版社出版）；2006年广西师范大学出版社出版沈津著

---

① 郝润华、侯富芳：《二十世纪以来中国古籍目录提要》，华东师范大学出版社，2012，第44、45、46~47、47~48页。

《中国珍稀古籍善本书录》等古籍善本目录，也是根据传统四部体系编制的。

港台地区和国外有关中国古籍善本目录，基本上也都沿用了传统的四部（或五部）分类体系。例如，1968 年台湾中研院历史语言研究所编《中研院历史语言研究所善本书目》，1969 年台北图书馆编《国立图书馆典藏北平图书馆善本书目》，1970 年《台北故宫博物院普通旧籍目录》，1982 年《台北故宫博物院善本旧籍目录》，1985 年台湾经联出版事业公司出版屈万里编《图书馆善本书目初编》，1996～2000 年台北图书馆出版《图书馆善本书志初编》；1970 年饶宗颐主编《香港大学冯平山图书馆善本目录》，1987 年李直方主编《香港中文大学图书馆善本书目》；以及1917 年日本河田罴编制的《静嘉堂秘籍志》，1931 年日本宫内省图书寮编《图书寮汉籍善本书目》，1975 年屈万里撰《普林斯顿大学葛思德东方图书馆中文善本书志》，1999 年沈津编著《美国哈佛大学燕京图书馆中文善本书志》，2005 年柏克莱加州大学东亚图书馆编《柏克莱加州大学东亚图书馆中文古籍善本书志》等等，也都是以传统经史子集四部为类别的。以日本《静嘉堂秘籍志》为例，该书"是一部反映日本静嘉堂藏书的解题目录。清光绪三十三年（1907）归安陆心源'皕宋楼''十万卷楼''守先阁'的全部藏书售归日本静嘉堂。编者依《皕宋楼藏书志》《四库全书总目提要》等将陆氏旧藏编成此目"。①

在古籍善本书目中，《中国古籍善本书目》特别值得一提。该目的编纂始于 1977 年，由上海古籍出版社 1985 年至 1992 年陆续出版，著录近800 个藏书单位所藏清乾隆以前的 6 万多种古籍善本，是我国历史上第一部比较完善的古籍善本总目，全目按经、史、子、集、丛五部分类。

四　古籍目录回归传统四部体系的本质

目录在表象上首先是一套文献组织和检索系统，但表象结构的背后是一整套完整而独立的意义表达乃至一种文明的精神结构，涉及什么是合法性的知识、什么是衡量知识的依据、知识在民族危机中的地位等等一系列

① 郝润华、侯富芳：《二十世纪以来中国古籍目录提要》，华东师范大学出版社，2012，第44 页。

根本性的问题。拿古籍来说，其分类方案大致有两种类型，一是传统的四部体系，二是西方化的仿杜威书目。两套书目事实上形成了两套观察、认定传统学术的思路，并形成两套界定传统学术的格局，它直接对应于因观察社会的角度与方法的改变而导致的学术认知上的差异。

在这两套系统中，仿杜威书目借助于近代特定的学术背景和社会背景而一度全面胜出。其学术背景是世界范围内人文社会科学研究的自然科学化。有鉴于实证精神在自然科学领域取得的巨大成功，19世纪末以来的许多人文社会科学大多自觉效仿自然科学，以"事实"和"逻辑"为基础的自然科学方法也成为研究人文社会问题的主流方法。它默认社会制度、人类经验、个人或群体的价值目标都是自然的，因而也是可以，且只能用自然方法予以说明的。并且，只有达到了自然科学意义上的解释或说明，人文社会学科才算达到了"科学"的要求。同样，在目录学中，人们认为认知文献进而认知文化世界的唯一合适的方法就是理性的方法，其他方法都是不可接受的。然而，人文社会科学以人文社会现象与问题为对象，由于主体"人"的介入，其研究目标、研究路径与自然科学都不尽相同。拿目录学来说，比照自然科学建立起来的目录学，将文献当作抽象的对象之物，舍弃了具体文献的现实意义，人的主体性也在主客二分的规训下遭到了无视。就其社会背景而言，严格意义上的"科学的"中国古代目录学研究是在20世纪初受到西方学科化的目录学的冲击和影响而起步的。它是中国被西方坚船利炮打败后，向西方寻求救国真理而自觉接受西方文化中心论的结果，其核心特点就是基于单线进化论和实证原则，得出中学不如西学，甚至"中国无学"的结论。

然而，对"借助于西方的学科框架来更新学术，到陈寅恪的时代已对此深致不满"。[①] 鲁迅在《文化偏至论》中亦强调"世界之思潮"和"固有之血脉"的结合与融通。他说："明哲之士，必洞达世界之大势，权衡校量，去其偏颇，得其神明，施之国中，翕合无间。外之既不后于世界之思潮，内之仍弗失固有之血脉。"[②] 特别是，在中华民族和平崛起的今天，我们无须再鹦鹉学舌般地操持着西方话语，亦步亦趋于西方的学理。当代

---

① 杨义：《现代中国学术方法通论》，山东教育出版社，2009，第89页。
② 鲁迅：《文化偏至论》，《鲁迅全集》（第1卷），人民文学出版社，1981，第56页。

人类学的研究成果也表明，生活在不同地理环境中的人们，会生成不同的文化类型，记录不同文化类型的文献也是千差万别的。相应地，条理文献的目录学也旨趣有别，西方目录学并不是自明的普遍性公理前提。这是以《中国古籍总目》为代表的普通古籍目录和以《中国古籍善本书目》为代表的古籍善本目录乃至一般图书馆古籍部仍持守"四部"体系（或增益"丛部"为五部）的根本原因。

此外，近代目录的发展是行进在古典和现代既相互促进，又彼此对立的两条轨道上的。西方式的现代目录是在对古典目录的不断否定中登堂入室的；而古典目录则在与现代目录的竞争中最终确证了自身存在的合理性以及组织古籍的唯一合法性。目录学的这种古典坚持，既是相信传统文明独具价值和个性，也是相信书目的结构关乎意义的表达，更是对外来结构背后对传统文明之误读的书目回应。其学术史意义在于，相信经史知识体系具有自身合理性，它不能进入分科化的仿杜威书目体系。但是，近代以来回归于传统的四部体系，只针对古籍（包括普通古籍和善本古籍），而不包括西学新书。所谓"古籍"，是指"1911 年以前历朝的刻本、写本、稿本、拓本等"①；而 1911 年之后对古籍的新版或新解，都作为"新书"而成为仿杜威书目的分类整理对象，并进入了流通性质的图书馆"大书库"。就此而言，古籍回归四部体系，固然持守了民族传统的本位，但也意味着：第一，围绕古籍而展开的创新，就是转向西方的学科化；第二，持守传统学术固有面貌的"古籍"，只能在传统四部的框架内自说自话，无法介入当下"世界"和"现代"学术的意义创造。因此，古籍回归传统四部体系，事实上宣告了"古籍"及其背后的传统学术，要么持守自我价值，从而完成与"世界"学术和"现代"学术的彻底切割；要么以学科化为取向，自觉地"就"西方学科化的学术之"范"。就此而言，"古籍"及其背后的传统学术，如何以中国学术自身的言路完成创造性的现代转化，不仅是中国学术自身的问题，也是中国目录学研究无可回避的问题。

---

① 北京大学图书馆学系、武汉大学图书馆学系：《图书馆古籍编目》，中华书局，1985，第2 页。

第八章
中国近代书目的特点及其发展简史

在风云际会的中国近代，书目发展呈现出方向感极强的由传统向现代的转向，最终导致传统四部体系式微、西方学科化目录逐渐取得独步中西的地位。书目的转型跟传统文明在近代日益受到质疑、西方文明阔步入主中土的现实密切相关、彼此同步，相对完整地展示了中西学术地位的升降。学科化视域下近代书目的历时性发展，直接对应于中国近代学术的转型。由于本书第二至七章主要是从书目类型的角度论述的，作为全书的总结，本章重点揭示中国近代书目的总体特征及其发展演进的总体脉络。

第一节　中国近代书目的特点

学术是国家富强的根本。"学术为政治之本，学术明，斯人才出"，①"学术明"，才能"人才出"；而"人才出"，政治才有望改观，从而转圜世事。梁启超在《中西学门径书七种》一书的"叙"中引述康有为的观点亦认为："世界蕃变，文明彪举，块然中处，宁有他哉！是在学之善不善焉已耳，今四库遗帙，汗牛充栋；泰西新学，群雄争长。衮衮诸公，未窥门径，辄欲以一知半解了之，盖亦如公输学射、蒲且掣斧之类云尔，是自愚也。"② 作者坚信西学是西方强大的根源，而文献是学术的载体，书目则是文献的总结体系。因此，书目的编制与国家的前途命运直接相关。正如

---

① 《湘学新报·例言》，汤志均著《戊戌时期的学会与报刊》，台北：商务印书馆，1993，第255页。
② 梁启超：《中西学门径书七种·叙》，夏晓虹辑《饮冰室合集》（集外文上册），北京大学出版社，2005，第16~17页。

《增版东西学书录》指出："西政之善曰实事求是，西艺之善曰业精于勤，西人为学在惜日物之力，有轮船、汽车诸器则万里无异庭闼，有格致、电化诸学则朽腐皆变神奇，彼夫玩愒光阴，货弃于地，安得不为之所弱哉？明乎此，则可与探西政、西艺之本原。"① 书目通过建构文献秩序而勾勒文化秩序，从而提出近代化的规划方案。就此而言，明确介入社会秩序的重建，是近代书目的核心特点。而重建的目标和手段又是与书目作者的社会身份密切相关的。

一 "出位之思"和书目作者的身份定位

在中国古代，除佛道专录之外，书目主体虽有官私之别，但都是科举体制下培养的"士"。"士"既是书目的作者也是书目的读者，而"士志于道"。"士"显则出"仕"为官而美政，隐则"不仕"为绅而美俗，因而都是封建社会秩序的维护者。从这一意义上说，儒家知识分子的唯一角色就是政治角色。《荀子》所谓："儒者在本朝则美政，在下位则美俗。"美政是直接参与，美俗是外围参与。因此，古代书目就是"士"通过书目的编制与利用而明确介入社会秩序、参与政治稳定的途径。书目体制的历时性变迁，并不能改变其"时代精神殆无特色"（姚名达语）的总体一致性——以儒家经典为中心辐辏史、子、集各知识门类（学统），而这也是中国两千年封建社会结构相对稳定的写照。反映在《四库总目》中，就体现为以考据见长的汉学得到了表彰。但是，这并没有改变《四库总目》在著录、分类、序言等书目元素中突出儒家人伦（道统），为封建皇权（政统）服务，从而将学统与道统、政统统一起来的本质。

中国书目的近代化进程虽然以无情诋排儒家思想为总体趋势，但目录学家们都继承了儒家以政治为本位的淑世情怀。中国近代几乎每一个书目编撰者都不是专门的目录学家，而是以"肩荷天下"自励，议政、参政是其天命意识中的职责所在。他们关心社会荣枯，以强烈的政治使命感，赋予书目以更多的"出位之思"，几乎没有一部目录是为了单纯的著录、组织、排检文献而编制的。当没有了作为"目录学家"的共性，书目编撰主体身份的演进，遂成为观察近代书目本质的一个重要视角。他们以书目为

---

① 熊月之：《晚清新学书目提要》，上海书店出版社，2014，第7页。

工具而清议学术，是儒家底蕴的知识分子与现代书目相结合的尝试。从这一角度来看，书目发展为建言资政的工具并成为实现政治抱负和目录学家自身价值的主要方式，也是近代书目发展的一个新景观。目录学家们努力通过书目的编制对上"纳诲当道"、对下"风厉国民"，而"知识分子背景的变化所透露出来的意义是观念的蜕变"，①决定了不同的书目格局。就此而言，书目主体的身份变迁，成为观察书目发展，从而观察政治气候和学术生态走向的一个有效视角。

首先，洋务运动时期。

1860~1894 年，由官方主导的洋务运动，其 39 位主要参与者基本都是进士。② 一方面，他们是科举制度选拔的精英，而精英既指学术更指政治，因而具有明确的维护既定皇权的天然使命。他们从"美政"的角度伸张观点，更多地反映了体制内对学术的具体态度。另一方面，作为具有传统功名的士绅，他们没有接受过系统的西学知识训练，对西学的本质、价值等缺乏基本的认知。诚然，"自强运动限制在兵工业的技术层面，盖因恭亲王奕䜣、督抚曾国藩与李鸿章等都是传统的功名之士。他们的现代化知识限于他们曾经见过的洋枪大炮，以为只要有了洋枪大炮，便可抵制外侮、平定内乱"。③ 因此，军事层面上的"师夷长技"，就成了自强运动的最初方向。洋务运动后期，西学内容虽延及广义的"制造"以及格致之理，但"采西学"的目的仍然是为了维护中国的传统文化，学术立场仍然以政府施政为立场。"儒家学说基本上是一种治国之术，是以道德礼仪来治理国家的学说……同治中兴被认为是学习西方的开始，但是儒学也仍然是最主要的政治思想资源"。④ 这也决定了，洋务运动时期只见及西方的自然科学和技术（广义的格致），而非西方社会实质。

张之洞的《书目答问》是这一时期书目的重要代表，作为洋务派领袖的张之洞是既有体制和权力框架下的传统士大夫，其《书目答问》预设的读者对象也是以"科举"为本位的"诸生"，因而"义切尊王，情殷敌忾"，建构了一部强调"正经正史"为体、通过重组四部体系来挖掘传统

---

① 张朋园：《知识分子与近代中国的现代化》，百花洲文艺出版社，2002，第 8 页。
② 王尔敏：《中国近代思想史论》，社会科学文献出版社，2003，第 66 页。
③ 张朋园：《知识分子与近代中国的现代化》，百花洲文艺出版社，2002，第 180~181 页。
④ 邵志择：《近代中国报刊思想的起源与转折》，浙江大学出版社，2011，第 108 页。

知识中经世之"用"的资源，并适度引进以"天文历算"和军事知识为主要内容的西方之"用"，由此形成的"中体""中用""西用"的一体二用知识结构，鲜明地反映了洋务运动时期特定的政治空间和知识气候。傅兰雅作为英籍传教士，怀揣帮助中国普及科学的理想。他的《译书事略》以江南制造总局翻译馆特定时期内译刻的西学书籍为对象，根据西方学科化原则分为15个类目，但又将15个类目概括为制造（技术）和格致（自然科学）两大部类，既是江南制造总局翻译馆译刻文献的真实写照，也反映了洋务运动时期西学在中国传播的基本面貌。从书目性质来看，《译书事略》根据翻译馆译刻文献据实而录，形成了形式主义的书目清单，主要目标是为了客观地报导和传播西学。相比而言，《书目答问》则具有明确地回应诸生"应读何书，书以何本为善"的导读指向，并在导读指向的书目规划中，伸张了张之洞个人的知识观和人才观。

其次，戊戌变法时期。

1894年清廷在甲午战争中挫败于蕞尔日本，宣告了官方主导的洋务运动的失败，也意味着西方的"制造"（技术）和"格致"（自然科学）并不能助益中国实现富强，由此出现了从"制洋器"到"变政体"的变法诉求。与洋务派相比，维新派"领导人物有传者四十八人，其中进士二十八人，举人八人，贡生三人，生员二人，无功名而有捐纳官位者四人。他们的西方知识得自一些翻译作品，或游历西人的殖民地和通商口岸，得到一些一鳞半爪的印象。可说所知有限，甚而一知半解"。① 因此，维新派人士仍属于传统的士绅阶层，具有"位卑未敢忘忧国"的精神，不失传统书生的政治情怀。他们都没有留学背景或接受过成体系的西学教育，在西学上尚处于"业余水平或爱好"。例如，康有为1879年"得《西国近事汇编》"，1882年"大购西书"，"1883年大攻西学书"，"声、光、化、电、重学及各国史志，诸人游记皆涉焉……俯读仰思，日新大进"。② 梁启超首次接触西学是在1890年途经上海，"从坊间购得《瀛环志略》，读之始知有五大洲各国，且见上海制造局译出西书若干种，心好之，以无力不能购也"。1895年后他开始广泛接触西书，在任强学会书记时，"居会所数月，

① 张朋园：《知识分子与近代中国的现代化》，百花洲文艺出版社，2002，第5~6页。
② 康有为：《康南海自编年谱》，中国史学会编《戊戌变法》（四），上海人民出版社，2000，第116页。

会中于译出西书购置颇备，得以余日尽浏览之，尔后益斐然有述作之志"。①

　　显然，以康有为、梁启超为代表的中国新学书目的作者都是有功名而无官职的在野文人。他们都具有经营天下之抱负，但不是以官员的身份为皇权服务，而是以"作成于下"的民间知识分子身份保持着与权力的疏离，从权力之外持清议、励人心，向社会摅论。相应地，《西学书目表》也展示了独特的书目格局——通过书目表达自己的西学认知，反映对国家前途的思考，最终达到转移风气从而推进国家现代化的目标。《西学书目表》不是为目录学甚至不是为学术起见，而是为了改革政治，转圜时务，图谋国家的振兴。因此，虽然《西学书目表》深受《译书事略》思想、方法和原则之沾溉，但"前修未密"，梁启超沿着《译书事略》客观主义之形式清单的方向继有精进，集中表现在结合中国传统目录学主体介入的方式，积极发挥识语、提要、序言的作用，表达宏大的社会政治文化诉求。同时，他们有限的西学知识背景也决定了他们不可能将关注的重点放在制造或格致等需要专门训练的自然科学和技术上。相反，"他们追求的是实用目的，他们所做的一切都有着强烈的现实倾向，而所有的现实目的都指向一点：政治"。② 所以，《西学书目表》重点突出"政"的重要性及其合法法（"一切政皆出于学"），也是梁启超作为精英，将"自强兴学，非广译东西典籍不为功"③ 的思想通过书目实现社会化和平民化的过程。《西学书目表》对"西学书"及其背后"西学"的意向性编码，基本得到了后世西学书目的普遍遵循——以"导读"西书为己任，通过特定的文献著录、分类等书目体式影响读者的阅读行为，最终达到改革政治、转移社会风气的目标。

　　此外，在戊戌变法之际，"政治权力的绝对性没有哪个社会阶层能够撼动，知识分子最理想的状态就是在它周围活动，进入则势必成为附庸，保持一定距离则至多能够做到论政。在政治治理方面属于业余性质，他们的政治情怀更多地体现了文人的浪漫气质，说到底他们只是凭良心操觚发

---

①　梁启超：《三十自述》，中国史学会编《戊戌变法》（四），上海人民出版社，2000，第44、45页。
②　张灏：《危机中的中国知识分子：寻求秩序与意义》，新星出版社，2006，第六章结论。
③　熊月之：《晚清新学书目提要》，上海书店出版社，2014，第6页。

论"。这决定了维新派只能"在既定的政治权力中寻求实现变革的抱负",他们"虽有初步的民权思想,但是尚未从西方民主政治的根本处体认中国政治体制改革的出路"。① 反映在书目上,强烈的"政治"诉求需要直接见诸行事"西政"文献,这也导致了人文社会科学未能引起足够必要的重视,伸张民权的言论更是阒而无闻。并且,正像梁启超《西学书目表》虽以"西学"为对象,其《后序》仍强调:"舍西学而言中学者,其中学必为无用;舍中学而言西学者,其西学必为无本。无用无本,皆不足以治天下。"② 如果说,《西学书目表》以"西学"为对象,《后序》则是对"过分"重视西学的纠偏,从而也回应了在输入西学的过程中如何坚守民族本位的问题。但由于"西政"的介入,使其与狭义的西学共同构成了广义西学的体用关系,广义西学成为有体有用的独立体系。西学之"用"不仅具有器物上的功用,更具制度层面上的经世价值,而其"用"又是以西学自身之"体"为学理依据的,这样,中学无论是其体还是其用,在知识版图中的权重都明显下降了。而这也进一步加剧了传统四部书目体系的式微以及西方学科化书目的走强。

再次,"新政"和立宪派时期。

始自1901年的清末新政(又称庚子新政),基本上是在践行1898年康梁变法的主张。始自1906年的预备立宪,宣布了为预备实行君主立宪而采取的三个方面的改革措施,一是以官制改革为核心的行政改革,二是设立议会,三是实行地方自治。据统计,"立宪派人虽然百分之九十以上为士绅阶级,其中百分之二十已接受新式教育"。③ 因此,"从清末立宪运动开始,传统的儒家文人才可以用西方现代意义上的知识分子一词来称呼"。④ 这也是张之洞、刘坤一1901年《筹议变通政治人才为先折》"十年三科之后,旧额减尽,生员、举人、进士皆出于学堂矣"⑤ 的教育改革计

① 邵志择:《近代中国报刊思想的起源与转折》,浙江大学出版社,2011,第197~198、3页。
② 梁启超:《西学书目表》,中国史学会编《戊戌变法》(一),上海人民出版社,2000,第461页。
③ 张朋园:《知识分子与近代中国的现代化》,百花洲文艺出版社,2002,第6页。
④ 邵志择:《近代中国报刊思想的起源与转折》,浙江大学出版社,2011,第239页。
⑤ 张之洞、刘坤一:《筹议变通政治人才为先折》,舒新城编《中国近代教育史资料》(上册),人民教育出版社,1981,第53页。

划在人才培养上日见成效的现实反映。

正是由于现代意义上的"知识分子"的出现并逐渐成为社会精英，知识依赖于既有权力的格局出现了松动，知识分子自觉地从权力之外从事文化出版事业，以改造社会。他们不再通过依附权力实现自己的政治理想，而是努力重构知识与权力的关系。与此同时，他们以西方政治组织形式来改革政治，其中又以组织政治团体和政党最值得注意。这使得 1906 年以来的书目，在西学上更加突破和强调关乎"庶政"的西学知识的地位。并且，在"庶政"合法性上也找到了其"所从出"更加直接的社会科学之源，从而也改变了梁启超"凡一切政"皆出于格致（自然科学）之"学"的认知。进一步，随着"新民"思想的提出，哲学、文学乃至艺术学等西方人文科学的内容得到了重视。而人文科学、社会科学的广泛介入，导致广义"西学"成体系的引入，从而也改变了 1896~1904 年维新变法时期西学与终极关怀之间二元分裂的状态。西学不再仅仅停留在工具理性的意义上，而是介入了对于终极关怀的重构。这期间，1905 年正式废除科举制，是一个特别值得一提的重大历史事件。废除科举，意味着现实政权的地位（从而儒家的地位）的神圣性正在销蚀。反映在书目上，并列式书目虽然是二元论的，但它不是中西的二元，而是新旧的二元。亦即，"天下"学术被分为新旧，其中的"旧"是指中国传统学术；而"新"固然以"西"为主，但更包含了中国传统旧学的近代形态。换言之，中国学术只有两条出路，一是固守本位，被纳入"国故"或"国粹"的范畴成为故纸堆意义上的珍玩，从而与当下的社会现实失去联系；二是接受西方学科化的改造成为"新学"，从而事实上丧失中学本色。因此，新旧表面上的二元，从"新"所代表的时间当下性来看，实际上形成了西学中心的一元论。换言之，新旧表面上的二元，反映的却是中西事实上的一元，西学已经从工具理性发展为价值理性。就此而言，新旧并列式的书目，已经既不为现实权力发言，也无须再借助于现实权力发言了。

中西（或新旧）统一混合编目的出现，正是一元论理念在书目上的反映。表面上，新政之际的中西一元论主要以中学为主，即中西归趋于中学之一元，但传统四部体系已经发展为增订式或革新式的书目结构。而增订和革新的主要取向正是西方式的学科化。因此，以中学为主体的混合统一编目出现了吊诡：虽然以传统中学体系为一元之归趋，但类目设置又必须以西方的学科化为取向予以"增订"或"革新"。并且,所谓"新学",正包含了接受西学改造而形成的"旧学"的新形态。从这一意义上,以中学为主体的统一编目,只是在形式上强调中学相对于西学而言的主体地位;在实质上,则认可了西学对于中学的现实影响:中学要么持守传统从而被列入四部体系;要么接受西方学科化改造从而被列入增订或革新的、以西方学科化为取向的新型类目。

最后,民国时期。

民国初期知识主体的最大特点是新生代的知识分子占据了主导地位,他们是接受西方新式知识的精英分子。据统计,"到 1909 年,新知识分子在数量上已超过传统绅士。1912 年,新学堂在校人数达 300 万,更是传统绅士总数的两倍"。① 进一步,五四时期(1916~1921)的知识分子与辛亥革命前的知识分子有了实质的不同。"五四运动几乎是留美、留法、留日学生分享领导权","传统的士绅已渐失势,代之而起的新生的一代",他们或有留学背景或在国内接受了西学。② 因此,民国时期的知识主体具有以下一些主要特点。

第一,民国时期的知识分子没有参加过科举,因而没有传统的功名。而随着清王朝被推翻,国体由专制变更为共和,封建皇权以及依附其上的儒家学统不再具有强制力和说服力。在这一意义上,"五四运动是知识、社会、政治运动的结合。知识分子攻击传统伦理、风俗习惯,乃至传统的历史观、宗教观,无不在检讨之列"。③ 而检讨的重点是努力剥离传统学术中的人伦教化和意识形态内涵,而剥离的结果则导致传统学术成为客观化的、冰冷的史料。学术成为学科化的客观存在,学术的价值由其自身来显示而不再由主观的好恶来体现。从书目角度来看,痛诋传统四部体系"申明大道""大弘文教"的超越旨趣,也相应性地成为目录学研究的一个主要取向。

第二,他们以实现民主、发展科学为诉求,努力将中国改造为西方式的民主、富强的国家。这意味着西学已经彻底凌驾于中学之上,以西学为主的统一编目,也成为书目发展的"大势所趋"。仿杜威书目,正是以西

---

① 金观涛、刘青峰:《开放中的变迁》,香港:中文大学出版社,1993,第 128~129 页。
② 张朋园:《知识分子与近代中国的现代化》,百花洲文艺出版社,2002,第 6~7 页。
③ 张朋园:《知识分子与近代中国的现代化》,百花洲文艺出版社,2002,第 10 页。

学为主统一编目的代表。一方面，它融合中西新旧于一炉，从"世界"知识的高度规划书目体系，从而泯灭了中西、新旧之别；另一方面，这种泯灭又是以西方的学科化思想为一元论归趋的，从而意味着传统中学彻底完成了基于学科化的西方改造，"以西律中""据今论古"，成为传统学术在五四前后的根本境遇。

第三，民国时期的知识分子，都是接受西方学科化教育训练的、掌握一门学科或一技之长的专家，从而也导致了包括目录学在内的专业学者的出现。以沈祖荣、胡庆生为代表，1917 年之后的仿杜威书目的主体基本上都是学科化的专业人士。从本书第六章第一节所列 23 部中国仿杜威书目的作者来看，安徽省立图书馆所编《安徽省立图书馆中文书目十类法》没有坐实具体作者，另外 22 部书目因涉及合作作者和重复作者，实际作者包括 20 人，他们是：沈祖荣、胡庆生、杜定友、查修、桂质柏、应修人、陈天鸿、洪有丰、王云五、刘国钧、陈子彝、施廷镛、陈东原、裘开明、皮高品、何日章、袁涌进、尹文治、王文山、金天游。其中，陈天鸿、尹文治二人生平事迹不详；没有图书馆学专业背景的学者计有应修人（钱庄学徒，自学成才）、王云五（在美国教会主办的守真书馆和同文馆短暂学习过英语）、陈子彝（东吴大学商科毕业）、施廷镛（南洋方言学堂法文班肄业）、陈东原（北京大学教育系毕业）、金天游（杭州省立蚕桑学校毕业）6 人。其余 12 人皆有图书馆学的求学经历。其中，何日章虽毕业于北京高等师范学校英语部，但他于 1923 年夏参加过洪有丰主持的东南大学首届图书馆讲习科的培训；刘国钧 1920 年毕业于南京金陵大学哲学系，1922 年留学美国威斯康星大学获哲学博士学位，但在美期间曾加修了图书馆学课程；皮高品 1921 年进入武昌文华大学文科学习，次年兼修图书科，1925年获得文学士学位和图书科毕业证书。查修也毕业于文华学校图书科。沈祖荣、胡庆生、洪有丰、桂质柏、王文山、裘开明 6 人早年毕业于文华学校图书科，后都在美国获得图书馆学硕士或博士学位。袁涌进则毕业于南京金陵大学图书馆学系。杜定友留学菲律宾大学攻读图书馆学和教育学，而菲国是美国的殖民地，因而实际上接受的是美国图书馆学教育。显见，20 位仿杜威书目的作者中，有 12 人或专修或辅修图书馆学，占比高达60%。而在 1917 年之前，包括张之洞、梁启超等著名学者在内，他们虽曾编制了名垂史册的书目著作，但都是以非学科专业的身份操觚的。另外，仿杜威书目严谨而烦琐的标识制度，也需要专业知识和技能的支撑。反过来，"专业化"的学术背景，又使得书目作者具有明确的学术主体意识，他们不再从对权力的依附中实现自己的政治理想，而是转向以知识阶层（中流社会）为立足点，并形成了可称之为"图书馆界"或"目录学界"的知识界别。进一步，专业化还导致了目录学回归到了目录学本身，从而突破了"肩荷天下"、试图以书目救国的使命。参政、议政等"出位之思"更多地让渡给了同样具有专业化身份的报纸、议会等专门性领域。

综上，近代书目的编制主体是从古代的"士"到专业化的图书馆学家或目录学家的过渡。而大致在 1917 年之前，他们都不是目录学的专门人才，而是以广义社会文化学者的姿态通过书目的编制而表达自己的学术认知和对民族国家前途命运的思考，不同时期的不同的"'权力—知识'的矛盾决定了知识的形式及其可能的领域"，① 这正如上文所分析的那样。

二　导读指向

从书目的"出位之思"来看，近代书目并不是一个纯粹的文献整序体系，而是要通过表象的文献整理，规划知识的合理形态。进一步，通过知识的合理规划，达到对国家前途、命运的合理性规划。大致在 1917 年之前，中国近代几乎每一部书目都有一贯的学术立场及其对国家发展走向的设定，中心思想鲜明而突出。因而，近代目录一般都具有导读性质，目录学家皆以先知先觉自任。台湾学者谢文孙曾经指出："近代的中国智识之士好谈'觉醒'，常以'唤醒'民众自任，孙中山先生倡说的'先知先觉'，更是风行。也有人以'启蒙者'自居。至于二十世纪的中文杂志，采用'觉醒'、'醒狮'、'警世钟'等等为标题，据笔者初步估计，当在二百种以上，实数也许更多……他们都经历过一种精神上的'觉醒'，都以'觉醒者'自居，都愿'自觉觉人'。"② 反映在目录学上，就是通过文献著录和分类等书目手段揭示知识的结构和意义，最终编织出独特的价值体系，为书目作者心目中的理想社会和人生观提供思想认知。

所以，近代书目一般都重视类序和提要的撰写。例如，康有为《日本

---

① 〔法〕米歇尔·福柯：《规训与惩罚》，刘北成、杨远婴译，生活·读书·新知三联书店，2003，第 30 页。

② 谢文孙：《漫谈智识之士》，台湾：《大学杂志》1968 年第 5 期，第 14~18 页。

书目志》继承《汉志》序言传统，"因《汉志》之例，撮其精要，剪其无用，先著简明之目，以待忧国者求焉"。① 全书有总序，许多大类和小类都有大小序。《西学书目表》虽然承绪《译书事略》，但又汲取了中国传统目录学主体介入的方式，积极发挥识语、提要、序言的作用，追问书目的社会文化价值，表达宏大的社会政治文化诉求，具有明显的基于导读的淑世情怀。同样，《增版东西学书录》在四卷正文中，为著录的文献都撰写了提要，而《叙例》又分析西书的质量良莠，对具体的个别文献再予点评，如认为"《岭学报》所译《公法探源》一书条分缕析，推阐靡遗"。又如，"亚密斯丹《原富》甲、乙、丙三集，泰西政学家言也，严幼陵观察译之，于全书精到靡不洞彻，与昔译《天演论》足以媲美，盖能以周秦诸子之笔，达天择物竞之理，发明处尤足耐人三日思，新译书中佳本也"。② 由此又引申出：译印、阅读"东西书"须得其法方可收"自强兴学"之效的认知。《新学书目提要》不仅在《总叙》中抒发"羌有补于改弦，谅无忘于蓄艾"③ 的宏愿，还通过类序表达政治改良的诉求。如法制类序曰："今日之著书陈义，欲以见诸施行者，专门之言则曰政学，策世之言则曰政论。"④ 总体上，导读指向主要包括下述两个方面的内容。

首先，重视对学术的宏观把握。

从宏观上整体把握西学结构和体系，是西学广泛引入之后的必然诉求。熊元锷分西学为元科（名学与数学）、间科（分力、质二学，主要指物理学和化学）以及著科（有天地人物之分），表明西学是一个自有体系的知识分类结构。⑤ 其中，元科是原理与法则，借此可得西学法则；间科据元科发展出各种民生日用之物与制器尚象之学，所以，间科得西学之用事，关乎人事最深；著科是天地人物之间一切形下知识，于著科可得西学之成效。钟天纬将"西国理学"厘为三类："考西国理学，初创自希腊，分有三类：一曰格致理学，乃明征天地万物形质之理；一曰性理学，乃明

① 康有为：《日本书目志》，姜义华、张荣华编校《康有为全集》（第三集），中国人民大学出版社，2007，自序，3。
② 熊月之：《晚清新学书目提要》，上海书店出版社，2014，第6、7~8页。
③ 熊月之：《晚清新学书目提要》，上海书店出版社，2014，第381页。
④ 熊月之：《晚清新学书目提要》，上海书店出版社，2014，第386页。
⑤ 《江西乡试录·光绪癸卯恩科》，光绪二十九年（1903），第37~38页。

征人一身备有伦常之理；一曰论辨理学，乃明征人以言别是非之理。"① 从书目的角度看，《西学书目表》将西学分为学、政、教三类，也是从宏观上整体把握西学结构和体系的努力。事实上，"西政"的引入也导致广义"西学"呈现为相对完整的版图，西学逐步超越"格致"（狭义西学），成为有体有用的意义关联体系。

其次，重视为学次第的探索。

在宏观把握的基础上，如何为西学划分层次从而寻找攻治西学的路径，也引起了人们的广泛讨论。诸如"西国学术有形上、形下之分，其已成科学者凡几？要旨若何？何者最为切用，宜审其先后缓急之序，以资采择而收实效策"这样的问题也进入了策问试题之中。其最终目标是，不使知识归于无度，从而最终不使世界陷于随波逐流。而这无疑也是近代书目的导读取向。以梁启超为例，他于1898年流亡日本后所撰《东籍月旦》一文，主要即在思考攻治西学"某科当先，某科当后，欲学某科必不可不先治某科"的问题。② 作为导读书目的《西学书目表》，重点也是要回应"洋务书浩如烟海，学者何从下手"，指明"应读之西书及其读法先后之序"，③ 十分重视对学科次第的揭示。例如，关于"学部"，梁启超以"先虚而后实"为原则，根据实证程度的高低将13个门类排列出"有形有质之学，皆从无形无质而生"的次序。而如果说"学部"主要以学科内在逻辑为依据，"政部"的次第则主要是根据社会需要（梁氏眼中维新变法的需要）来揭示的。

综上，近代目录通过知识的规划反映学术图像，不仅提供关于文献的序化系列，也是关于知识的再生产。书目编撰者们努力通过对学术的结构化达到对社会的合理性控制，也是对中国应该发展为怎样的社会的说明以及对该说明予以合法性辩护的论证。

三　同行想象：书目与其他文化建制的互动

中国传统的"士"，是社会稳定和政治教化的积极参与者，具有儒家

---

① 熊月之：《西学东渐与晚清社会》，中国人民大学出版社，2011：288。
② 梁启超：《东籍月旦》，《饮冰室合集》（文集之四第1册），中华书局，1989，第82~85页。
③ 梁启超：《西学书目表》，中国史学会编《戊戌变法》（一），上海人民出版社，2000，第447页。

经世的自觉意识。策论、上书、报刊论政都是向上建言性质的论政方式，《校邠庐抗议》《盛世危言》《邵氏危言》《危言》《六斋卑议》等著名的策论文集，无不体现了近代学者以言报国的参政理念。同样，近代书目作者以非专业目录学家的身份，在超越文献整序的基础上表达学术理想和家国情怀，具有"退则著为论说，刊布远近，以冀采我刍荛，愈兹痼疾"① 的民间或私人著书立论的性质。但与"晋谒当道，直陈管见"不同，近代书目主要是"作成于下"，通过向社会撼论，影响社会底层。这决定了近代书目并不具有权力依赖性，也不以得到上峰接受为有效，书目作者主要是以中流知识分子的身份启民智（而非启官智）、新民德（而非新官德）。而面向社会的撼论工具另有很多类型，诸如藏书、报刊、学会、学校、教育、出版等现代事业及其建制皆是赖以实施的利器，书目乃是诸多工具中的一种。因此，书目作者往往广引同道，努力与其他建制形成同仁关系。反映在书目中，主要是通过对同仁的隔空喊话，倡言办报、翻译、出版，吁求建立学会、图书馆等等，希望通过多种文化建制的共同推动，达到重塑学术从而改变国家命运的目标。

早在 1880 年的《译书事略》中，傅兰雅即注意到了翻译用语的一致性问题。嗣后书目亦多注重控制术语译名的歧出。例如，针对"西国专门之学必有专字，条理极繁，东人译西书亦必先有定名。中国所译，如制造局之化学书与广州及同文馆同出一书而译文异，所定之名亦异，骤涉其藩易滋迷误"的现状，《增版东西学书录》建议"宜由制局先撰各学名目表，中、西、东文并列，嗣后官译私著悉依定称，度量权衡亦宜详定一书以为准"。作者还认为"仪器"是研习西学的必要手段，所谓"声、光、化、电诸学，非得仪器试验、明师指授不易为功"，② 因而也建议广设仪器。相应地，该书所分算学、重学、化学、光学、图学等类目中，分别设立了算器、重学器、化学器、光学器、画器等小类并收录了相关的图书。可以认为，在术语翻译上拟定"官译私著悉依定称"的标准、"设科学仪器"以便学者，构成了作者"想象的同行"。这些"同行"与书目作者共同努力，更有助于西学的传播。但在近代书目作者看来，图书馆、报纸、学校、学

① 李佳白：《尚贤堂文录》，万国公报第 102 卷。参见邵志择《近代中国报刊思想的起源与转折》，浙江大学出版社，2011，第 41 页。

② 熊月之：《晚清新学书目提要》，上海书店出版社，2014，第 4、7 页。

会、翻译与出版等机构更是想象的同行中的重要构成。

图书馆。王韬（1828～1897）在《征设香海藏书楼序》中说："不佞尝见欧洲各国藏书之库如林，缥函绿绨，几乎连屋充栋，怀铅椠而入稽考者，口案相接，此学之日盛也。"郑观应（1842～1920）曰："泰西各国，藏书院遍布都市，独是中国，幅员广大，人民众多，而藏书仅达数处，何以遍惠士林？"① 康有为（1858～1927）在《上清帝第二书》中提出："州县、乡镇皆设书藏"，"以开民之智"；在《上清帝请大开便殿广陈图书书》中提出："清皇上大开便殿，广陈图书，每日办事之暇"，"访以中外之故，古今之宜"。梁启超（1873～1929）、汪康年（1860～1911）则在上海《时务报》上声称，"书籍馆"是"兴国"的三大"盛举"之一。近代书目作者也提出了建设图书馆的倡议。例如，梁启超在《西学书目表·序例》中提到"英伦大书楼所藏书，凡八万种有奇"，② 有力地推动了民众教育。《增版东西学书目》指出："一人孤立，何以成学？译书虽少，备购匪易，莫若官设藏书楼，任士人进读。西人多以捐设藏书楼为善举，或数十人、十余人联设学会，综购图籍，交相恣慔，事易功倍。"③ 重点指出了藏书楼建设和学会建制在研习西学中的地位。

报纸。早在第一次鸦片战争前后，"睁眼看世界"的林则徐等人就是通过阅读西方"新闻纸"而"悉夷情"的。19世纪60年代，"同文馆也把翻译西书、西报作为一项重要的内容"，广方言馆亦然。④ 1894年后报刊勃兴，使得上书、策论的资政情怀借报刊政论得以抒发。"戊戌四五月间，朝旨废八股改试经义策论，士子多自濯磨，中在穷乡僻壤，亦订结数人合阅沪报一分。而所谓时务策论，主试者以报纸为蓝本，而命题不外乎是。应试者以报纸为兔园册子，而服习不外乎是。书贾坊刻，亦间就各报分类摘抄，刊售以侔利"。⑤ 学者们相信，"西法之良当以新闻纸为第一也"。⑥ 近代书目亦十分重视报纸的功能，一般都兼及著录报纸，这与今天

① 郑观应：《藏书》，《盛世危言》，王贻梁评注，中州古籍出版社，1998，第91页。
② 梁启超：《西学书目表》，中国史学会编《戊戌变法》（一），上海人民出版社，2000，第448页。
③ 熊月之：《晚清新学书目提要》，上海书店出版社，2014，第5页。
④ 邵志择：《近代中国报刊思想的起源与转折》，浙江大学出版社，2011，第126～127页。
⑤ 姚公鹤：《上海闲话》，上海古籍出版社，1989，第132～133页。
⑥ 《论日本禁止新报》，《申报》，1876年2月23日。

的图书馆一般都将书、刊分别编目不同。例如，梁启超认为："欲知近今各国情状，则制造局所译之《西国近事汇编》最可读，为其翻译西报时事颇多也。"① 其《西学书目表》"杂类"设有"报章"小类，他说："中译西报颇多，欲觇时事者必读焉。然教会所立，士夫每不乐观之。"② 重点指出"西报"作为连续性出版物，具有很强的时效性，为"欲觇时事者"所取资。《增版东西学书录》所附《中国人辑著书下》则专列"报章"类目，收录从《辑善录》到《史学报》计26种，作者指出："近年中国所设日报，《申报》以外尚有《新闻报》《博闻报》《博文报》……或行或停，约举之已不下数十种，此外未悉者尚多，今择旬报著于录"。③

学校。变法、新政的具体内容涉及社会政治、经济、军事、文化、教育、官制等各个方面，尤其重视开展新式教育，以培养新型人才。学者们相信："自古国家之盛衰，视乎人才，人才之臧否，视乎学校。盖学校之废兴，政治之隆替系焉。"④ 梁启超亦十分重视教育改革和学校建设。其《论教育当定宗旨》曰："吾国自经甲午之难，教育之论，始萌蘖焉。庚子再创，一年以来，而教育之声遂遍于朝野上下。"其《论变法不知本原之害》曰："吾今为一言以蔽之曰：变法之本在育才，人才之兴在开学校，学校之立在变科举，而一切要其大成，在变官制。"改革教育的关键是兴学堂和废科举，唯其如此，才能"别思所以遴拔真才实学之道"。因此，呼吁建立新式学堂的要求也被近代书目提了出来。例如，《增版东西学书录》曰："公法、公理之书为立国根本，故国际公法为交涉最要者，《岭学报》所译《公法探源》一书条分缕析，推阐靡遗，然公理愈讲愈明，则考求此道者非立专门学堂不可，区区典籍岂足尽理法之能事。"⑤

学会。康有为《上海强学会后序》认为，"吾中国地合欧洲，民众倍之，可谓庞大魁巨矣，而吞割于日本，盖散而不群，愚而不学之过也。"他认为"学则强，群则强"，主张"群中外图书器艺，群南北之通人志

---

① 梁启超：《读西书法》，夏晓红辑《饮冰室合集》（集外文：下册），北京大学出版社，2005，第1167页。

② 梁启超：《西学书目表》，中国史学会编《戊戌变法》（一），上海人民出版社，2000，第456页。

③ 熊月之：《晚清新学书目提要》，上海书店出版社，2014，第212页。

④ 李佳白：《创设学校议》，《万国公报》1896总第84册，4~5叶（古籍版式）。

⑤ 熊月之：《晚清新学书目提要》，上海书店出版社，2014，第6页。

士"。重视集会,是合群意识的体现,梁启超《说群序》亦阐发康氏"以群为体,以变为用"思想,建立学会成为在现存政治权力体系内倡导改革、参与现有政治的一种手段。在《论学会》一文中,梁启超也强调:"今欲振中国,在广人才,欲广人才,在兴学会。"① 学会之设的重要作用在于合群之力,梁启超认为,建立学会,"联购各书",彼此讲习,同样可以增益阅读西书的效率。其曰:"学者一人独立,难以成学,或力量不能备购各书,则莫若立学会……联购各书,严立课程定习专门,互相纠劝,如此以求成学,所谓事半而功倍者也。"②

翻译和出版图书。书目是以图书为对象的,而图书(尤其是新学西书)有赖于翻译和出版,因此,近代书目作者亦将翻译、出版与书目联成一线,同气相求。早在1875年,张之洞在《书目答问》中就有对印刻图书的呼吁。在《西学书目表》中,梁启超认为,"中国译出各书,半皆彼中二十年前之著作,西人政学日出日新,新者出而旧者废,然则当时所译虽难有善本,至今亦率为彼所吐弃矣";"彼中艺术,日出日新,愈变愈上,新者一出,旧者尽废,今之各书译成,率在二十年前,彼人视之已为陈言矣。而以语吾之所谓学士大夫者,方且诧为未见,或乃瞠目变色,如不欲信"。也就是说,无论"政学"(政)还是"艺术"(学),《西学书目表》中著录的译出图书大多反映了西方二十年前的水平,这既是对读者的点醒,也指出了译界未来的肆力方向。他还通过对"书之备与不备也"的重要性论述以及对一些"竟无完帙"的类目的分析,呼吁译印界"盍亟图之"。梁启超还认为,西书必须译为汉语才能被中国读者阅读,但翻译的过程也是"屡经笔舌,每失其意"的过程,因此,"欲周知四国,成一家之言者,非习西文不可";又因为"法文、英文各书之中,大半用拉丁文法,犹今人著书必用秦汉文义也。故欲求能读西书,莫如先从拉丁文入手",③ 建议读者通过学习外语,尤其是学习作为英法等各主要西方语言之渊源的拉丁文,以便把握西书原义。徐维则、顾燮光在对"东西学"现实

---

① 李希泌、张椒华:《中国古代藏书与近代图书馆史料(春秋至五四前后)》,中华书局,1982,第95页。

② 梁启超:《西学书目表》,中国史学会编《戊戌变法》(一),上海人民出版社,2000,第457页。

③ 梁启超:《西学书目表》,中国史学会编《戊戌变法》(一),上海人民出版社,2000,第445、448、449、457页。

图书著录、分类的基础上，总结、归纳出了一些重要类目的图书的数量分布、质量特点，既便于读者对"东西学书"的分类把握，也为翻译、出版机构译印何种类型的图书指明了方向。徐维则曰："言政以公法、公理之书为枢纽，言学以格致、算学之书为关键……算学之书可云备矣，惟公法、公理、格致之书中国极少，后之译者当注意于斯。"而三年之后的顾燮光则指出："兵家言南洋公学译之，商务书江南、湖北两商务报译之，格致学《汇报》《亚泉杂志》译之，农学则《农学报》译之，工艺则《工艺报》译之，此数种近日皆有译本，其东西政治、历史则上海近多设编译局，皆有译者。惟矿学、医学两种甚乏新译，富国强种均当务之急，有心人盍起图之。"显见，1899年"公法、公理、格致之书中国极少"，但到了1902年则得到了根本改观，反而是"矿学、医学两种甚乏新译"了。《东西学书录》还认可"日本讲求西学年精一年"，并建议"聘其通中西文明专门学者翻译诸书，厥资较廉，各省书局盍创行之"。①

综上，近代书目的作者虽然以编制书目的形式表达"出位之思"，但他们明确意识到，书目只是参与政治从而期以转圜时务的利器之一，书目必须和学校、图书馆、学会、报纸、翻译和出版等其他文化建制相互配合，才能共同襄助西学的输入和国家的富强。这就突破了"为目录学而目录学"的自我视域，把各文化机构整合到了民族前途的统一叙事框架之中。反过来，正像书目积极发展"想象的同行"一样，其他文化建制也寻求多元学术体制的广泛参与，从而把自身整合到文化建制的总体层面，重构学术形态从而重构政治运行方式，为自己的政治设计服务。例如，狄考文等《拟请创设总学堂呈译署王大臣》、李佳白《拟请京师创设总学堂议》、李端棻《请推广学校折》等都以推广学校为宗旨，但也都建议广设藏书楼。再以学会为例，1887年成立的广学会，首先是一个学会组织，同时也作为一个出版机构，发行报刊，且兴办藏书楼、开展教育教学活动。梁启超《论学会》不仅指出"学会"的重要性，也明确指出设立图书馆"冀输入世界知识于国民"。"愤学会之停散，谋再振之，以报馆为倡始"。② 1896年创设的《时务报》，标志着以政治导向为特点的近代报刊实

---

① 熊月之：《晚清新学书目提要》，上海书店出版社，2014，第4~5、6、4页。
② 梁启超：《创办时务报原委记》（一名：梁卓如孝廉述创办时务报源委），《知新报》1898年总第66期，第3~6页。

践初步形成，报人政治化渐成气候。这一时期，"以《时务报》为中心聚集了当时最为进步的维新知识分子，他们大多认为倡导维新思想必以士大夫合群为要义，因此要立会，而立会又以办报为依托。立会、办报在当时知识分子心目中是推行维新的主要方式"。① 例如，强学会有《中外纪闻》《强学报》，湘学会有《湘学新报》，蒙学公会有《蒙学报》。《湘报章程》第九条曰："本馆与学堂学会联为一气。"② 康有为《上海强学会章程》有"译印图书"和"刊布报纸"两条内容。③ 总之，正像"学会"一样，各种文化建制并不是单一向度的独立形态，它们往往谋求彼此配合，以期相互促进。

此外，在各种文化建制中，目录又具有其自身的特点。首先，书目往往面向特定时空下的全部文献（至少能够面向全部文献），从而面向全部学术，因而更能规划宏观而又稳定的学术结构，规范人们的学术认知、思想信念和行为模式，进而为翻译、出版和解读西学指明方向。其次，书目通过文献著录和分类表达学术理想和对家国命运的认知，相对具有"纸上谈兵"的性质，因而无须受到客观物质条件的制约。而其他文化建制基本都需要诉诸实践，例如，图书馆、学校、报纸、译印图书等等，不仅是一个认知问题，更是一个具体践行的问题。就此而言，书目在推动学术文化的近代化发展从而最终推动国家的近代化转型的过程中，具有其他文化建制所不可取代的重要意义。

第二节　中国近代书目发展简史

正如本章第一节所云，几乎所有的近代书目都怀揣经世理想，通过重建学术系统而重构现实社会。经世原则追求效率导向，强调学术的工具性和手段性，由此导致近代学术主要是围绕社会实践的需求而转移的，学术的工具理性凌驾于价值理性之上。所谓"夫学问者，经济所从出也"。④ 而

---

① 邵志择：《近代中国报刊思想的起源与转折》，浙江大学出版社，2011，第159页。
② 《湘报章程》，《湘报》影印本（上册），中华书局，2006，第214页。
③ 康有为：《上海强学会章程》，汤志均编《康有为政论集》（上），中华书局，1981，第174页。
④ 冯桂芬：《采西学议》，《校邠庐抗议》，戴扬本评注，中州古籍出版社，1998，第211页。

学问主要记录在文献中，书目又是文献的总结体系和反省系统。这种因经世而求学问，因学问而求文献，因文献而诉诸目录的思路，成为寻绎近代书目发展历史的一条主线。其中，经世致用是书目的逻辑起点。虽然经世原则是书目不变的追求，但所经之"世"又是与时迁贸的。总体上，近代书目围绕强兵、富国、改良、新民等不同的时代主题，选择国家现代化的不同方向，导致书目呈现出不同的知识反省维度，并建构出不同的知识序列。就此而言，目录的进化史就是不断形成新型学术图像以便因应所经之"世"而不断变迁的历史。从历时性的时间维度上来说，目录已经不取决于我们对于目录本身的理解，而取决于对不断变动的、有待经营之"世"的理解。借用霍克海默的话来说，"理论与时间的相关性在于不断改变理论家关于社会的存在判断，因为这种判断是由它与社会历史实践的有意识的关系决定的"。①

总之，随着"近代"语境的变化，书目的经世诉求也相应地变换着目标，显示不同时代的知识构成与知识关怀，不仅西学被不断重构，中国传统学术也在西学观照下处于不断的改写和重新解释之中，并最终走向上了西学的学科化道路。

一　鸦片战争前后（1807～1860）

程朱理学"以天人相谐理念为基础，把个体及其道德心性能力置放于一个变化有序的世界中，认为人是'构成一个在道德上、理性上至善至美的宇宙的核心因素'"，② 这种重视道德心性的"内圣"之学导致追求事功的"外王"之学丧失殆尽。早在清初三大家那里，传统中学就出现了由"程朱理学"向经世之学的转变。降及晚清，这种转变一方面获得了政权的支持，如嘉庆八年（1803）上谕曰："夫学以明伦为本，士以喻义为先。伦不修而以文贲饰，义不明而以利计私，何以为士子之倡乎？学校之科条非不灿然，顾或于伦物不躬行，则三德六行皆空华矣。"③ 另外，也得到了士大夫的响应。例如，《经世文编》系列的编撰，"关心中国传统框架中的

---

① 〔德〕马克斯·霍克海默：《批判理论》，李小兵等译，重庆出版社，1989，第221页。

② Benjamin A. Elma, Form Philosophy to Philology, Harvard University Press, 1984, p.6.

③ 曹振镛等《仁宗实录》，《清实录》（第32册），中华书局，1986，第659页。

那些实际问题如吏治、田赋、盐税、漕运、兵制、藩属、海防等",① 正反映了重视经世实学的取向。编撰者们相信，"有义理之学，有词章之学，有经济之学，有考据之学。义理之学，即所谓道学也，在孔门为德行之科；词章之学，在孔门为言语之科；经济之学，在孔门为政事之科；考据之学，在孔门为文学之科。此四者缺一不可"。② 这里，"经济之学"被独立出来，并以孔门四科的名义获得了合法性。于是，中学在"经济"的主旨下，从道德论证转向开拓经世价值，并通过调整内部知识结构，积极挖掘有关民生国计之切实知识。学者们"虽言经学，而其精神与正统派之为经学而治经学者则既有异"。③ 反映在书目中，正如本书第二章所述，不少书目努力通过挖掘四部框架中的经世资源而重构学术体系，并影响到了张之洞1875年《书目答问》的编撰。传统学术不再局限于道德领域而是努力介入社会实践，这成为传统学术自我发展的主要方向。

而自1807年马礼逊等传教士在马六甲为中心的南洋一带传教以来，西学继明末清初之后再次传入中国。据统计，1811~1842年马礼逊等传教士在马六甲为中心的南洋一带，共出版中文书籍及刊物147种，内容主要包括作为背景知识的西方历史、地理、政治和风俗的介绍以及零星的科普性知识。这些有限的西学知识影响到了林则徐、魏源等"睁眼看世界"的中国人对外面世界的认知，并成为《海国图志》等图书的资料来源。1842年第一次鸦片战争失败，通过中英《南京条约》而割让的香港以及开放的广州、厦门、福州、宁波、上海五口，成为西学传播的主要地区。据统计，1843~1860年共出版各种西书434种，内容扩大到了自然科学。此时，西学传播的主体主要是西方传教士，这决定了西学输入是以传教为最终目标的连类而及，体现不出中国人的主动作为和需要。反映在目录学上，这一时期编制的目录主要仍以中学图书为主体，虽偶涉西书，但都仿清代乾隆年间的《四库全书目总目》将有限的西学书籍纳入传统四部体系。西书纳入四部体系，其思想认知是"西学中源"。

---

① 〔美〕本杰明·史华兹：《寻求富强：严复与西学》，叶凤美译，江苏人民出版社，1996，第6页。
② 曾国藩：《曾文正公全集》，李瀚章编撰，李鸿章校刊，中国书店出版社，2011，第96页。
③ 梁启超：《清代学术概论》，朱维铮校订，中华书局，2011，第116页。

诸如"泰西政治整齐严肃，颇得我《周官》遗意"，[①] 就是以中学想象西学的结果。"西学中源"并不符合实际，但有助于化解紧张，也是西人传播新知的策略性方案。总体上，此时西书的有限输入，未足以改变作为学术总结体系的书目的传统面貌。

二　洋务运动时期（1861~1894）

中国的现代性始自 1860 年。1861 年同文馆的创设是近代新式学堂的开端，同年"总理各国事务衙门"的设立则表明，政治、社会、经济、文化等各领域的"庶务"日益繁夥，且呈现出了崭新的形态，传统小农经济社会所需要的人伦秩序、交往方式、生活方式、社会心理等一系列社会结构与意识形态，正在面临着解体和转型。

在此背景下，洋务运动时期相对于鸦片战争时期的学术特点在于：第一，逐步跨越中西关系的紧张，"要不要引进西学"的问题转换为"引进什么西学"的问题。第二，局限于军事技术的"夷技"扩大到广义的制造。19 世纪 60~70 年代以军事层面上的"夷技"为主，内容主要包括魏源《海国图志》所谓"一战舰，二火器，三养兵练兵之法"三个方面。降及 80~90 年代初，"夷技"已经从最初的军事领域扩大到了傅兰雅所谓"机器与制造"。第三，认识到学理层面上的"西学"是西方强盛之源，从而突破了器物层面上的"制造"范畴而转向了技术背后的格致。但无论是格致还是制造，都局限于自然科学和技术。第四，"格致"的引入导致了对中西学术关系的重新定位，"中本西末"逐步取代"西学中源"成为具有战略意义的文化选择，它对应于从器物角度求强求富的时代诉求。在传播主体上，中国官方和民间士绅加入了西学输入的大军。在传播路径上，各种军政船政学堂、报刊发行、图书翻译和出版等建制，成为西学传播的新型管道。相应地，西学的影响范围也从《南京条约》的沿海六口深入 1860 年《北京条约》规定开放的十一口，西学影响波及长江流域。

此时的书目，可以 1875 年张之洞《书目答问》和 1880 年傅兰雅《译书事略》为代表。《书目答问》继承《四库总目》，将主要局限于"天文历算"和"军事"的西书纳入四部体系（增益丛书为五部）；同时，又增

---

① 熊月之：《晚清新学书目提要》，上海书店出版社，2014，第 571 页。

删四部体系下的二、三级类目，以突出传统中学的经世价值，从而建构出一套以儒家经典为"一本"，以西学和刻意挖掘的中学知识为"二末"的知识体系。而《译书事略》主要以江南制造总局特定时期内译刻的西书为对象，并从格致（自然科学）和制造（技术）的角度，将这批西书划分为15个学科化的类目，集中反映了洋务运动时期输入中国的西学的主要内容。

从中学内部来看，洋务派的富强诉求仍然沿袭着清初顾炎武、阮元等人以来"经世"和"实用"的思路，注意挖掘传统知识中的经世资源，从而也将重视"道德礼仪"的程朱理学转向了"治理国家"的经世方向。这是希望从中学文化本位中激发原创力以因应沉沦的现实，中学不仅是"本"，也提供经世之"末"。但在张之洞看来，中学内部"本来就有"的经世资源，需要通过对分类结构的调整和挖掘才能彰显出来，其具体内容大抵不出冯天瑜所总结的道咸间经世实学的四个主要内容：一是"讥切时政，诋排专制，倡言变法"，二是"研讨漕运、海运、盐法、河工、农事等'大政'"，三是"探究边疆史地以筹边防，'谈瀛海故实'以谋御外"，四是"变一味考辨古史为'写当前的活的历史'"。① 中学知识由"尊德性"转向"道问学"，也是从治身心的内圣之学转向因应事世的外王之学。

再从中西学术关系来看，社会亟须枪炮兵舰的军事人才，开矿办厂的实业人才，通晓西方历史地理风俗舆情的人才。"中国不能与各大国抗衡者何哉？格致之学不行也。欲求富强，必先格致……各县至少当有一艺学馆"，该馆"当分实学、艺学两途，敦请中外名师，分途督教，实学以经史为本，更备经济奏议各书数十种，以植其体。艺学以算学为本，更备上海制造局所译西书图籍及各西士所译各书，以达其用"。② 这里，"实学以经史为本"；然而，"中国不能与各大国抗衡者何哉？格致之学不行也"，"为本"的中国实学并不能满足富强的诉求，因而需要引进西方"格致之学"；而"格致之学"正是以经世的实用性为取向的。"由经世之学走向接纳西学，由中西学的结合而启动洋务运动，是中国现代化进程中的一个

---

① 冯天瑜：《道光咸丰年间的经世实学》，《历史研究》1987 年第 4 期，第 138~151 页。
② 瞿即来：《太仓宝山县学附生瞿即来卷》，上海市图书馆编《格致书院课艺》，上海科学技术出版社，2016，第 2513 页。

'自然历史进程'"。① 事实上，学习西方科技，改变传统学术"昧于世事"的知识版图，正是洋务运动在学术上的重要贡献。

从"夷技"到"西学"，意味着"西学"自身被划分为技（末）、学（本），可以构成一个基于学术分科的相对完整的体系。而从"中本西末"的角度看，西学虽然被定位为"末"，但却曲折地承认了其优长。由此，不仅接纳"西用"获得了充足的理由，"西学"也因其根柢地位而得到了一定程度的辩护。冯桂芬《采西学议》曰："算学、重学、视学、光学、化学等皆得格致至理，舆地书列百国山川、厄塞、风土、物产，我中人所不及。"② 这里，包括"舆地书"在内的西方"皆得格致至理"的各主要自然科学门类都得到了冯氏的认可。王韬指出："故所考非止一材一艺已也。历算、兵法、天文、地理、书画、音乐，又有专习各国之语言文字者，如此庶非囿于一隅者可比。故英国学问之士，俱有实际，其所习武备文艺均可见诸措施，坐而言者，可以起而行也。"③ 王韬罗列历算等学科门类，但强调"非止一材一艺""非囿于一隅"，而是"俱有实际"，也表达了对西学的认可。而随着中国社会由农耕文明向工业文明的转型，旧学中没有适应社会分工的专业技能知识，"我中人所不及"的西方学术就显得更加重要了。

洋务运动时期的这种中西二学及其关系在书目中得到了相当充分的体现。其中，中学的内容及其中西关系主要体现在《书目答问》中。张之洞通过类目调整，突出了中学内部的经世内容，事实上也限制了一个新的学术文化在精神价值方面的目标的实现。从中西关系来看，主要是"采西学"以补中学经世的不足，而所"采"之西学，其内容主要是体现在《译书事略》中的格致与制造，即自然科学与技术。早期维新派眼中的西学，仍以格致和制造为主要内容。郑观应即十分重视"技艺"人才的培养，其曰："首科既毕，挂牌招考西学：一试格致、化学、电学、重学、矿学新法（西学虽多，以上数种，是当今最要者）。二试畅发天文精蕴、五洲地舆、水陆形势。三试内外医科配药，及农家植物新法。""须令于制艺之外，习一有用之学，或天文，或地理，或算学，或富强之事。苟能精通，

① 王先明：《近代新学：中国传统学术文化的嬗变与重构》，商务印书馆，2005，第69页。
② 冯桂芬：《采西学议》，《校邠庐抗议》，戴扬本评注，中州古籍出版社，1998，第209页。
③ 王韬：《漫游随录·画记》，山东画报出版社，2004，第117页。

制艺虽不甚佳，亦必取中。如制艺之外一无所长，虽文字极优，亦置孙山之外。"① 郑氏关于科举改革的核心是在传统经史"首科既毕"之外，加试西学内容，而西学的具体所指主要是《译书事略》中的格致与制造。它以拒绝一部分西学（人文社会科学）为代价，充分认可了另一部分西学（格致自然之理）的普世性。但正如张之洞所云："盖西学之才智技能日新不已，而中国之文字经史万古不磨，新旧相资，方为万全无弊。"② "采西学"并不是为了穷理，而只是为了更好地"经世"，因而反映了官方的意识形态。盖因洋务运动是以官方主导的、以求强求富为诉求的运动，所"经"之"世"必须以当下的合法政府为效忠对象。然而，大致以 1895 年甲午战争失败为转捩，"采"西方格致与制造之"学"的思路即得到了全面反省。

三　戊戌变法和新政时期（1895~1910）

维新派认为，制度层面上的改良才是所"经"之"世"的应然取向，因而主张培养新学人才，尤其是变法的政治人才，由此也突破了西学仅仅局限于技艺（自然科学与技术）的有限范围。早在 1884 年，张树声即认识到："西人立国自有本末，虽礼乐教化远逊中华，然其驯致富强，亦具有体用。育才于学堂，论政于议院，君民一体，上下同心，务实而戒虚，谋定而后动，此其体。轮船火炮、洋枪、水雷、铁路、电线，此其用。中国遗其体而求其用。"③ 郑观应 1884 年在《南游日记》中亦曰："余平日历查西人立国之本，体用兼备。育才于书院，议政于议院，君民一体，上下同心，此其体；练兵、制器械、铁路、电线等事，此其用。"④ 这里重点强调，西学既有格致之理，也有制度优长，两者分别构成了西学自身的体、用。这就在洋务时期将格致西学视为"夷技"之学理的基础上，进一步抽绎出其中的制度内容以为西学之"体"，表明西学本身是"体用兼备"的。而从西体西用的角度来看，王韬认为洋务失败的原因是"舍本逐末"。他

---

①　郑观应：《考试》（上），《盛世危言》，王贻梁评注，中州古籍出版社，1998，第 84 页。

②　张之洞：《创立存古学堂折》，宛书义等编《张之洞全集》（第 3 册），河北人民出版社，1998，第 1764 页。

③　张树声：《张靖达公奏议》（卷 8），陶子麟 1900 年刊刻，33。

④　郑观应：《南游日记》，夏冬元编《郑观应集》（上册），中华书局，2013，第 967 页。

说："治天下者，当立其本，而不徒整顿乎末；当根乎内，而不徒恢张于外；当规于大，而不徒驰骛乎小。"①

因此，相对于洋务运动时期而言，戊戌变法和新政时期西学输入的重要转向是"西政"被重视和强调了出来。西政与狭义的西学（格致）构成了广义西学的主要版图，1896 年梁启超《西学书目表》以及截至 1904 年间承绪梁启超而编制的西书独立编目系列，主要就是从学部和政部两个基本部类划分西学的。其中的"西政"是从面向自然的"制造"到面向社会的"庶政"的扩展，而"西学"则主要是指"格致"而言。张之洞《劝学篇》外篇《设学第三》"学堂之法约有五要"，其二曰："政艺兼学。学校、地理、度支、赋税、武备、律例、劝工、通商，西政也。算、绘、矿、医、声、光、化、电，西艺也。"② 张之洞的政艺，实即西政和西学，而其细目则大致反映了此时西学的范畴。显然，西方的社会科学和人文科学并不在"西学"的范围之内。再就西政和西学的关系而言，"政"为第一要义，"学"是为"政"服务的，两者是一主一辅的关系。正如梁启超《与林迪臣太守书》曰："政学之成较易，艺学之成较难；政学之用较广，艺学之用较狭。使其国有政才而无艺才也，则行政之人，振兴艺事，直易易耳。即不尔，而借才异地，用客卿而操纵之，无所不可也。使其国有艺才而无政才也，则绝技虽多，执政者不知所以用之，其终也必为他人所用。"③ 这就重新界定了西学内部的"本末"，洋务运动时期得到特别重视的"格致"之"学"的地位下降了。

以《西学书目表》为代表的西书独立编目，意味着西学具有独立地位，不能被传统书目所框范。梁启超等维新派挹彼欧西学术以强中国，专就西学编目，反映了对西政和西学的上述关系的书目确认。他们从"采"西方自然科技转向政治改革，并提出了"一切政皆出于学"的命题，论证"学"之于"政"的前提性。书目意义上的"学""政"体系所呈现的广义"西学"的"公理化"，作为对知识权力的重构，最终将"学""政"体系纳入了世界观和国家前途的认知模式之中。当然，"一切政"作为

---

① 王韬：《韬园文录外篇·变法下》，中国史学会编《戊戌变法》（一），上海人民出版社，2000，第 135 页。

② 张之洞：《设学》，《劝学篇》，李忠兴评注，中州古籍出版社 1988，第 121 页。

③ 梁启超：《与林迪臣太守书》，《饮冰室合集》（文集之三），中华书局，1936，第 2 页。

"见诸行事"的实践，只有其中的"艺"才"出于"自然格致之"学"；而其中的"庶政"则"出于"社会科学之"学"。梁氏"一切政皆出于学"乃是要从自然格致之"学"普世性论证"政"的普世价值，这固然是因为当时输入中国的社会科学书籍无多，但也反映了梁启超为制度改良张本的良苦用心。

此外，西书独立编目虽然聚焦于"西书"，但亦包括"中国人著书言外事"以及"中国人辑著"的史志、政治法律、格致、算学等典籍，这批中国人的相关著作被视为西学的一部分而加以著录。例如，在《西学书目答问》中，"政学名目甚繁，除兵、农、工、商等列有专门，各从其类外，其有总述庶政或无门类可归者悉录于此，中人言西政之书亦附焉"。① 不仅如此，西书独立编目往往还通过提要、类序等书目元素对中西二学加以比较与对读，从而影响到对相关传统知识的学科化理解。例如，《日本书目志》在具体介绍各门学科时，多将西学与孔学相提并论，强调西学不出孔学范围。《西学书目答问》亦然。例如，工政学类序曰："古人最重工政，专工一事列为专书，后世仅存其名而已……孔子曰'来百工则财用足'，圣人治国之经，初非有异术也。"算学类序曰："算学权舆中土，西人名曰东来法，推演既精，遂至胜蓝。"天学类序曰："中国言天学最早，羲和而后代有专家，然大致均主天动地静说，西国亦然，至歌白尼乃创为新编，谓地球与行星同是绕日而行，后之为此学者渐得确证，信从益多，遂若定论矣。盖其测量之器日精，推步之法日密，故立说亦非尽诬，学者但求其是，不必有中西之见存乎中也。"② 由此形成以西学学理观照中学的认知路径，"既是一个西学中化的过程，同时也是一个传统中学的近代化（由旧学转化为新学）的过程"。③ 中学遂裂变为新旧，这是新旧并列式书目出现的学术背景。

在新旧并列式书目中，"旧"是指中国传统学术；"新"既包括西学也包括被西方学科化改造而形成的传统学术的近代形态，即所谓"以西国之

---

① 熊月之：《晚清新学书目提要》，上海书店出版社，2014，第573页。
② 熊月之：《晚清新学书目提要》，上海书店出版社，2014，第578、588、595页。
③ 董士伟：《康有为评传》，百花洲文艺出版社，1994，第74~76页。

新学，广中国之旧学"。① 康梁"以新学比附六经"，唐才常《〈朱子语类〉已有西人之格致条理证》都是以西学"比附"中学的结果。新旧并列，意味着两者不相闻问，但中学事实上被肢解为新旧两端，其中的新学已经被纳入西学的框架。而在西书独立编目中，"中国人著书言外事"以及"中国人辑著"之书已经进入了"西书"的范围，只有那些尚未接受西学濡染的中学仍保持着中国旧学的传统。维新变法和新政的倡导者们相信，只有"西政"才能重整晚清的破碎山河，传统文化的自我批判也由"用"深入"体"。所以，20 世纪初以来，"新学之兴，以能洋人之学为高，凡守孔孟之道者目之曰顽固之党""为学之士，竞分两途，一曰守旧，一曰维新。守旧者惟恃孔孟之道，维新者独求西法之法"。② 随着西政的地位益趋提高，"孔孟之道"不闻珍重，传统中学要么以"守旧"的面貌而丧失经世和穷理的现实关怀；要么参酌西学以改变自身面貌而异化为"新学"，这是并列式书目以新旧为界重组学术的认知源泉。

这种新旧裂变意味着，传统学术中的一部分仍以"旧"的面貌得以保存，另一部分则以西学为依据获得了因应时代要求的改造而成为"新"学。但是，中西"二者相需，缺一不可"的认知，又从学理上反思了并列式书目的合理性，并为中西书籍合于一编的混合型书目的编制提供了思想依据。但在以中学为主的统一编目中，增订和革新的新类目主要是学科化的西方类目，而这些西方学科化的类目的对象既包括西书也包括中国新学；而中国的传统旧学则仍然厕于传统类目之中。正是西学的引入及其对中学的激活，才开启了中学近代化的进程和方向。因此，新旧并列书目和以中学为主的统一编目事实上共享一致的关于中西（新旧）关系的界定和认知。

首先，中学之"用"进一步萎缩，它在"经世"的视界里已近于失范，因而必须在"传统之外"寻觅经世的知识资源。与之相反，西学之"用"从器物扩大到兼及管理社会，制度层面上的改良也必须诉诸西政。

其次，"我中国先圣先师立教之旨"仍然是意识形态意义上的坚守。总体上，"一切经世活动均以一个政府为权威之源泉。故在政府之外求

---

① 梁启超：《广学会大有造于中国说》，中国史学会编《戊戌变法》（三），上海人民出版社，2000，第 214 页。

② 刘大鹏：《退想斋日记》，山西人民出版社，1990，第 140、143 页。

'济民''正俗'之活动及有关之学问皆似不属于经世之学"。维新派以变法改良相号召，但"实未鼓吹大规模或急速变法，而仅主张就具体问题谋求补救或改良"。① 梁启超在代拟《京师大学堂章程》一文中即指出："考东西各国，无论何等学校，断未有尽舍本国之学而徒讲他国之学者，亦未有绝不通本国之学而能通他国之学者。中国学人之大蔽，治中学者则绝口不言西学，治西学者亦绝口不言中学。此两学所以终不能合，徒互相诟病，若水火不相入也。夫中学，体也；西学，用也。二者相需，缺一不可，体用不备，安能成才？"② 康有为甚至表示："若仅通外学而不知圣学，则多添一外国人而已，何取焉！"③ 因此，在新学日益成为显学之际，旧学并未中绝。

最后，从"采西学"到"新学术"，学术上的"维新"，主要是以西方学术为观照改造中学，以期合乎适应当下的时代之用。由此，中西学术关系也从中国传统知识想象西方，转变为从西学观照中学。大致而言，以中学为主的混合书目，秉承"中体西学"理念，但它已经是改良和革新版的四部体系，而改良和革新的趋向正是西方式的学科化类目。这不仅表明原封不动的传统四部体系并不能应对西学，甚至也不能应对传统学术的近代化形态——新学。在此背景下，发展为以西学为主的统一编目遂成为历史发展的必然。

四 民国初期（1911~1919）

1911 年 10 月辛亥革命爆发，1912 年元月南京临时政府成立，建立民国，同年 2 月 12 日清帝宣布退位。但是，国体变更而专制犹存，乃是民国初期政治生态的总体面貌。这决定了民国初期的学术具有以下几个主要特点。

首先，西学从经世到兼及穷理。

民国以来，西方人文科学引起了高度重视。早在 1901 年签订《辛丑

---

① 王尔敏：《晚清实学所表现的学术转型之过渡》，台北：《中研院近代史研究所集刊》第52 期（2006 年 6 月），第 19~51 页。
② 梁启超：《代总理衙门奏拟京师大学堂章程》，夏晓虹辑《饮冰室合集》（集外文上册），北京大学出版社，2005，第 34 页。
③ 康有为：《桂学答问》，姜义华、吴根樑编校《康有为全集》（第 2 集），上海古籍出版社，1990，第 63 页。

条约》后，清政府官方产生了以"新政""立宪"等名义改革弊政的主动作为，民间除了呼应官方的"新政""立宪"诉求，还出现了以推翻现行皇权制度为目标的激进的革命党人。而无论是官方抑或民间，不论是改良还是革命，如何"新民"以提振国民素质成为多方势力和派别的共同主张。"新民"诉求，旨在培养近代化素养的国民，重视国民的道德、品行教育，并赋予其政治伦理色彩。国人发现，西方"盖其国以礼义为教，而不专恃甲兵；以仁信为基，而不先尚诈力；以教化德泽为本，而不徒讲富强。欧洲诸邦皆能如是，固足以持久而不弊也"。① 这里，对西方的歆羡已经由器物层面和制度层面扩大到了人文精神层面。而回顾戊戌变法和新政时期可知，"民权、自由诸说乃矫枉过正之言，不足为学者训也，盖法人当路易第三暴虐之后，卢骚氏出倡为此说，举欧洲之人从之，讵知作法于凉，其弊犹贪，泰西近来弑总统、杀君后之事屡有所见，无君父之党所在跧伏伺隙而动，岂非卢骚、斯宾塞尔诸人阶之厉乎"②？

正是由于西方人文科学地位的提升，西学本身也从单纯的经世精进为既经世又穷理。大致在新文化运动之前，中国人相信，"《中庸》天下至诚，尽物之性，赞天地之化育，是西学格致之义也。(《大学》格致与西人格致绝不相涉，译西书者借其字耳)"，③ 西方科技知识与纲常名教二元共存，与"闻道"无涉，这是工具理性的典型表现。始自洋务运动的"采西学"主要是出于经世的现实目的，而不以穷理为动机。1896~1904 年之间，"科学"极少用于反对纲常、主张平等或建立公德，它是价值中立的。科学与道德价值（终极关怀）呈二元分裂状态。诚然，"清廷的权力体系在庚子以前大体是稳定的，有的只是表层权力的革新以适应时局的需要。洋务运动就是既有体制内的适应性改革。维新知识分子因上层政治改革的意愿而得到施展空间，由学会、报刊勃兴而酿成巨大的维新思潮。变法运动失败后，知识分子意识到，再也不能依赖传统的知识与权力来维持必要的统治，他们中的绝大多数转而从社会上着手来改变中国，这是晚清十年知识分子积极倡导并从事教育、出版、实业的思想动因。得君行道的取向

---

① 王韬：《漫游随录·画记》，山东画报出版社，2004，第 119 页。
② 熊月之：《晚清新学书目提要》，上海书店出版社，2014，第 6 页。
③ 张之洞：《会通》，《劝学篇》（外篇第十三），李忠兴评注，中州古籍出版社，1998，第 159 页。

迅速式微；并用西方民权思想来改造君权"。①

在立志"用西方民权思想来改造君权"之前，仍然认同并极力维护儒家伦理，或者说道德目标是十分明确的，所以只需经世的格致。西学与儒家伦理并不冲突，如果有冲突，也是以中学为标准剪裁西学。例如，主张"人人平等"的西方理念必须符合中国国情。"1900年至1911年间，即使是政见最为激进的革命派，都没有用常识来反对儒家伦理（无政府主义者只用'科学'来证明三纲五常的虚妄"。② 人们所追求的理想社会形态是，在保持封建皇权结构不变的前提下，在公共领域引进西方社会制度。西方科技知识呈现为专门化、非道德化的特点，它与儒家意识形态分途，与终极关怀呈现为二元分裂的状态。但随着以学理为支撑的广义西学取代中学的经世功能，西学也逐步取得了穷理的功能，从而最终非意图地颠覆着儒家伦理。这也说明，"经世"的实用性，本身并不能维持知识的合理性成长，经世的常态化必然指向穷理的方向，从而最终建构了科学主义的知识体系，新的科学常识（学科化）成为建构宇宙论、社会发展规律和新道德的依据。

其次，知识观和人才观的变化。

光绪甲辰（1904年）恩科试题尝云："学堂之设，其旨有三，所以陶铸国民、造就人才、振兴实业。国民不能自立，必立学以教之，使皆有善良之德、忠爱之心、自养之技能、必需之知识。盖东西各国所同，日本则尤注重尚武之精神，此陶铸国民之教育也。讲求政治、法律、理财、外交诸专门，以备任使，此造就人才之教育也。分设农工商矿诸学，以期富国利民，此振兴实业之教育也。"③ 应该说，1904年的这道策问，也是民国初期关于"真才"和"实学"的基本标准。唯所不同者，"学堂之设，其旨有三"第一条中的"陶铸国民"，已经是"共和"意识的"新民"而不再是以"善良之德、忠爱之心"的"忠君"为内涵。而作为"学堂之设，其旨有三"的第二、三两条内容——"造就人才"和"振兴实业"，都是

---

① 邵志择：《近代中国报刊思想的起源与转折》，浙江大学出版社，2011，第233页。
② 金观涛、刘青峰：《从"格物致知"到"科学"、"生产力"——知识体系和文化关系的思想史研究》，台北：《中研院近代史研究所集刊》第46期（2004年12月），第105～157页。
③ 顾廷龙：《清代硃卷集成》（册90，光绪甲辰（1904）恩科），台湾：成文出版社，1992，第57～58页。

以培养专业化的职场人才为主义的。这类人才概有两大类型：一是社会实务性的"政治、法律、理财、外交"等人才；二是与"农工商矿"有关的实业人才。这两类人才彻底改变了传统士大夫"助人君，顺阴阳，明教化"的"入仕"指向。其基本特点是：

一是从入仕求官到培养社会的实用型人才。"兴学非尽为求官也，国家最利之事，在人人皆知求学；国家最不利之事，在人人皆思作官。人人皆知求学，则各谋其本业，而天下以安；人人皆思作官，则各忘本分，而侥幸奔竞之风作矣"。① 从科举入仕到掌握专门性知识的实用人才以面向社会的多元化选择，他们拿"薪水"，从事与职业有关的工作，成为普通的职员。光绪三十二年（1906）《通行各省举办实业学堂文》："务使全国人民知求学即所以谋生，欲谋生必先求学。"② 也表达了从"入仕"到"工作"的人才出路的转向。对比可知，在1898年废八股乃至1905年废科举之前，知识是实现中举入仕的手段，而不是改造自然、社会的手段。

二是从培养精英转向培养社会普通大众。"科举思想务富少数人之学识，以博少数人之荣誉，而仍在不可知之数。其思想也，但为个人非为国家也。学校思想务普全国人之知识，以巩固全国人之能力，而不容有一夫之不获。其思想也，视吾个人即国家之一分子也"。③ 随着社会的转型，经济领域出现了新的资本主义因素，商业、报业、教育、出版、对外交涉等都需要专门人才，而专门人才以专业知识为标签，导致知识和人才价值的多元化。例如，"在专业的选择方面，清末留学生，特别是留日学生以学习法政和师范为最多。学会法政是为了适应清末立宪改革的需要……学习师范，反映了清末新学堂急速兴起而合格师资却不能同时跟进的现状"，④ 即反映了立宪法改革和新型教育对专门性人才的需求。

三是根据个人专长选择一门一科，反映了知识专门化的走向，专家之业与通才之学逐渐易位。传统士大夫重道轻艺，强调"士不习事"。但在

---

① 陈曾佑：《奏请变通学堂毕业奖励出身事宜折》，璩鑫圭编《中国近代教育史资料汇编：学制演变》，上海教育出版社，2006，第548页。

② 学部：《通行各省举办实业学堂文》，朱有瓛编《中国近代学制史料》（第二辑下册），华东师范大学，1989，第203页。

③ 《江苏教育总会上学部请明降谕旨勿复科举书》，刘绍春《晚清科举制的废除与新教育的兴起》，中国社会科学出版社，2015，第129页。

④ 刘绍春：《晚清科举制的废除与新教育的兴起》，中国社会科学出版社，2015，第147页。

近代，"造就人才"和"振兴实业"的知识观和人才观，不再以求仕为目标，而是要培养具有一技之长的专业化社会人才。说明社会变革之后，对人才、知识的标准已经发生改变，"什么是有用的知识"变得与时俱进了，这就打破了传统的人才观念和知识观念的单一形式。选才标准不再是道德导向的，而是职业和实用导向的，传统的伦理尺度转变为通经致用的功能尺度，这是社会趋于多元化在知识和人才上的必然反映。

再次，学科化原则及其中西学术关系的重新界定。

社会分工带来的"所以谋生"手段的扩大以及"讲求专门"对专业知识和技能的要求，本质上都与学科化的社会结构和知识体系有关。学科化以客观对象和学术事实为依据，具有一般化和非时间化的特点，因而拒绝主观性价值的介入，具有"放之四海而皆准"的普世性。而当论学基础落实到这种"事物真理"之上，学科的功能定位即让位于学理原则，学科的分别由其与自然的关系而界定，最终导致学术与政治、道德的分离：学术以自身为目标，而与政治、道德无涉。也正是在学科化的视域下，曾经的"西学中源""中本西末""中体西用"等旨在界定中西学术关系的理念，最终被"学无中西"取代。与此前相比，"学无中西"强调学术之别不在于地域（中国与西方）或主体（中国人与西方人）之分，从而将学术带到了"世界"层面。然而，这个"世界"是西方中心的，毋宁说，西方就是"世界"。以此为观照，从晚清"中学"的出现，到其后"国粹""国学"等以"国"为标识的名相，均揭示出中国古代曾经的以"天下"为框限的学问，业已成为一种全球竞争语境下的民族性论述。

本来，中国传统学术自身的改造是从强调学术的经世功能起步的，但传统学术并不是严格学科化水平上的学术，因而直接限制了其现实的经世价值。所谓"实学以经史为本"，但又认识到"中国不能与各大国抗衡者何哉？格致之学不行也。欲求富强，必先格致"。[①] 相较而言，西方学术以学科化的客观主义精神见长，这是"西方富强的真正原因是什么"的答案所在。以此为观照，传统儒家学术日趋不堪应对沉沦的现实，其最根本的原因即在于学术的非学科化。严复指出："取西学之规矩法戒，以绳吾

---

① 瞿即来：《太仓宝山县学附生瞿即来卷》，上海市图书馆编《格致书院课艺》，上海科学技术出版社，2016，第2513页。

'学'，则凡中国之所有，举不得以'学'名；吾所有者，以彼法观之，特阅历知解积而存焉，如散钱，如委积。此非仅形名象数已也，即所谓道德、政治、礼乐，吾人所举为大道，而诮西人为无所知者，质而方乎，亦仅如是而已矣。"① 严复不仅愿意以西学"绳"中学，而且自觉得出了"中国无学"的结论。而"中国无学"，最终导致传统学术所负载的政治秩序、宇宙秩序、文化思想秩序都处于失序的状态，中国传统学术从接纳西学，发展到主动向化，希望达成以西学为基准的"道通为一"，出于经世目的的"采西学"，最终走上了改造中学之路。

最后，仿杜威书目正是上述学术转型的集中体现。

如上所述，仿杜威书目以"学无中西"为信念，从"世界"或"全人类"的高度规划知识的总体结构，而规划知识结构的基本原则又是西方的学科化。一方面，因为"学无中西"而将包括传统旧籍在内的图书纳入了世界体系；另一方面，因为以学科化为原则而完成对旧籍的西方化重组。获得近代形态的中学，在以中学为主的统一编目中即已经进入了西方的学科化类目，但以西学为主的编目"强旧籍以附新法"，传统典籍也被纳入了西方分类体系，由此导致"今之言国学者，不可不兼合新识"。② 它将中学纳入西学的轨道、将旧学纳入新学的途辙，坚信"古今中外"的人类文明是一个整体。其本质是以"学无中西"的名义行"全盘西化"之实，传统经史中心的知识转化为以学科化为取向的知识，它是对古典的拆解和对文化定势的反思，也是对知识权力的重新确认和分配。但是，这种目录学意义上学术图像的转向，与其说遵守着学术本身的逻辑，毋宁说是变化了的社会语境要求的结果。就此而言，它们都只是人为的组织秩序而非自生自发的固有秩序。

五　书目发展的本质

英国著名历史学家汤因比（Arnold Joseph Toynbee，1889～1975）指出："文化辐射中各种成分的穿透力通常与这一成分的文化价值成反比。在被冲击的社会机体中，不重要的成分所引起的阻力小于决定性成分所引

---

① 严复：《救亡决论》，王栻主编《严复集》（第 1 册），中华书局，1986，第 52~53 页。
② 中学讲习会发起人（章士钊）：《国学讲习会序》，刘东、文韬编《审问与明辨：晚清民国的"国学论争"》（上册），北京大学出版社，2012，第 165 页。

起的阻力"。① 这一结论被概括为"文化穿透律",它同样反映西学在中国近代的传播之中。出于不同时代的经世动机,西学输入经历了鸦片战争时期(1840~1860)以军事工艺为主要内容的"师夷技",到洋务运动时期(1861~1894)以自然科技(格致与制造)为主的"采西学",到戊戌变法和新政时期(1895~1910)以社会政治制度层面为主的"化西学",再到民国时期(1911~1919)"建新学"(国学)的历程。其中,"化西学"和"建新学"都是由汲取西学而创建新学,但前者是以"中体"为主,而后者则走上了"据西律中"的道路。显见,近代区区80年的时间,围绕各自所处的时代主题的不同而有各种关于中西学术关系的建构,标领不同时代的学术风尚和学术关怀。而不变的则是,所有的学术主张都未能逃逸世运而获得独立性的操持。

　　学术的这一演进过程,基本忠实地反映在了各时期的代表性书目之中。从学科化的角度来看,近代书目中西学术的消长实质上就是书目分类从非学科化到学科化的演进过程。非学科化既是传统学术的本质,也是古典目录的身份标签。而学科化既是西方学术的本质,也是西方目录的核心特点。因此,近代书目的演进,表面上是中西文化中心/边缘关系的移易,本质上则是从非学科化到学科化的过程。作为西学精髓的学科化,正像西学本身一样,并不是一开始就全然被中国学界所全盘接受。中国学者根据自己的知识信念和社会语境的现实需求而在学科化道路上挣扎与徘徊,而不同书目都处于移易坐标中的不同节点,并彼此共同串联起一个思想认知系列。说明目录本身也成为进入社会市场而等待消费的思想产品,不同书目类型的变更,可以视为因应不同时代的不同思想需求的结果。在这一意义上,对包括《中图法》在内的仿杜威书目分类古籍的不满以及由此导致的对传统四部分类体系的回归,不仅是书目技术的反弹,也是关于古典学术能否进入西方中心的世界知识谱系的反思。进一步,"也是对现有世界图像和认知框架的突破,涉及知识体系的重新洗牌和知识权力的再分配",② 乃至对传统文明乃至民族国度在当下"世界"视野的重新定位。

---

① 〔英〕汤因比:《文明经受着考验》,沈辉等译,浙江人民出版社,1988,第272页。
② 傅荣贤:《20世纪初仿杜威书目对知识世界的近代化建构及其反思》,《大学图书馆学报》2017年第3期,第99~109页。

图书在版编目（CIP）数据

近代书目与中国传统学术的学科化转型／傅荣贤著
. -- 北京：社会科学文献出版社，2020.3
（文脉流变与文化创新）
ISBN 978-7-5201-5950-0

Ⅰ.①近… Ⅱ.①傅… Ⅲ.①书目工作-研究-中国
-近代 Ⅳ.①G257.2

中国版本图书馆 CIP 数据核字（2020）第 015163 号

文脉流变与文化创新
近代书目与中国传统学术的学科化转型

著　　者／傅荣贤

出 版 人／谢寿光
组稿编辑／王　绯
责任编辑／孙燕生

出　　版／社会科学文献出版社·政法传媒分社（010）59367156
　　　　　　地址：北京市北三环中路甲 29 号院华龙大厦　邮编：100029
　　　　　　网址：www.ssap.com.cn
发　　行／市场营销中心（010）59367081　59367083
印　　装／三河市龙林印务有限公司

规　　格／开　本：787mm×1092mm　1/16
　　　　　　印　张：19.25　字　数：312 千字
版　　次／2020 年 3 月第 1 版　2020 年 3 月第 1 次印刷
书　　号／ISBN 978-7-5201-5950-0
定　　价／98.00 元

本书如有印装质量问题，请与读者服务中心（010-59367028）联系